二〇一六年度国家社会科学基金青年项目

（16CZS011）

四庫全書考證研究

张春国 —— 著

上海古籍出版社

图书在版编目(CIP)数据

《四库全书考证》研究 / 张春国著. —上海：上
海古籍出版社，2024.5
ISBN 978-7-5732-1194-1

Ⅰ.①四… Ⅱ.①张… Ⅲ.①《四库全书》-研究
Ⅳ.①Z121.5

中国国家版本馆 CIP 数据核字(2024)第 095112 号

《四库全书考证》研究

张春国　著

上海古籍出版社出版发行

(上海市闵行区号景路 159 弄 1-5 号 A 座 5F　邮政编码 201101)

(1) 网址：www.guji.ccm.cn

(2) E-mail：guji1@guji.com.cn

(3) 易文网网址：www.ewen.co

上海天地海设计印刷有限公司印刷

开本 890×1240　1/32　印张 12　插页 3　字数 289,000

2024 年 5 月第 1 版　2024 年 5 月第 1 次印刷

印数：1—1,100

ISBN 978-7-5732-1194-1

Z·481　定价：52.00 元

如有质量问题,请与承印公司联系

目　　录

序 ⋯⋯⋯⋯⋯⋯⋯⋯⋯⋯⋯⋯⋯⋯⋯⋯⋯⋯⋯ 江庆柏　1

绪论 ⋯⋯⋯⋯⋯⋯⋯⋯⋯⋯⋯⋯⋯⋯⋯⋯⋯⋯⋯⋯⋯⋯　1

第一章　《四库全书考证》版本考辨（上） ⋯⋯⋯⋯⋯⋯　9

第一节　《四库全书考证》版本考述 ⋯⋯⋯⋯⋯⋯⋯　9

第二节　清抄本《考证》校签与涂改条目辑录 ⋯⋯⋯　20

第三节　清抄本《考证》校签与涂改类型及相互关系考释 ⋯⋯　81

第四节　清抄本《考证》"涂而未改"校签考释

　　　　——兼及殿本《考证》校勘程序考 ⋯⋯⋯　91

第五节　清抄本《考证》校签与涂改的目的考析 ⋯⋯⋯⋯　95

小结 ⋯⋯⋯⋯⋯⋯⋯⋯⋯⋯⋯⋯⋯⋯⋯⋯⋯⋯⋯　110

第二章　《四库全书考证》版本考辨（下） ⋯⋯⋯⋯⋯　113

第一节　文渊阁本《考证》与清抄本《考证》关系考释 ⋯⋯　113

第二节　文澜阁本《考证》原抄残卷价值考略 ⋯⋯⋯　129

第三节　殿本《考证》考 ⋯⋯⋯⋯⋯⋯⋯⋯⋯⋯⋯　142

第四节　文澜阁本《考证》缮录时间与文渊阁本《考证》

　　　　校勘时间先后考 ⋯⋯⋯⋯⋯⋯⋯⋯⋯⋯　156

小结 …………………………………………………………… 161

第三章 《四库全书考证》纂修机构与办理人员 …………… 163
　　第一节　各版本《考证》办理机构、办理人员考 ………… 163
　　第二节　清抄本《考证》纂辑官考辨 …………………… 171
　　第三节　清抄本《考证》原纂官考辨 …………………… 182
　　小结 …………………………………………………………… 226

第四章 《四库全书考证》与文渊阁《全书》卷末校记
　　　　　关系考 ………………………………………………… 227
　　第一节　《考证》校记与文渊阁《全书》卷末附"按语"之
　　　　　　关系 …………………………………………………… 229
　　第二节　《考证》校记与文渊阁《全书》卷末附"考证"之
　　　　　　关系 …………………………………………………… 233
　　小结 …………………………………………………………… 259

第五章 《四库全书考证》与《四库全书荟要》卷末校记
　　　　　关系考 ………………………………………………… 261
　　第一节　《考证》大量校记系针对《荟要》而非文渊阁
　　　　　　《全书》 ……………………………………………… 261
　　第二节　《考证》校记来源考：《荟要》近半书籍校记入收
　　　　　　《考证》 ……………………………………………… 275
　　第三节　《考证》校签办理机构与成书时间考 ………… 279
　　第四节　文渊阁《全书》未全据《考证》校改之原因 …… 283
　　第五节　《四库全书馆校档残本》的价值 ……………… 285
　　小结 …………………………………………………………… 287

第六章 《四库全书考证》所载明人别集校记研究 ⋯⋯⋯⋯⋯ 289

第一节 《四库全书考证》所载明别集概况 ⋯⋯⋯⋯⋯ 289

第二节 《考证》著录 45 种明别集纂校表 ⋯⋯⋯ 301

小结 ⋯⋯⋯⋯⋯⋯⋯⋯⋯⋯⋯⋯⋯⋯⋯⋯⋯ 324

第七章 《四库全书考证》的评价 ⋯⋯⋯⋯⋯⋯⋯⋯ 325

第一节 《四库全书考证》之价值 ⋯⋯⋯⋯⋯⋯⋯ 325

第二节 《四库全书考证》之不足 ⋯⋯⋯⋯⋯⋯ 332

小结 ⋯⋯⋯⋯⋯⋯⋯⋯⋯⋯⋯⋯⋯⋯⋯⋯⋯ 345

结语 ⋯⋯⋯⋯⋯⋯⋯⋯⋯⋯⋯⋯⋯⋯⋯⋯⋯⋯⋯⋯ 347

参考文献 ⋯⋯⋯⋯⋯⋯⋯⋯⋯⋯⋯⋯⋯⋯⋯⋯⋯⋯ 351

后记 ⋯⋯⋯⋯⋯⋯⋯⋯⋯⋯⋯⋯⋯⋯⋯⋯⋯⋯⋯⋯ 373

序

《四库全书考证》(以下简称《考证》)是编纂《四库全书》时同时编纂的一部书,是四库学系列文献的重要组成部分,也是四库学研究的重要内容。但由于种种原因,对本书的研究一直比较薄弱,具体成果不多。张春国的《〈四库全书考证〉研究》(以下简称《考证研究》),是第一部对《考证》作深入研究的专著,值得庆贺。

《考证》既是为《四库全书》而作,则《考证》与《四库全书》的关系自然是最重要的关系。《四库全书》抄录了七部,另外还抄录了两部《四库全书荟要》(今存一部)。这几部书相互关联,但在编纂过程中也有各自的特点,由此使得《考证》与《四库全书》的关系也错综复杂。理清这些关系,是《考证研究》首先需要做的。张春国在这方面做了大量工作。

例如本书的第一章、第二章考辨《考证》的版本,实际上是在稽考《考证》与四库本的各种关系。这部分的考证非常仔细,其得出的结论尤其值得关注。如谓"《考证》的编纂是一个客观的、动态调整的历史过程,我们必须以变化的眼光看待这个过程,才能更客观地认识《考证》各个版本的差异及文渊阁本《考证》对清抄本《考证》的调整和改动",等等。这些结论不仅是我们在研究《考证》与《四库全书》之间的关系时应注意的,也是我们在四库学研究中应该注意的。

《四库全书》是我国历史上规模最大的一部综合性丛书,是由清朝皇帝统领,组织满汉官员及知识人士共同完成的一项文化建设成果。《四库全书》的编纂,需要一个庞大的办理机构和众多的办理人员。本书第三章对《考证》纂修机构与办理人员情况做了专门研究。四库馆运作分两处,翰林院四库馆与武英殿四库馆,书中指出"《考证》办理机构考证处隶属于武英殿四库馆",这一点尤其值得关注。两个办理机构互相配合,提高了办事速度。当然也会因一些观念的不同,使得《考证》和四库本形成差异。这一点也是在相关四库图书的比较研究时应该注意到的。

本书第四章、第五章重点探讨了两组关系,一是《考证》与文渊阁《全书》卷末校记的关系,本书指出文渊阁《全书》卷末所附校记与《考证》一书编纂无关,两者校记均源自底本,但系各自独立的校勘活动。两者比较,文渊阁《全书》卷末校记的象征意义远远大于实际校勘意义,而《考证》一书所载校记数量更多,校记选择更具代表性,更能体现馆臣的校勘水平。二是《考证》与《四库全书荟要》卷末校记的关系,本书认为"文渊阁《全书》未全据《考证》校改最重要的原因,绝非仅仅由于誊录人员抄写失误造成的,而是源于《考证》大量校记系针对《四库全书荟要》,并非针对文渊阁《全书》",这些结论均具有启发意义。

本书最后阐述了《考证》的价值与不足,从多方面作了全面、仔细的分析。在本书《绪论》中,作者对《考证》研究的学术价值和应用价值作了充分说明。

《考证研究》分析精细,例证详明,这些都是本书的优点。

2011年,张春国报考了我的博士研究生。读博期间,学习非常刻苦,收集了大量资料。博士论文题目是《四库明人别集研究》。博士毕业后,以"《四库全书考证》研究"为题申报了国家社科基金青年项目,获得批准。本书即是该课题的研究成果。这个研究成果与其博士论文有着内在的联系，即多以明人别集为研究例证。原先的文献准备在新课题的研究中发挥了积极的作用。

乾隆三十八年十月十八日，多罗质郡王永瑢等奏议添派覆校官折所附"功过处分条例"中，关于"考证"有如下说明："如仅系笔画之讹，仅载某字讹，某今校改。如有关文义考订者，并略附按语于下。"（《纂修四库全书档案》一二五）可见当时的办理人员认为"考证"的内容包括"校改文字"与"文义考订"两个方面。永瑢等所说的"考证"并非是指《四库全书考证》一书，但《考证》明显是按照这两个方面去做的。王太岳等著此书，书名不题"校勘""校正"之类，而作"考证"，说明其书不仅仅是文字的校订，还关注史实的辨证，即通过文献资料的比较来考核、证实或补充说明文献著录或历史记载存在中的问题。《考证》在这一方面做了许多细致的工作。

例如《考证》卷八十二收录有宋袁说友撰《东塘集》。《东塘集》卷一诗题《江舟纤夫有唱湖州歌者殊动家山之想赋吴歌行》，《考证》云："案：说友家传称为建安人，而此题听唱湖州歌有家山之感，诗中又有'我家苕雪边'之句。盖宋南渡以后，士大夫流寓不常，其里贯则仍署祖籍。如韩氏居上饶，而自称颍川；吕氏居婺州，而自称东莱。是其例也。"考证解释了作者籍贯有建安、湖州两地的原因。这个考证对其它作者籍贯的考订也有同样的启发意义。又如《考证》卷八十三收录宋孙应时撰《烛湖集》，其集卷十九《和甄云卿诗》其二有句"谁贪上党误长平"。《考证》云："案：应时卒于开禧二年甲戌，是年五月下诏伐金。此诗当为韩侂胄开边衅而作，故有'上党''长平'之喻。盖豫知其将败也。"如此就将诗句的本意讲清楚了。这种考证对文章的理解和作者传记的研究，都是很有价值的。

一些四库提要对图书的文献价值有概括的说明，但由于体例的限制，往往无法充分展开。《考证》所记则较为具体，可以很好地起到补充作用。例如《四库全书总目》卷一百五十二集部别集类著录宋夏 竦撰《文庄集》提要谓"鲁宗道之为给事中"等记载:"史皆失书。凡斯 之类,亦足补《宋史》之缺。"就简单一句,没有展开说明。《考证》卷七 十七宋夏竦撰《文庄集》卷一《谏议大夫参知政事鲁宗道可给事中制》 考证则云:"案:《宋史·鲁宗道传》自拜谏议大夫参知政事后但云 '再迁礼部侍郎',而无给事中之除。《仁宗本纪》及《宰辅表》亦皆不 载此制,可补《宋史》之阙。"《考证》说得非常具体。

《考证》根据具体内容,灵活采用相应的考证方法。

例如在原书尚在的情况下,《考证》特别注意四库本与原书作比 较,从而校出四库本存在的问题。这是利用了对校法。这是一种简 单明了、但极为有效的校勘方法。这种方法,通常都用在文字的校改 方面。

在原书已佚的情况下,《考证》充分借助于内容相近的同类图书, 或他书引用本书的图书,本书引用的他书,或记同一事的图书等,来 进行校勘,也就是充分使用了"他校法"。因原书基本已经遗佚,使这 部分图书的校勘非常困难。如宋吕颐浩撰《忠穆集》已佚,四库馆臣 从《永乐大典》中辑出编作八卷。《考证》卷八十收录此书,缺漏错讹 文字均依据其它文献来改正。如卷一《上边事备御十策·选将材》 "李汉超守关南"句,《考证》云:"原本脱'南'字,据《宋史》改。"卷五 《论乞于邕州置买马司状》"昔马伏波于交趾得骆越铜鼓,乃铸为马 式"句,《考证》云:"原本'马式'讹'民式',据《东汉书》改。"

一些地方《考证》也适当地运用理校法。如《考证》卷八十六元朱 晞颜撰《瓢泉吟稿》卷一《游何山吊胡安定坟》,考证云:"原本'何'讹 '雨'。案:胡安定以嘉佑五年十月十日葬于乌程何山之原,见蔡襄 所著墓志及欧阳修所作墓表,今据改。"《瓢泉吟稿》原书已佚,仅有 《永乐大典》本。《考证》通过传记所记其下葬地,判断标题原作"雨山"有误,应作"何山"。理校法实际是一种不得已使用的方法,但只要理据充分,同样可以得到准确的结论。

清代乾嘉时期是我国古代校勘事业发展的鼎盛时期。这一时期因编纂《四库全书》而形成的《考证》一书,其校勘方法体现了乾嘉时期校勘考据学的成绩,值得认真总结。

《考证》存在的问题,《考证研究》第七章已有非常具体的分析,此处想说明的是,《考证》还存在一个重大的问题,即未能体现因删改"违碍"内容而形成的版本差异。

《四库全书》编纂过程中,对所谓的"违碍"文字作了大量删改,包括篇目撤除、文字删节、文字改动、人名替换等。这一删改造成了四库本与四库本据以抄录的底本之间的差异。如明程敏政编《明文衡》,明刻本卷一收录有宋濂《谕中原檄》、钱苏《拟祭元幼主文》。前者是吴元年十月朱元璋命将北伐时所发布的檄文,文中号召天下"驱逐胡虏,恢复中华";后一篇则明令元朝君主"亟返故国,华夷各得其所"。这是犯清朝大忌之文,四库本将这两篇文章都撤除了。其它类似的篇目撤除的也有许多。显然底本与四库本有相当大的差异,但这种差异在《考证》中完全看不到。《明文衡》考证卷一仅有一条:"王祎《方国珍除广西行省右丞诰》,刊本'珍'讹'真',据《明史》改。"完全不能反映底本与四库本的真实面目。

《四库全书》收录有不少《永乐大典》辑佚本。这些辑佚本在收入《四库全书》时,有些还会有改动,有的甚至连卷数也有变动。如宋王安礼撰《王魏公集》,《永乐大典》辑佚本八卷,文渊阁四库本和文津阁四库本都是七卷。被删除的是原书卷七,这一卷收录青词、朱表、斋文、祝文、祭文等。馆臣之所以将这一卷删去,是因为乾隆帝有谕旨,称"青词一体,乃道流祈祷之章,非斯文正轨"。尽管乾隆帝说这类文章只要在《武英殿聚珍版》等刊行本中删去就可以了,在《四库全书》

抄本中可以不删,"仍存其旧"(《清高宗实录》卷九百九十七)。但纂修官或为谨慎起见,仍将其作了删除。在南京图书馆、国家图书馆藏《王魏公集》大典辑佚稿本上,可以看到馆臣在第七卷卷端天头批有"此卷全删"四字,又将下一卷卷端"王魏公集卷八"之"八"字涂改作"七"。这类改动,《考证》仍然没有丝毫反映。《王魏公集》考证收录在《考证》卷七十八,其《贾圭墓志铭》《吕公行状》两篇校记所在卷数仍是卷八。这是《永乐大典》辑佚本的卷数,不是四库本的卷数。

张春国在书中提出了形成"四库学"研究中的"四库《考证》学"的问题,这是一个很值得研究的问题。《考证研究》在这方面做了重要工作。我们希望张春国继续努力,使《考证》研究进一步深入,取得更多的成果。

江庆柏

2024 年 3 月

绪　　论

　　《四库全书考证》凡一百卷,计经部二十二卷,史部二十五卷,子部二十六卷,集部二十七卷,清王太岳、曹锡宝等辑。其为《四库全书》重要的衍生品,汇集了四库馆臣在纂修《四库全书》时所作的校勘和考证成果。《四库全书考证》规模庞大,校勘条目达四万余条,涉及一千余种书籍,约占《四库全书》收录书籍数量的三分之一,在四库学研究中有独特的价值。乾隆对该书相当重视,曾在乾隆四十六年(1781)二月十九日下旨要求待《四库全书考证》一书编成,将其与《四库全书总目》一起置于《四库全书》之首。①

一、相关研究的学术史梳理及研究动态

　　最早对《四库全书考证》予以关注的是黄爱平与吴哲夫两位学者。黄爱平在《四库全书纂修研究》中提及流传至今的《四库全书考证》一书是"(纂修官)花费了巨大的劳动和精力","凝聚着纂修官心血和学识的考证成果"。② 吴哲夫在对《四库全书》纂修过程研究时专辟小专题对《四库全书考证》的成书过程进行研究,他认为"当日馆臣,就四库馆臣考校所得,逐条汇编,所完成的《四库全书考证》一

① 中国第一历史档案馆:《纂修四库全书档案》,上海古籍出版社,1997 年,第 1294—1295 页。
② 黄爱平:《四库全书纂修研究》,中国人民大学出版社,1989 年,第 128 页。

书……成绩颇为丰硕"。他在谈及《四库全书》之价值时,指出《四库全书》具有保存大量图书版本的重要价值,其重要的依据是:"修书(春国按:特指《四库全书》)当年,已重视各版本间的异同,曾有相互勘校的手续,并将所得,撰成《考证》一书。"①其对《四库全书考证》的研究与定位具有开拓意义。

此后学界对《四库全书考证》关注较少,这表现在:第一,对《四库全书考证》的专门研究成果尚少,仅有单篇文章,未有专著。目前仅见张升、周晓聪、何灿、高远、琚小飞、李花蕾、张春国、赵超等对《四库全书考证》做过专门研究。张升《〈四库全书考证〉的成书及其主要内容》一文是目前对《四库全书考证》研究影响最大的成果,其他诸文皆受其启发。该文通过对黄签的制作、选定、加工以及书籍编印过程的考证厘清了《四库全书考证》的成书过程,对其编纂成书的若干环节做了详细考证,如《四库全书考证》所收的内容不是最原始的校签,而是在进呈乾隆御览时经过选择的"黄签"等,该文诸多细节探讨具开创之功。②周晓聪在张文基础上,进一步对《四库全书考证》的编纂、内容及价值进行了探讨,指出该书影响不大的原因。③何灿对《四库全书考证》的价值进行了较全面的总结。④高远对《四库全书考证》中的《宋史》校勘条目做了专门深入的研究,将其与中华书局点校本《宋史》条目做比较,是《四库全书考证》的研究与利用走向深入的范例。⑤琚小飞对《四库全书考证》的编纂、抄写及刊印时间、各版本及

① 吴哲夫:《四库全书纂修之研究》,台北"故宫博物院",1990年,第112页。
② 张升:《〈四库全书考证〉的成书及其主要内容》,《史学史研究》2011年第1期。
③ 周晓聪:《〈四库全书考证〉的编纂及价值》,《史学论衡》,中国科学出版社,2012年。
④ 何灿:《试论〈四库全书考证〉的学术价值》,《图书馆工作与研究》2013年第6期;何灿:《〈四库全书〉纂修中的校勘成就》,山东大学2014年博士论文。
⑤ 高远:《〈四库全书考证·宋史〉的文献价值》,《宋史研究论丛》第十六辑,河北大学出版社,2015年,第410页。

校勘价值、清抄本《四库全书考证》的校签及编纂过程进行了集中探讨,但对《四库全书考证》诸种版本之间的关系、《四库全书考证》与《四库全书荟要》卷末校记及文渊阁《四库全书》卷末校记之间的关系等关键问题未予关注。① 李花蕾对《四库全书考证》经部若干条校记进行了校勘,但对诸版本《四库全书考证》之差异亦未关注。② 张春国对清抄本《考证》、文渊阁本《考证》与文澜阁本《考证》之间的关系也进行了较为深入的探讨。③ 赵超以四十八种宋集整理成果为例,探讨《四库全书考证》诗歌整理的方法、价值及其疏误,指出在利用《四库全书考证》一书时,要进行辨析,不可盲从。④

第二,在对其他方面问题进行研究时利用《四库全书考证》的成果亦少,仅有王永吉、杨洪升、江庆柏、杜泽逊、郭林、申奎等人的文章。王永吉《〈史记〉殿本研究》,将《四库全书考证》中《史记》相关校记与文渊阁《全书》本《史记》进行核对,有诸多发现。⑤ 杨洪升利用《四库全书考证》考察《四库全书》收录各书如《汴京遗迹志》《洪范正论》《易小传》等书的底本问题,颇多创获。⑥ 江庆柏利用《四库全书考证》考校了《四库全书荟要》及各四库阁本辽金元三史提要,指出可借此考察《四

① 琚小飞:《清代内府抄本〈四库全书考证〉考论》,《文献》2017 年第 5 期;琚小飞:《〈四库全书考证〉的版本及校勘价值述略》,《史学史研究》2017 年第 2 期;琚小飞:《〈四库全书考证〉的编纂、抄写及刊印》,《中国典籍与文化》2018 年第 1 期。

② 李花蕾:《〈四库全书考证〉经部校勘记》,《湖南科技学院学报》2016 年第 1 期;李花蕾:《武英殿聚珍版〈四库全书考证〉书目校勘》,《湖南科技学院学报》2022 年第 4 期。

③ 张春国:《文澜阁〈四库全书〉本〈四库全书考证〉考论》,《中国四库学》(第四辑),中华书局,2019 年;张春国:《文渊阁本与清抄本〈四库全书考证〉关系考释》,《历史文献研究》(总第 44 辑),广陵书社,2020 年。

④ 赵超:《〈四库全书考证〉诗歌文本整理的方法、价值及其疏误——以宋诗整理为例》,《广西大学学报(哲学社会科学版)》2022 年第 3 期。

⑤ 王永吉:《〈史记〉殿本研究》,南京师范大学 2007 年博士学位论文。

⑥ 杨洪升:《〈四库全书〉底本续考》,《聊城大学学报(社会科学版)》2008 年第 5 期;杨洪升:《〈四库全书〉底本考》,《图书馆杂志》2009 年第 6 期;杨洪升:《〈四库全书〉经部宋人易书十种底本考》,《图书馆杂志》2012 年第 9 期。

库全书荟要考证》《四库全书考证》与《荟要提要》《总目》的关系问题。①
杜泽逊利用《四库全书考证》中有关《文献通考》的考证条目,总结了
四库馆臣的校勘方法、校勘依据,对其校勘价值充分肯定。② 郭林对
《史记本纪》进行考校,将中华书局点校本《史记》与文渊阁《四库全书》
本《史记》相校,亦将《四库全书考证·史记考证》作为重要参考。③ 申
奎用《四库全书考证》中的《汉书》校记来研究文渊阁本《汉书》与殿本
《汉书》的关系。④ 以上学者研究其他问题时利用了《四库全书考证》的
成果,难能可贵。除此之外,国内外关于《四库全书考证》的研究甚少。

　　与《四库全书总目》已出版多个整理本相比较,《四库全书考证》
目前仅有一种整理本⑤和三种影印本,且现有整理本问题较多,这妨
碍了对其深入研究和充分利用。我们亟须对《四库全书考证》进行深
入整理和研究,为《四库全书考证》的进一步研究打下基础。

　　当前对《四库全书考证》进行深入研究是历史给予我们的机遇和
挑战。日本"大仓文库"931 种古籍集体回归中国是文史界的一件盛
事,其中包括了 25 种四库进呈本,这些进呈本有不少都在《四库全书
考证》中载有校勘记,如《小畜集》《欧阳修撰集》《字溪集》《桂隐文集》
《桂隐诗集》等。深入研究这些校勘记,对客观评价"大仓文库"图书
的价值,尤其是四库底本的价值意义重大。随着台湾"中研院"傅斯
年图书馆藏《四库馆进呈书籍底簿》⑥、台北图书馆藏《四库全书初次

---

① 江庆柏:《〈四库全书荟要〉辽金元三史提要校议》,《南京师范大学文学院学报》2009 年
　　第 2 期。
② 杜泽逊:《论〈四库〉本〈文献通考〉之校雠》,《古籍整理研究学刊》2013 年第 4 期。
③ 郭林:《〈史记本纪〉校点发正》,《渭南师范学院学报》2013 年第 5 期。
④ 申奎:《文渊阁本〈汉书〉及〈钦定四库全书考证·汉书考证〉》,《文教资料》2014 年第
　　30 期。
⑤ (清)王太岳等纂辑,李花蕾整理:《四库全书考证》,上海三联书社,2021 年。
⑥ 姜雨婷:《傅斯年图书馆藏〈四库馆进呈书籍底簿〉考略》,《图书馆杂志》2012 年第 5 期。

进呈存目》①、哈佛燕京图书馆藏《乾隆代呈送书目》、中国国家图书馆藏《四库全书总目》残稿②、中国国家博物馆藏《四库全书总目》残稿③、上海图书馆藏《四库全书总目》残稿④、天津图书馆藏《四库全书总目》残稿⑤、台北图书馆藏《四库全书总目》残稿⑥、南京图书馆藏《四库全书总目》残稿⑦、浙江图书馆藏文澜阁本《四库全书总目》残稿⑧等文献的逐渐发掘，加之大型古籍的影印出版，尤其是《文澜阁四库全书》《明别集丛刊》《明代诗文集珍本丛刊》《明人别集稿抄本丛刊》《清代诗文集珍本丛刊》《域外汉籍珍本文库》《国立北平图书馆甲库善本丛书》《四库提要著录丛书》《四库全书底本丛刊》《四库全书卷前提要四种》《纪晓岚删定〈四库全书总目〉稿本》《四库全书总目稿钞本丛刊》的影印出版，使我们今天研究《四库全书考证》获得了更丰

① 夏长朴：《〈四库全书总目〉研究的新资料》，《第二届中国古文献与传统文化国际学术研讨会会议论文》，北京师范大学，2011 年 10 月。该文经修改后以《〈四库全书初次进呈存目〉初探——编纂时间与文献价值》为题，发表于 2012 年 6 月《汉学研究》30 卷第 2 期。刘浦江：《四库全书初次进呈存目〉再探——兼谈〈四库全书总目〉的早期编纂史》，《中华文史论丛》2014 年第 3 辑；江庆柏：《〈四库全书初次进呈存目〉研究》，《中国典籍与文化论丛》2014 年；赵永磊：《〈四库全书初次进呈存目〉编纂性质考略》，《中国典籍与文化》2016 年第 1 期；郭明芳：《〈四库全书初次进呈存目〉成书再考》，《中国四库学》2019 年第 3 辑。

② 王菡：《国家图书馆所藏〈四库全书总目〉稿本述略》，《文学遗产》2006 年第 2 期。

③ 黄燕生：《校理〈四库全书总目〉残稿的再发现》，《中华文史论丛》第 48 辑，1991 年。

④ 沈津：《校理〈四库全书总目提要〉残稿的一点新发现》，《中华文史论丛》1982 年第 1 辑；陈恒舒：《上海图书馆藏〈四库全书总目〉残稿发覆——以清代别集为例》，《文献》2019 年第 4 期；张玄：《上海图书馆藏〈四库全书总目残稿〉小说家类考》，《文献》2019 年第 4 期；夏长朴：《上海图书馆藏〈四库全书总目〉残稿编纂时间蠡探》，《四库学》（第一辑），2017 年。

⑤ 刘浦江：《天津图书馆藏〈四库全书总目〉残稿研究》，《文史》2014 年第 4 辑；夏长朴：《重论天津图书馆藏〈纪晓岚删定四库全书总目稿本〉的编纂时间》，《湖南大学学报》2016 年第 6 期。

⑥ 苗润博：《台北"国家图书馆"藏〈四库全书总目〉残稿考略》，《文献》2016 年第 1 期。

⑦ 韩超：《浙本〈四库全书总目〉底本及其成书过程的再讨论——南京图书馆藏〈总目〉残稿初探》，《图书馆杂志》2020 年第 12 期。

⑧ 崔富章：《文澜阁〈四库全书总目〉残卷之文献价值》，《文献》2005 年第 1 期。

富、更可靠的一手材料，我们后学当抓住机遇，将《四库全书考证》的研究推进一步，为四库学、版本学、校勘学、明代文学及相关的作家作品研究提供参考。

二、本书的学术价值

对《四库全书考证》进行深入研究具有重要的学术价值。

1. 为四库学的研究开辟一块新领地

同为《四库全书》的副产品，《四库全书考证》与《四库全书总目》的影响力形成了鲜明的对照。在数以万计的"四库学"研究论著中，《四库全书总目》研究独占半壁江山，形成了"四库《总目》学"，而《四库全书考证》却很少受人关注，目前学界还没有学者对其进行总体性研究，《四库全书考证》中蕴含的大量有待挖掘的学术成果长期无人问津。这与其独特的价值和地位极不相称。

同时，在四库学研究中，对《四库全书》文本的研究日渐升温，形成"四库文本学"。我们认为，对《四库全书考证》的研究终将与"四库《总目》学""四库文本学"形成三足鼎立的研究局面，真正形成"四库学"研究中的"四库《考证》学"。从"四库《总目》学"走向"四库文本学"，从"四库《总目》学"走向"四库《考证》学"，是当前四库学研究的两大趋势。本书择其一端，探讨"四库《考证》学"之基础文献——《四库全书考证》，希望为"四库《考证》学"这一分支学科的架构打下基础。

2. 对研究《四库全书》底本问题至关重要

四库底本的数量，理论上应为三千四百多种甚至更多，但现存四库底本的数量，《四库提要著录丛书》影印了 168 种，《四库全书底本丛书》影印了 314 种，《中国古籍总目》中著录了部分，即使加上另外散见各地的单种底本，现存底本数量也已不及原来的十分之一。因多数四库底本已毁损，除现存极少已知的四库底本外，更多四库底本的确定都需要进一步的研究,具有相当难度。《四库全书考证》是四库馆臣针对四库底本的校勘记载,其中涉及馆臣采用底本和参校本,是甄别四库底本最直接的证据,其在推定四库所据底本方面极有价值。

3. 为《四库全书》阁本的研究提供一个新的视角

目前学界在《四库全书》阁本与底本、阁本与阁本的关系问题上尚存在许多盲点,如:① 现存《四库全书》各阁本面貌为何有差异?各版本《考证》为何面貌不一? ②《四库全书》各阁本所据是否为同一底本? ③ 现存《四库全书》各阁本为何未完全按照《四库全书考证》校勘记进行改动? ④《四库全书》各阁本是否如学界普遍认为的"凡四库本皆劣本"? 本书试图对以上问题作出回答,并为学界重新客观评价《四库全书》版本优劣打下基础。

4. 可还原《四库全书》的纂修过程,客观评价《四库全书》编纂工作

《四库全书考证》的编纂是《四库全书》纂修过程的一部分,通过对《四库全书考证》与其他四库学成果的关系及其成书细节的研究,可重新评价《四库全书》编纂的功过是非。

鉴于《四库全书考证》在历史学、四库学、版本学、校勘学等领域的重要地位和价值,本书以《四库全书考证》为研究对象,围绕《四库全书考证》的诸种版本、《四库全书考证》纂修机构与办理人员、《四库全书考证》与文渊阁《全书》卷末校记之关系、《四库全书考证》与《四库全书荟要》卷末校记之关系、《四库全书考证》著录明别集校记纂校情况等一系列问题展开探讨,对《四库全书考证》的版本、编纂、校记及其与其他四库学校勘成果之间的关系进行全面、系统的研究。

第一章　《四库全书考证》
版本考辨(上)

　　《四库全书考证》(以下简称《考证》)从最初的抄本、活字本、刻本,到后来的影印本、整理本,版本众多,现存者亦有数种,下详述之。

第一节　《四库全书考证》版本考述

　　本节将《四库全书考证》版本情况进行梳理,分述如下。

　　1. 清抄本《四库全书考证》(以下称"清抄本《考证》")①

　　该本为清乾隆间四库馆臣原抄本,一百卷,中国国家图书馆(以下简称"国图")藏(见图 1-1),半叶十行,行二十一字,红格,白口,左右双边。书中多四库馆臣圈点、批注与校签。《纂修四库全书档案》(以下简称《档案》)两处提到《考证》进呈稿本:①"又《四库全书考证》,亦据纂修官王太岳、曹锡宝等汇总排纂,编成一百卷,装作十函,理合一并进呈。"② ②"《全书总目》《简明目录》及《考证》各部,现在进呈者只系稿本,应俟发下后,另行赶缮正本各四分,预备陈设。"③

---

① (清)王太岳等:《四库全书考证》,清内府抄本。
② 中国第一历史档案馆:《纂修四库全书档案》,上海古籍出版社,1997 年,第 1602 页。
③ 中国第一历史档案馆:《纂修四库全书档案》,第 1605 页。

《档案》所言及进呈稿本,当均指该部清抄本《考证》。①

2. 文渊阁《四库全书》本《四库全书考证》(以下称"文渊阁本《考证》")②

文渊阁本《考证》,抄本,一百卷,现藏台北"故宫博物院"(见图1-2)。半叶九行,行二十一字,四周双边,朱丝栏,白口,卷首卷末分钤"文渊阁本""乾隆御览之宝"印。在诸阁本中为最先入藏者,置于文渊阁《全书》集部之末。据《档案》载:"其《总目提要》及《考证》全部,臣等均拟缮写正本,于文渊阁中间东西御案上次第陈设。此系全书纲领,未便仍分四色装潢,应请用黄绢面页以符中央土色,俾卷轴森

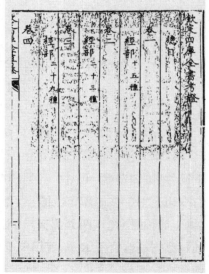

图1-1　清抄本《四库全书考证》　　　图1-2　文渊阁本《四库全书考证》

① 琚小飞:《清代内府抄本〈四库全书考证〉考论》,《文献》2017年第5期。
② (清)王太岳等:《四库全书考证》,《景印文渊阁四库全书》,台湾商务印书馆,1982—1986年。

严,益昭美备。其文源、文津、文溯三阁,俟书成后照此办理。"①文渊阁本《考证》以清抄本《考证》为底本进行誊录,同时又对清抄本《考证》的校记作了调整和改动。②

　　3.文溯阁《四库全书》本《四库全书考证》

　　现藏甘肃图书馆。据《第一批国家珍贵古籍名录图录》载,文溯阁本《钦定四库全书考证》一百卷,清内府抄本(见图1-3)。包背装,七十二册。半叶九行,行二十一字,红格,白口,四周双边。每册卷端、卷末分钤"文溯阁宝""乾隆御览之宝"印。版心上题"钦定四库全书考证"。据《盛京皇宫及关外三陵档案》载,乾隆四十八年(1783)八月十二日,由京送到《总目》二十五匣、《简明目录》三匣、《考证》十二匣。③《文溯阁〈四库全书〉迁兰亲历记》载"文溯阁《四库全书》交接书"中《考证》12函1种,72册。④ 两者所载《四库全书考证》均为十二函。

图 1-3　文溯阁本《四库全书考证》

① 中国第一历史档案馆:《纂修四库全书档案》,第 1603 页。

② 张春国:《文渊阁本与清抄本〈四库全书考证〉关系考释》,《历史文献研究》第 44 辑,广陵书社,第 313 页。

③ 杨奉陌:《盛京皇宫及关外三陵档案》,辽宁民族出版社,2003 年,第 123 页。

④ 余贤杰:《文溯阁〈四库全书〉迁兰亲历记》,《四库全书研究文集》,敦煌文艺出版社,2006 年,第 361 页。

　　4. 文津阁《四库全书》本《四库全书考证》（以下称"文津阁本《考证》"）

　　存佚未详。《清宫避暑山庄档案》记载嘉庆元年（1796）十二月查阅文津阁陈设物件，其中著录"《钦定四库全书考证》十二函，随匣紫檀木边嵌玉四周记桌屏四座"。嘉庆五年十二月再次检查文津阁藏书，发现"高宗《钦定四库全书考证》十二套，有虫蛀处"。① 由嘉庆五年覆核书籍情况看，文津阁确实入藏《考证》一部。笔者发现一则材料，亦可佐证文津阁入藏《考证》这一史实。《文津阁四库全书目录》四卷②，该书系光绪二十年（1894）热河行宫总管世纲等奉命清点文津阁《四库全书》及行宫各殿宇陈设用书的成果。其将文津阁《四库全书》按架逐函，依照目录核对详查；并将园内各殿宇所陈设书籍逐卷详加考核，添注卷数、版目、编辑各名款，分类开单。据其查检，除经部《日讲诗经解义》一书原未补入，有函无书外，其他书籍基本无阙佚情况。值得注意的是两条记载。①《文津阁四库全书目录》最末著录："《钦定古今图书集成》一部，一万卷，五百七十六函，蒋廷锡等编辑，武英殿版。《钦定全唐文》一部，一千四卷，五十一函，董诰等编辑，淮版。《钦定四库全书总目》一部，二百卷，二十函，多罗质郡王永瑢等编纂，武英殿版。《钦定四库全书考证》一部，一百卷，十二函，王泰（太）岳纂辑缮本。"这是目前发现的关于文津阁本《考证》的最晚记载。通过该目录，我们可确知，至光绪二十年，文津阁本《考证》原书被置于文津阁收藏，且置于《钦定古今图书集成》《钦定全唐文》《钦定四库全书总目》三部书之后。再看各部书的刊刻与抄写形式，该文津阁本《钦定四库全书考证》为"缮本"，即其系抄本，

---

① 琚小飞：《〈四库全书考证〉的编纂、抄写及刊印》，《中国典籍与文化》2018 年第 1 期。
② （清）世纲、英麟编：《文津阁四库全书目录》，附《园内各殿宇陈设书籍目录》一卷，民国间抄本，见《四库全书目录资料三种》，中华书局影印本，2016 年。

这与《钦定古今图书集成》与《钦定四库全书总目》为"武英殿版"相对应。② 该目所附《园内各殿宇陈设书籍目录》中,亦著录:"《钦定四库全书考证》一部,一百卷。王泰(太)岳恭辑。"而这两条记载与《档案》所载《热河总管世纲等奏查明文津阁并园内各殿宇书籍折》有关《考证》两条记载①完全吻合,但《档案》所附载《园内各殿宇陈设书籍书目清单》著录更详细:"《钦定四库全书考证》一部,一百卷。王泰(太)岳恭辑,武英殿版。"②据上,光绪二十年热河避暑山庄藏两部《考证》,一部为抄本,贮藏文津阁,即文津阁本《考证》,另一部为武英殿本,贮藏在他殿。

1915 年,文津阁《四库全书》被民国政府移交京师图书馆(今国图)庋藏。1920 年,陈垣再次清点造册,编成《文津阁四库全书统计表》,却无关于文津阁本《考证》的著录。而现存国图的文津阁本《四库全书》,亦无《考证》。这说明,抄本文津阁本《考证》在光绪二十年(1894)之前入藏文津阁,而在 1915 年文津阁《四库全书》移交京师图书馆时已被撤出,致陈垣未见,即抄本文津阁本《考证》移出文津阁的时间当在 1894 年至 1915 年之间。而文津阁本《考证》被移出文津阁的原因及最终下落尚需进一步考证。

5. 文澜阁《四库全书》本《四库全书考证》(以下称"文澜阁本《考证》")③

该本为抄本,一百卷,现藏浙江图书馆(见图 1-4)。其中有十五卷为四库馆臣原抄,其他为丁氏、张氏补抄。杭州出版社在 2015 年影印《文澜阁四库全书》时将文澜阁本《考证》一并影印。据该影印

① 中国第一历史档案馆:《纂修四库全书档案》,第 2641、2655 页。
② 中国第一历史档案馆:《纂修四库全书档案》,第 2655 页。
③ (清)王太岳等:《钦定四库全书考证》,《文澜阁四库全书》,杭州出版社,2015 年影印本。

本,文澜阁本《考证》置于文澜阁《全书》集部之末。据嘉庆二十五年

图 1-4　文澜阁本《四库全书考证》

（1820）吴恒聚《文澜阁四库全书书目清册》,有"经部《考证》二十二册"。再据道光四年（1824）金裕新撰《钦颁文澜阁本四库全书书目经部清册》载,《考证》被分为"经部《考证》""史部《考证》""子部《考证》""集部《考证》"而分置于经史子集各部之首,如经部之始作"经部《总目》、经部《考证》、《简明目录》",集部则于"集部《总目》"后著录"集部《考证》二十七册"。① 据文澜阁本《考证》原抄十五卷考察,文澜阁本《考证》之誊录底本系清抄本《考证》而非文澜阁本《考证》。②

6. 文汇阁《四库全书》本《四库全书考证》

该本已佚。"台北图书馆"藏《文汇阁四库全书目录》抄本是现存唯一一份文汇阁《四库全书》书目。③ 该本于"《中原音韵》二本,二函"之后作:"四局《考证》一百本,十六函。"其"四局"当为"四部"之误。该书目最末有三页,分别载:"集部一万二千二百六十九本,分装二千零二十四函。《考证》二十七本,分装四函。二共一万二千二百九十

---

① 清道光四年（1824）金裕新撰《钦颁文澜阁本四库全书书目经部清册》由黄汉老师代为查阅,深表谢忱。该书半叶八行,行字数不等。
② 张春国:《文澜阁〈四库全书〉本〈四库全书考证〉考论》,《中国四库学》,中华书局,2019年,第235页。
③ 唐宸、黄汉:《台湾藏〈文汇阁四库全书目录〉抄本考》,《文献》2019年第4期。

六本,二千零二十八函。""经五千五百零九册,分装九百六十五函。史九千三百七十六册,分装一千六百二十函。子九千零五十三册,分装一千五百七十九函。集一万二千二百六十九册,分装二千零二十四函。又四局《考证》一百册,分装十六函。"①说明文汇阁本四部《考证》一百卷亦被散入经史子集各部,共计十六函,而集部为二十七本,分装四函。二十七本这个数字与《钦颁文澜阁本四库全书书目经部清册》所载文澜阁本集部《考证》册数完全一致。

7. 文宗阁《四库全书》本《四库全书考证》

该本已佚。国图藏《文宗阁四库全书装函清册》保存了文宗阁《四库全书》的函册状况②,经史子集每部后均为《考证》四函,共十六函。而台北藏《文汇阁四库全书目录》又保存了文宗阁《四库全书》与文汇阁《四库全书》函册的对比信息,非常珍贵。就《文宗阁四库全书装函清册》来看,此亦揭示了文宗阁《四库全书》中《考证》被散入经史子集各部,分别为四函。③

8. 清乾隆武英殿木活字本《四库全书考证》(以下称"殿本《考证》")

清乾隆武英殿木活字本《考证》一百卷,因乾隆认为活字版之名不雅驯,故改作聚珍。④ 国图善本室藏殿本《考证》,编号 02324,确为乾隆年活字本(见图 1-5),收入《武英殿聚珍版丛书》中。甘肃省图书馆、台北"故宫博物院"均著录该本,日本内阁文库(见图 1-6)、日本东京大学东洋文化研究所分别藏"聚珍版丛书"覆刻本一部。该本版式与其他聚珍版完全统一,半叶九行,行二十一字,墨栏双边,直格,白口,单鱼尾,版心上记书名,下记卷数、子目名及页数。首页录

---

① 《文汇阁四库全书目录》,抄本,"台北图书馆藏"。
② 王蔼:《〈文宗阁四库全书装函清册〉说略》,《文献》2002 年第 3 期;琚小飞、王昱淇:《嘉庆朝〈文宗阁四库全书装函清册〉考》,《历史档案》2017 年第 3 期。
③ 唐宸、黄汉:《台湾藏〈文汇阁四库全书目录〉抄本考》,《文献》2019 年第 4 期。
④ 《御制题武英殿聚珍版十韵》,清武英殿聚珍本《钦定四库全书考证》。

乾隆《御制题武英殿聚珍版十韵》一诗并序，系乾隆三十九年（1774）所作。各册首页下列"武英殿聚珍版"六字。该本卷首、各卷目录页均保留了该卷校勘者姓名，为探讨该本的版本信息、成书时间提供了珍贵的信息。

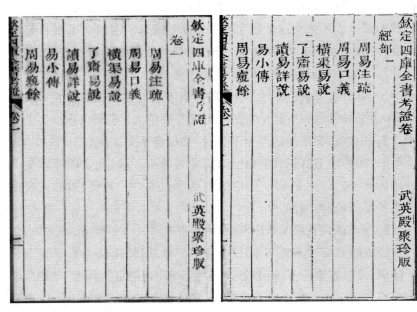

图 1‑5　武英殿木活字本《四库全书考证》，国图藏　　**图 1‑6　覆刻本《四库全书考证》，日本内阁文库藏**

日本内阁文库本《考证》各卷首、卷末均钤"昌平坂学问所"朱文长印，与"日本政府图书"朱文方印。"昌平坂学问所"朱文长印。昌平坂学问所，又称昌平校，以孔子生于昌平乡，故名。昌平校为当时幕府直接管辖的官办教育机构，由林述斋创办于宽政九年（1797），其教育模式曾给当时诸藩的藩学以很大影响。林衡（1768—1841），字述斋，第八代大学头。精通和汉典籍，致力于学政改革，被誉为林家中兴的英才。述斋六子复斋名炜,号藕潢,第十一代大学头。① 昌平校藏书以林家藏书为主。② "昌平坂学问所"印章有朱、墨两色。墨色为昌平坂旧藏,包括原来林家的藏书,朱印为各家进献之书,学生不得阅览。③ "日本政府图书"朱文方印,内阁文库于 1886 年 2 月起钤用此印,以代替原先的"太政官文库"印和"秘阁图书之章"。由此可知,日本内阁本《考证》由各家进献,藏于昌平坂学问所,最后归于内阁文库。将日本内阁文库本《考证》与国图殿本《考证》比较,内容与版式完全相同,惟有卷一首页,两版版式有差别(见图 1 - 5 与图 1 - 6),非常值得注意。

9. 清道光八年(1828)福建重刊同治间至光绪二十年(1894)续修增刊本《钦定四库全书考证》(以下称"外聚珍本《考证》")

该本一百卷,国图、北大图书馆、日本东京大学东洋文化研究所均有藏。据《档案》(乾隆四十二年九月初十日),因武英殿聚珍版选书"精当而罕观",颇受欢迎,印的三百部抢购一空,故董诰上奏:"查江南、江西、浙江、福建、广东五省,向来刊行书籍颇多,刻工版料亦较他处为便。……准将现已摆印过各书,每省发给一分,如有情愿刊者,听其翻版通行,并请嗣后于每次进呈后陆续颁发照办。"④于是东南各省相继照武英殿聚珍版开雕,所刻之本称作外聚珍本,其中福建所刻最多⑤,该本即为福建所刻。《八千卷楼书目》所载"《钦定四库全书考证》一百卷,国朝王太岳、曹锡宝等撰,闽刊本活字版本"⑥,当为此本。

---

① 林申清:《日本藏书印鉴》,北京图书馆出版社,2000 年,第 78 页。
② 林申清:《日本藏书印鉴》,第 145 页。
③ 同上。
④ 中国第一历史档案馆:《纂修四库全书档案》,第 723—724 页。
⑤ 黄爱平:《四库全书纂修研究》,中国人民大学出版社,1989 年,第 234 页。
⑥ (清)丁仁:《八千卷楼书目》(史部)卷九,民国本。

　　国图藏三套外聚珍本《考证》，其编号分别为38458、37488、7919，其中两套边框特征有左右双边与四周双边之差异，同时各卷首叶钤"国子监南学书光绪九年二月查过准部齐全""国子监"印，其总目版心第五至八叶上有"道光十年修总目"，下有"宋炳垣校"，此三套外聚珍本翻刻时间当为光绪九年。

　　北大图书馆亦藏该本《考证》（见图 1－7）一部。该本卷首有《御制题武英殿聚珍版十韵》，各册首页有"武英殿聚珍版"六字，其总目版心第五至八叶上有"道光十年修总目"，下有"宋炳垣校"，翻看该本数页

版心下有"光绪十九年补刊""光绪二十年补刊"等补刻字样，可确定此本系光绪二十年（1894）据乾隆武英殿聚珍版翻版雕刻的外聚珍本。结合傅以礼作于光绪二十一年跋语与其生平、志向，此本极可能为其官福建时所刊（详见下文）。这一结论与该批据武英殿聚珍版翻刻的一批福建刻本时间相吻合：乾隆四十二年（1777）奉敕重刻，道光八年（1828）暨同治七年（1868）三次修版，光绪二十一年广雅书局又据以重印。①

图 1－7　外聚珍本《四库全书考证》，北大藏

　　将该部外聚珍本《考证》与殿本《考证》对比，内容绝大多数

① 郭伯恭：《四库全书纂修考》，上海书店，1992 年，第 100 页。

相同,个别处存在差异,表现在:① 就目录比较,殿本《考证》卷七十九"集部 二十种",外聚珍本《考证》卷七十九"集部 二十一种"。查两版本正文卷七十九,殿本《考证》与外聚珍本《考证》均为二十种,可证外聚珍本《考证》目录卷七十九"二十一种"误,当作"二十种"。② 殿本《考证》卷八十四"集部 一十五种",外聚珍本《考证》卷八十四"集部 二十五种"。查两版本正文卷八十四均收二十五种,可证殿本《考证》目录卷八十四"一十五种"当为"二十五种"之误。③ 正文首页格式不同,尤其是"卷一"两字位置不同(见图 1-5 与图 1-7)。

10.《丛书集成初编》本《四库全书考证》

王云五主编《丛书集成初编》,收录《考证》一百卷,该本称"据乾隆武英殿聚珍版丛书本"重新排印,1936 年商务印书馆出版。该本对提高学界对武英殿聚珍本《考证》的关注和利用很有意义,惜删掉了书前《御制题武英殿聚珍版十韵》及每卷目录后所附校勘者姓名。该本书末附光绪乙未傅以礼跋语。光绪乙未年为光绪二十一年(1895)。结合傅氏生平与其跋语可知,该光绪补版极可能系傅氏所为。傅以礼,道光七年(1827)生,光绪二十四年卒。曾捐县丞,分任福建,后拔至道员,署福州府事,加衔盐运使。其为学一以乾嘉诸老为宗,多识博闻,长于考订。其所跋《考证》即为其校勘武英殿聚珍版《考证》之重要成果。该跋语亦被收入《华延年室题跋》①。比较该本所收与《华延年室题跋》所收,两者文字完全一致。据该跋语可知:① 傅氏于该书卷首录乾隆四十一年(1776)谕旨,但《丛书集成初编》无;②《丛书集成初编》本所录跋语末有"光绪乙未嘉平朔日,大兴傅以礼节子谨识"语,《华延年室题跋》已删之。

---

① (清)傅以礼撰,李慧、主父志波标点:《华延年室题跋》卷上,见《中国历代书目题跋丛书(第三辑)》,上海古籍出版社,2009 年,第 92—93 页。

11. 台湾鼎文书局本《四库全书考证》

台湾鼎文书局于 1978 年将《考证》排印出版，五册，32 开本，末附《四库全书考证书名索引》。

1991 年书目文献出版社将清抄本《考证》影印出版，最大程度地保存了清抄本《考证》的原始面貌，在当时非常难得，该本也是现今各版本《考证》中影响最大的一个。惜清抄本《考证》中保留的大量校签和勾改未能完整、清晰地呈现出来。

第二节　清抄本《考证》校签与 涂改条目辑录

学界已对清抄本《考证》原文的抄写时间及清抄本《考证》上校签及涂改时间进行了初步研究①，但对清抄本《考证》校签与涂改的区别及关系、清抄本《考证》校签与涂改的时间先后等问题尚未釐清。本文采取穷尽式研究，将清抄本《考证》一百卷上保留的馆臣校签及涂改条目，逐条统计，一一辑录并加以考辨，共计 257 条。

本文按照以下原则辑录条目：

一、清抄本《考证》校签与涂改条目，各条依据其所在卷次、页数先后进行编排。各卷条目分别编号。

二、每条校签或涂改条目均首列页数、原文，次著馆臣涂改、校签，次列文渊阁本《考证》、殿本《考证》是否据其改动，末附按语，系笔

① 清抄本《考证》系文渊阁《四库全书》本《考证》及殿本《考证》的底本，其原文为乾隆四十九年(1784)七月十九日的进呈本，完成时间在乾隆四十七年四月二十四日至十一月十八日之间。见琚小飞《清代内府抄本〈四库全书考证〉论考》，《文献》2017 年第 5 期；琚小飞《〈四库全书考证〉的版本及校勘价值述略》，《史学史研究》2017 年第 2 期。

者对文渊阁本《考证》、文澜阁本《考证》、殿本《考证》校勘时间等问题的考辨。

三、文澜阁本《考证》现存十五卷为四库馆臣原抄,分别为卷六、十四、二十、四十九、五十、五十三、五十八、六十二、七十一、七十二、七十八至八十、九十五、九十六,凡清抄本《考证》校签与涂改条目涉及该十五卷者,有文澜阁本《考证》原抄本可据,均用文澜阁本《考证》比勘。而文澜阁本《考证》其他卷数系补抄而成,凡清抄本《考证》校签与涂改条目涉及者,均不再与文澜阁本《考证》比勘。

卷一

1. 十一页 a《读易详说》:"按:'南征',朱子曰'前进'也。今谓此文王伐纣之志显,与以服事殷相背,不旧旧说为安。"馆臣将第一个"旧"字圈划掉。文渊阁本《考证》与殿本《考证》均将第一个"旧"字改作"若"。

按:文渊阁本《考证》校勘在先,该涂改最晚至校勘文渊阁本《考证》时已作。

2. 二十六页 b《易变体义》:"离六二注:书于汤言旁求俊彦,启迪后人。"馆臣将"彦"字圈划掉。文渊阁本《考证》与殿本《考证》均改"彦"作"乂"。

按:文渊阁本《考证》校勘在先,该涂改最晚至校勘文渊阁本《考证》时已作。

3. 二十七页 b《易变体义》:"故有取能视之词。"馆臣加校签曰"故有取能视之辞",并圈划掉校签上"取"字,旁注"眇"字。文渊阁本《考证》与殿本《考证》均已据校签改作"眇"。

按:文渊阁本《考证》校勘在先,该校签最晚至校勘文渊阁本《考证》时已作。

卷二

1. 十八页 b《涑山读周易》："原夫'大'讹'矣'，据程传改。"馆臣将"夫"字涂掉，并加校签曰："十八页后第十行。'原本'，'本'讹'夫'，涂而未改。"文渊阁本《考证》与殿本《考证》均已据校签将"夫"改作"本"。

按：该涂改最晚至校勘文渊阁本《考证》时已作，而该校签为校勘殿本《考证》时所作。

2. 五十五页 b《易学变通》："丰封互巽为风，兑泽为雨，是当昼之时。雷电皆至，风雨交作，安得无见星斗之理乎？"馆臣将"封"字涂掉，并加校签曰："五①十五页后十行，'卦'②讹'封'，涂而未补。"文渊阁本《考证》与殿本《考证》均改"封"作"卦"。

按：该涂改最晚至校勘文渊阁本《考证》时已作，而该校签为校勘殿本《考证》时所作。

卷四

1. 二十七页 a《尚书全解》："惟周公位冢宰解长，谓公卿大夫王子弟食采邑者。刊本'卿'下衍'王'字，据《周礼》注改。"馆臣将"改"字圈划掉。文渊阁本《考证》与殿本《考证》均将"改"字改作"删"字。

按：文渊阁本《考证》校勘在先，该涂改最晚至校勘文渊阁本《考证》时已作。

2. 三十三页 a《尚书讲义》："又妹土嗣尔股肱纯者，商民若继以汝股肱而辅翼其纯德，则必能艺其黍稷，勤劳以事父兄。接：纯，今蔡传训大，连下句读。此以'纯'字为句，尚仍疏传之旧。"馆臣将"接"

---

① "五"，清抄本《考证》校签脱，据清抄本《考证》原文，该条校记位于清抄本《考证》五十五页后十行，故补"五"。

② "卦"，清抄本《考证》校签阙，据文渊阁本《考证》、殿本《考证》补。

字圈划掉。文渊阁本《考证》与殿本《考证》均改"接"为"案"。

按：文渊阁本《考证》校勘在先，该涂改最晚至校勘文渊阁本《考证》时已作。

卷五

1. 十七页 b《钦定书经传说汇纂》："太保率西方诸候。"馆臣将"候"字圈划掉。文渊阁本《考证》与殿本《考证》均已改作"侯"。

按：文渊阁本《考证》校勘在先，该涂改最晚至校勘文渊阁本《考证》时已作。

2. 二十一页 a《禹贡锥指》，馆臣加校签曰："'□'字，中应少一点。"

按：校签残缺不可辨。

3. 二十二页 b《禹贡锥指》："导河积石辨证。白土城南，注：在南津西六十里。刊本'在在'讹'左'，据《水经注》改。"馆臣圈划掉第一个"在"，并加校签曰："'在'，多写一字。"文渊阁本《考证》与殿本《考证》均据校签删除第一个"在"字。

按：文渊阁本《考证》校勘在先，该校签最晚至校勘文渊阁本《考证》时已作。

4. 二十三页 a《禹贡锥指》："又东过漆沮辨证。又东粮余水注之。刊本脱'粮'字，据《水经注》增。"其中"漆"字写法有误。馆臣将"漆"字圈划掉。文渊阁本《考证》与殿本《考证》均改为正确写法。

按：文渊阁本《考证》校勘在先，该涂改最晚至校勘文渊阁本《考证》时已作。

卷六

1. 十九页 a《毛诗集解》："《采蘋章》，黄解：'女子十年不出。'刊本'十'下衍'五'字，据《礼记》及郑笺删。"馆臣圈划掉"下"字。文渊

阁本《考证》与殿本《考证》均未改,仍有"下"字。文澜阁本《考证》作
"刊本'下'下衍'五'字"。

按:该涂改非校勘文渊阁本《考证》、文澜阁本《考证》、殿本《考
证》时所作。

2. 十九页 b《毛诗集解》:"《淇澳章》,李解:'竹,篇竹也。'刊本
'篇'讹'篇',据《尔雅》改。"馆臣圈划掉第一个"篇"字与第二个"篇"
字。文渊阁本《考证》、文澜阁本《考证》与殿本《考证》均将两个"篇"
改作"蔼"。

按:文澜阁本《考证》誊录时间早于文渊阁本《考证》校勘时间,
故该涂改最晚在文澜阁本《考证》誊录时已加。

卷九

1. 八页 b《周礼详解》:"若是者为之安弓。原本'为'谓'谓',据
《周礼》改。"馆臣划掉第一个"谓"字。文渊阁本《考证》与殿本《考证》
均改作"讹"。

按:文渊阁本《考证》校勘在先,该涂改最晚至校勘文渊阁本《考
证》时已作。

2. 十一页 b《周礼订义》:"成葬而祭墓为位义。康成郑氏,允祖
形体托于此地。刊本'此''地',据《周礼疏》改。"馆臣将"地据周礼疏
改"六字划掉。文渊阁本《考证》与殿本《考证》均在此六字前加一
"讹"字。

按:文渊阁本《考证》校勘在先,该涂改最晚至校勘文渊阁本《考
证》时已作。

卷十

十页 a《仪礼经传通解续》:"堂其为师则弗臣也。"馆臣将"堂"字

圈划掉。殿本《考证》将"堂"字改作"当"。文渊阁本《考证》该卷无《仪礼经传通解续》校记，其已据文渊阁《全书》与《四库全书总目》（以下简称《总目》）将《仪礼经传通解续》校记移至卷十四，查其该处亦将"堂"字改作"当"。

卷十一

1. 五页 b《礼记注疏上》："又'入门而问讳'，疏：问津而以门为限者。刊本'限'讹'节'，宋本改。"馆臣划掉"宋本改"三字，并于该行上加校签曰："□□□改"，校签残缺，据文义，当为"据宋本改"。文渊阁本《考证》与殿本《考证》均据校签改作"据宋本改"。

按：文渊阁本《考证》校勘在先，该校签最晚至校勘文渊阁本《考证》时已作。

2. 三十页 b《礼记注疏上》："得之者生。疏又言：'礼之所起，其本尊大。'刊本'大'刊'天'。"馆臣将第二个"刊"字划掉。文渊阁本《考证》与殿本《考证》均改作"讹"。

按：文渊阁本《考证》校勘在先，该涂改最晚至校勘文渊阁本《考证》时已作。

卷十二

1. 二十三页 b《礼记注疏下》："又注下疏：'木火金水土，分别化育，以成万物。'刊本'水'下衍'及'字，'土'下衍'四'字，据《家语》删。"馆臣划掉第一个"字"。文渊阁本《考证》与殿本《考证》均未删，仍有第一个"字"。

按：该涂改为校勘文渊阁本《考证》、殿本《考证》以外版本的《考证》时所加。

2. 四十页 a《礼记注疏下》："又'三年大比，献贤者于君以礼宾之'。刊本'大比'诈'作将',脱'之'字,据《仪礼疏》改增。"馆臣将"诈"字划掉。文渊阁本《考证》与殿本《考证》均改作"讹"。

　　按:文渊阁本《考证》校勘在先,该涂改最晚至校勘文渊阁本《考证》时已作。

卷十三

　　十六页 b《礼记集说》:"振容。黼荒,火三列,黻三列。刊本'黻'讹'黼',据经改。"馆臣将第二个"黻"与第二个"黼"字均划掉。文渊阁本《考证》改作"刊本'黼'讹'黻'"。殿本《考证》未改,仍作"'黻'讹'黼'"。

　　按:该涂改为校勘文渊阁本《考证》时所加。

卷十四

　　1. 十三页 b《钦定礼记义疏》:"廷陵季子适齐辨正。"馆臣加校签曰:"'延陵季子','延'误'廷'。"文渊阁本《考证》、文澜阁本《考证》与殿本《考证》均已改作"延"。

　　按:文澜阁本《考证》誊录时间早于文渊阁本《考证》校勘时间,故该校签最晚在文澜阁本《考证》誊录时已加。

　　2. 十五页 a《钦定礼记义疏》:"按:以土为信者,服虔《左传》注也。以水为信,土为智也,郑康成《中庸》注也。"馆臣加校签曰:"'为智也','也'当改'者'。"文渊阁本《考证》、文澜阁本《考证》与殿本《考证》均据校签改。

　　按:文澜阁本《考证》誊录时间早于文渊阁本《考证》校勘时间,故该校签最晚在文澜阁本《考证》誊录时已加。

　　3. 三十八页 b《钦定礼记义疏》:"睦于父母之党。《正义》郑氏:'党,犹亲也。'刊本'犹'谓'谓',据郑注改。"馆臣将第一个"谓"字圈划掉。文渊阁本《考证》、文澜阁本《考证》与殿本《考证》均改作"讹"。

按：文澜阁本《考证》誊录时间早于文渊阁本《考证》校勘时间，故该涂改最晚在文澜阁本《考证》誊录时已加。

4. 四十五页 a《钦定礼记义疏》："又'执法令奉圭璋，使诸侯不怨、兵库不起者'。"馆臣将"库"字圈划掉。文澜阁本《考证》未改，仍作"库"。文渊阁本《考证》与殿本《考证》均改作"革"。

按：该涂改至晚在校勘文渊阁本《考证》时已加，文澜阁本《考证》在此之前已完成。

5. 四十九页 b《钦定仪礼义疏》："《曲植图》。案：或谓之'麹'。讹趋'麹'讹'趋'。"馆臣将第一处"讹趋"二字圈划掉。文渊阁本《考证》、文澜阁本《考证》与殿本《考证》均改作"刊本"。

按：文澜阁本《考证》誊录时间早于文渊阁本《考证》校勘时间，故该涂改最晚在文澜阁本《考证》誊录时已加。

卷十六

1. 三十七页 b《春秋说》："原文盖本此。"馆臣将"盖"字圈划掉。文渊阁本《考证》与殿本《考证》均已据删。

按：文渊阁本《考证》校勘在先，该涂改最晚至校勘文渊阁本《考证》时已作。

2. 五十三页 a《春秋说》："三年新官灾。"馆臣划掉"官"字。文渊阁本《考证》与殿本《考证》均改作"宫"。

按：文渊阁本《考证》校勘在先，该涂改最晚至校勘文渊阁本《考证》时已作。

卷十七

1. 十四页 a《春秋阙疑》："晋杀其大夫阳处文。《左氏传》'尽具其帑与其器用财贿'。刊本'帑'讹'党',据《左传》改。"馆臣将"文"字圈划掉。文渊阁本《考证》与殿本《考证》均改"文"作"父"。

按：文渊阁本《考证》校勘在先,该涂改最晚至校勘文渊阁本《考证》时已作。

2. 四十八页 b《春秋地名考略》："夫于注:'召子周与之夫于。'杜注:'济南于陵县西北有于亭。'原本脱'于'字,据《左传注》增。"馆臣划掉"西北有"三字。文渊阁本《考证》与殿本《考证》均于"西北有"三字后加一"夫"字。

按：文渊阁本《考证》校勘在先,该涂改最晚至校勘文渊阁本《考证》时已作。

卷十八

1. 四页 a《经典释文》："《毛诗注解传述人》:陆机《毛诗草鸟兽虫鱼疏》疏二卷,注:乌程令。刊本缺'程'字,据《隋书》补。"馆臣划掉"机"字偏旁及"鸟兽虫鱼疏"五字。文渊阁本《考证》与殿本《考证》均改"机"作"玑"字,且于"鸟兽虫鱼疏"前加一"木"字,删掉第一个"疏"字。

按：文渊阁本《考证》校勘在先,该涂改最晚至校勘文渊阁本《考证》时已作。

2. 六页 a《经典释文》："司弓矢。臾弓。刊本'臾'讹'庚'。又注:或作'庚'。刊刊本'庚'讹'庚',据《考工记》改。"馆臣将第二个"刊"字划掉。文渊阁本《考证》与殿本《考证》均已据删。

按：文渊阁本《考证》校勘在先,该涂改最晚至校勘文渊阁本《考证》时已作。

3. 十页 a《经典释文》："释鸟。鸠,注:鹎鸠,今之巧妇鸟。按:《尔雅》郭注:鹪鹩,桃雀也,俗呼为巧妇。《尔疋》鸥鶋鹎鸠,此云鹎鸠,今之巧妇鸟,误。"馆臣将"鸦鸥鶋鹎鸠,此云鹎鸠,今之巧妇"十三字划掉。文渊阁本《考证》与殿本《考证》均将该十三字之首字"鸦"改作"雅"字。

按：文渊阁本《考证》校勘在先，该涂改最晚至校勘文渊阁本《考证》时已作。

4. 十六页 a《十一经问对》："问第十九篇。'多记子夏之言'，刊本'夏'讹'贡'，今改。"馆臣划掉"刊本'夏'讹'贡'，今改"七字。文渊阁本《考证》与殿本《考证》均未改。

按：该涂改为校勘文渊阁本《考证》、殿本《考证》以外的阁本《考证》时所加。

卷十九

四十三 b《汉隶字源》："三十八梗焖，注：焖焕弥光义作炳。按：'焖'即'炳'字，与'蓺'同，此'炳'误。"馆臣将"炳误"两字圈划掉。文渊阁本《考证》与殿本《考证》均未改。

按：该涂改为校勘文渊阁本《考证》、殿本《考证》以外的阁本《考证》时所加。

卷二十

二十九页 a《重修广韵》："辈字。讹本讹'辈'，据《玉篇》改。"馆臣将第一个"讹"字圈划掉。文渊阁本《考证》、文澜阁本《考证》与殿本《考证》均将第一个"讹"字改作"刊"。

按：文澜阁本《考证》誊录时间早于文渊阁本《考证》校勘时间，故该涂改最晚在文澜阁本《考证》誊录时已加。

卷二十一

1. 二十二页 a《集韵》："'瘑'，刊本讹'瘑'，据《玉篇》改。"馆臣将

"讹"字后的"痾"字圈划掉。文渊阁本《考证》与殿本《考证》均将该字改为"疴"。

按：文渊阁本《考证》校勘在先，该涂改最晚至校勘文渊阁本《考证》时已作。

2. 三十九页b《集韵》："歅。注：数歅，凶粗也。刊本'數'讹'数'，据《广韵》改。"馆臣将第一个"数"字圈划掉。文渊阁本《考证》与殿本《考证》均已将第一个"数"改作"數"。

按：文渊阁本《考证》校勘在先，该涂改最晚至校勘文渊阁本《考证》时已作。

3. 四十八页a《集韵》："駃。注：駃騠，马父赢子也。刊本'也'讹'曰'，据《尔文》改。"馆臣将"尔"字圈划掉。文渊阁本《考证》与殿本《考证》均将"尔"改为"说"。

按：文渊阁本《考证》校勘在先，该涂改最晚至校勘文渊阁本《考证》时已作。

4. 五十页b《集韵》："二十一麦韵。檗，注：或从薛。刊本'薛''薛'，据本文改。"馆臣将"薛据本文改"五字划掉，并加校签曰："讹'薛'，据本文改。"即"薛"字前脱一"讹"字，文渊阁本《考证》与殿本《考证》均已据校签补。

按：文渊阁本《考证》校勘在先，该校签最晚至校勘文渊阁本《考证》时已作。

5. 五十四页a《集韵》："圾①，注：'殆哉。'刊本'以'讹'殆'，据《庄子》改。"馆臣圈划掉"以"字。文渊阁本《考证》与殿本《考证》均改"以"作"殆"字。

按：文渊阁本《考证》校勘在先，该涂改最晚至校勘文渊阁本《考

---

① "圾"，殿本《考证》误作"坂"。

证》时已作。

卷二十二

1. 八页 b《五音集韵》："蘩韵。注：葛藟蘩之。案：'藟'，毛诗作'虆'，'蘩'作'縈'，并与此异。"馆臣划掉"蘩"字。文渊阁本《考证》与殿本《考证》均将"蘩"改作"蔡"。

按：文渊阁本《考证》校勘在先，该涂改最晚至校勘文渊阁本《考证》时已作。

2. 十一页 a《五音集韵》："右韵。注：晋贾华为右行。刊本脱'贾'字，据《通志》增。"馆臣圈划掉"《通志》"二字。文渊阁本《考证》与殿本《考证》均改作"《左传》"。

按：文渊阁本《考证》校勘在先，该涂改最晚至校勘文渊阁本《考证》时已作。

卷二十三

1. 三页 b《史记》："《五帝本纪》赞：'顾弟弗深考。'《集解》：'弟，但也。'《史记》《汉书》见此者非一。刊本'记'讹'说'，今改。"馆臣将两个"弟"字圈划掉。文渊阁本《考证》与殿本《考证》均将两个"弟"字改作"第"。

按：文渊阁本《考证》校勘在先，该涂改最晚至校勘文渊阁本《考证》时已作。

2. 四页 a《史记》："又，汶嶓既艺。"馆臣圈划掉"汶"字。文渊阁本《考证》与殿本《考证》均未改。

按：该涂改为校勘文渊阁本《考证》、殿本《考证》以外的阁本《考证》时所加。

3. 二十三页 a《史记》："按：《汉书·地理志》上郡县名'阳周'，不名'阳周',此及《索隐》并误。"馆臣将第二处"阳周"勾划掉。文渊阁本《考证》与殿本《考证》均将第二处"阳周"改作"周阳"。

按：文渊阁本《考证》校勘在先,该涂改最晚至校勘文渊阁本《考证》时已作。

4.二十九页 b《史记》："《历书》：'察度验定清浊。'《索隐》：'《续汉书》以为道之发敛景之长短。'刊本'道'下衍'义'字,'景'下衍'人'字,据《续汉志》删。"馆臣划掉"据《续汉志》删",并加校签曰："并据《续汉志》删。"即认为此处脱"并"字,文渊阁本《考证》与殿本《考证》均据校签增。

按：文渊阁本《考证》校勘在先,该校签最晚至校勘文渊阁本《考证》时已作。

卷二十五

1.二十五页 b《晋书》："《元帝纪》太兴元年,诏：'昊天不融'。案：《诗·小雅》'融'作'傭',此盖别有据本。"馆臣于下页加校签曰："十八,盖别有据本。改。"文渊阁本《考证》与殿本《考证》均未改。

按：该校签为校勘文渊阁本《考证》、殿本《考证》以外的阁本《考证》时所加。

2.四十一页 a《晋书》："《陆机传》：'招览遗老',刊本'揽'讹'览'。"馆臣加校签曰："□页前五行。招览遗老,'览'字疑讹。"文渊阁本《考证》已改作"揽"。殿本《考证》未改,仍作"览"。

3.四十五页 a《晋书》："《郗超传》：'及超死见愔,慢怠屡而候之。'"馆臣加校签曰："□页前八行第六'死'字讹,应改'使'。"文渊阁本《考证》与殿本《考证》均据校签改。

按：文渊阁本《考证》校勘在先,该校签最晚至校勘文渊阁本《考证》时已作。

4. 四十八页 a《晋书》:"以防海沙。门本'沙'讹'抄',据毛本改。"馆臣加校签曰:"四十八页前四行,'刊'讹'门'。"文渊阁本《考证》与殿本《考证》均据校签改。

按:文渊阁本《考证》校勘在先,该校签最晚至校勘文渊阁本《考证》时已作。

卷二十六

1. 三页 a《南齐书》:"又'翊帝明德',刊本'翊'讹'并',据监本改。"馆臣圈划掉"并"。文渊阁本《考证》与殿本《考证》均改"并"作"翊"。

按:文渊阁本《考证》校勘在先,该涂改最晚至校勘文渊阁本《考证》时已作。

2. 十页 a《梁书》:"又'驰骛之俗,浇薄之伦',刊本'骛'讹'鹜',据《文选》及汲古阁本改。"馆臣校签曰:"'鹜'讹'骛',卷十四。"文渊阁本《考证》与殿本《考证》均已据校签改。

按:文渊阁本《考证》校勘在先,该校签最晚至校勘文渊阁本《考证》时已作。

3. 十页 b《梁书》:"《马仙琕传》:'会超等亦相次退散。'刊本'超'讹'起',据汲古阁本改。"馆臣将"阁本改"三字划掉,旁又加三角符号。文渊阁本《考证》与殿本《考证》均未改。

按:该涂改为校勘文渊阁本《考证》、殿本《考证》以外的阁本《考证》时所加。

4. 十二页 a《梁书》:"《王僧孺传》:'累迁镇右始兴王中记室北中郎。'刊本'北'讹'此',据明监本及古阁本改。"馆臣将"古阁本改"四字划掉,并于该四字上补一"汲"字。文渊阁本《考证》与殿本《考证》均据改。

按：文渊阁本《考证》校勘在先，该校签最晚至校勘文渊阁本《考证》时已作。

5. 三十七页 a《隋书》："又'七音六律以奏五声'，刊本刊'奏'讹'奉'，据《通典》改。"馆臣涂掉第二个"刊"字。第二个"刊"字系衍文，文渊阁本《考证》与殿本《考证》均据删。

按：文渊阁本《考证》校勘在先，该涂改最晚至校勘文渊阁本《考证》时已作。

卷二十七

1. 二页 b《北史》："太和元年四月，京师旱，禳天灾于苑北。刊禳'禳'讹'祈'，今改。"馆臣划掉第二个"禳"字。文渊阁本《考证》与殿本《考证》均将第二个"禳"字改作"本"。

按：文渊阁本《考证》校勘在先，该涂改最晚至校勘文渊阁本《考证》时已作。

2. 四页 b《北史》："武成皇帝河清三年，周军三道并出，使其将尉迟迴寇洛阳。……则知尉古真尉元之尉，与尉迟迴、尉迟纲之尉自不可混，今俱改正。"馆臣校签曰："后四行。'尉迟迴'，'迴'当作'迴'。后八行同。"文渊阁本《考证》第一处未改，仍作"迴"，仅将第二处"迴"改作"迴"。殿本《考证》两处均据校签改作"迴"。

按：该校签为校勘殿本《考证》时所制。

3. 十页 a《北史》："又'飀孙韶临人有惠政'，刊本'惠'讹'慧'，今改。"馆臣将"刊本'惠'讹'慧'，今改"七字划掉，并加校签曰："刊本'惠'讹'慧'，今改。不必空一字。"文渊阁本《考证》未改，仍空一字。殿本《考证》据校签改。

按：该校签为校勘殿本《考证》时所制。

4. 十页 b《北史》："《崔浩传》：'道武以其工书，常置左右。'刊本

'工'讹'上'。又'赐浩缥醪酒十斛'。按:《魏书》'斛'作'觚',与此
异。又'议击蠕(笔者按:"蠕"字下脱一整行二十个字)''克'字,据
《魏书》增。"馆臣加校签曰:"蠕唯浩赞成之,天师谓浩曰:'是行可果
克乎?'刊本脱。"文渊阁本《考证》与殿本《考证》均据校签将该行二十
字补入。

按:文渊阁本《考证》校勘在先,该校签最晚至校勘文渊阁本《考
证》时已作。

5. 十一页 b《北史》:"《于栗䃅传》……又'广阳王元深北代至析
郭岭'。"馆臣加校签曰:"'代'疑当作'伐',宜往《本传》查明。"文渊阁
本《考证》未改,仍作"代"。殿本《考证》已改作"伐"。

按:该校签为校勘殿本《考证》时所制。

6. 十二页 a《北史》:"《陈建传》:'建与晋阳侯元伖德。'"馆臣加校
签曰:"陈建条宜顶格。"文渊阁本《考证》与殿本《考证》均据校签改。

按:文渊阁本《考证》校勘在先,该校签最晚至校勘文渊阁本《考
证》时已作。

7. 十五页 a《北史》:"《王劭传》:'荥阳汁水北有龙斗。'按:'汁',
《随书》作'汴'。"馆臣划掉"随"。文渊阁本《考证》未改,仍作"随"。
殿本《考证》据校签改作"隋"。

按:该校签为校勘殿本《考证》时所制。

8. 十八页 b《北史》,馆臣加校签曰:"月。"

9. 二十二页 b《北史》:"《韩褒传》:'出镇浙郦。'刊本'淛',今
改。"馆臣划掉"今改"二字,并加校签曰:"'淛',今改。"文渊阁本《考
证》与殿本《考证》均据校签改。

按:文渊阁本《考证》校勘在先,该校签最晚至校勘文渊阁本《考
证》时已作。

10. 二十二页 b《北史》:"《李彦传》:'出为郦州刺史。'刊本'郦',

据毛本改。"馆臣加校签曰："讹'郦',据毛本改。"文渊阁本《考证》与殿本《考证》均据校签改。

按：文渊阁本《考证》校勘在先，该校签最晚至校勘文渊阁本《考证》时已作。

11. 二十七页 a《北史》"《皇甫玉传》'文襄时有吴士'"行，馆臣圈划掉，并加校签曰："□行衍。前一行，'史'讹'使'。"文渊阁本《考证》与殿本《考证》均据校签删除该行文字。

按：文渊阁本《考证》校勘在先，该校签最晚至校勘文渊阁本《考证》时已作。

卷二十八

二十三页 a《宋史》："《徽宗纪赞》：'况宣政之为宋，承熙丰绍圣椓丧之余。'案：宣政盖指政和、宣和而言。考汉唐以来，每举一帝年号，俱两字全书。自郑棨称开元、天宝为开天，而宋之熙宁、元丰遂称熙丰，因有称政和、宣和为政和者。此云宣政，则更为颠倒其文，尤无义例。但各本皆同，姑仍其旧。"馆臣加校签曰："'政和'当作'政宣'。"文渊阁本《考证》据校签改。殿本《考证》未据校签改。

按：该校签为校勘文渊阁本《考证》时所制。

卷三十

1. 二十九页 b《续资治通鉴长编》："按：吕公弼此时已不为龙图阁学士、工部侍郎。"馆臣加校签曰："□页后六行，吕光弼。"文渊阁本《考证》与殿本《考证》均已据校签将"吕公弼"改作"吕光弼"。

按：文渊阁本《考证》校勘在先，该校签最晚至校勘文渊阁本《考证》时已作。

2. 三十三页 b《续资治通鉴长编》："按：《宋史·神宋本纪》作'正

月辛巳',与此异。"馆臣加校签曰:"卅三页后八行。'《宋史·神宋》'似应改'神宗'。"文渊阁本《考证》与殿本《考证》均已据校签改。

按:文渊阁本《考证》校勘在先,该校签最晚至校勘文渊阁本《考证》时已作。

3. 三十六页 b《续资治通鉴长编》:"元丰三年七月甲子,诏广武雄武上下埽,可速遣陈祐甫往视。原本作'广武上下雄武埽'。按:《宋史·河渠志》上下埽,今据改。"三十六页最末行与三十七页首行均作"上下埽今据改"六字,即清抄本《考证》衍"上下埽今据改"六字。馆臣加校签曰:"卷①三十第三十七页,多前一行,应删。"文渊阁本《考证》删去"埽按宋史河渠志上"八字,上下文义不通。武英殿《考证》据校签改,删去六字衍文。

按:该校签为校勘殿本《考证》时所制。

4. 四十四页 b《续资治通鉴长编》:"又'伏望出臣前章,诏大臣与本监及知水事者先具图说'。原本'水'讹'本',并据《宋史》改。"馆臣划掉"先具图说原"五字。文渊阁本《考证》与殿本《考证》均未改。

按:该涂改为校勘文渊阁本《考证》、殿本《考证》以外的阁本《考证》时所加。

卷三十一

1. 七页 a《通鉴续编》:"壬寅。晋主敬瑭殂。注:'马步都虞候景延广。'"馆臣加校签曰:"'侯'讹'候'。"文渊阁本《考证》未改,仍作"候"。殿本《考证》已改作"侯"。

按:该校签为校勘殿本《考证》时所制。

2. 三十三页 b《左传纪事本末》:"'晋卿族废兴'条。发明贾季奔

---

① "卷",校签残缺,应据该问题所在清抄本《考证》实际位置补。

狄而狐氏废。刊本'贾季'二互倒。又,'狐'讹'狄',今改。"馆臣加校签曰:"'字互倒','互'字上要增'字'字。'倒又','又'字宜去。三十三页①后半页第九行。"文渊阁本《考证》全据校签改,既加"字"字,又删"又"字。殿本《考证》未全据校签改,仅加"字"字,未删"又"字。

按:该校签为校勘文渊阁本《考证》时所制。

卷三十五

三十一页 a《通志(下)》:"《驱度寐传》:'不索发,皆裹头居土窟中'。刊本'裹'记'里',据《通典》改。"馆臣加校签曰:"'裹'记'里',应作:讹'里'。"文渊阁本《考证》与殿本《考证》均据校签改。

按:文渊阁本《考证》校勘在先,该校签最晚至校勘文渊阁本《考证》时已作。

卷三十六

十一页 a《续后汉书》:"《华歆传》:'华表以苦节垂名,司徙李胤、司隶王宏等并叹美其清澹退静。'"馆臣将"徙"字圈划掉,并加校签曰"徒"。文渊阁本《考证》与殿本《考证》均已据校签改"徙"作"徒"。

按:文渊阁本《考证》校勘在先,该校签最晚至校勘文渊阁本《考证》时已作。

卷三十七

1. 三十五页 b《历代名臣奏议》:"又'白縠之表,薄纨之里',刊本'纨''里'二字互讹,并据并据《前汉书》增改。"馆臣圈划掉第二个"并据"。文渊阁本《考证》与殿本《考证》均删"并据"二字。

---

① "三十三页",馆臣所加校签本作"三十一页",据清抄本《考证》该处所在实际位置,应改作"三十三页"。

按：文渊阁本《考证》校勘在先，该涂改最晚至校勘文渊阁本《考证》时已作。

2. 四十九页 a《历代名臣奏议》："彭龟年上疏：'沈酣书夜，獿杂子女。'"馆臣加校签曰："'书夜'疑当作'昼夜'，须查。四十九页前三行。"文渊阁本《考证》与殿本《考证》已据校签改"书夜"作"昼夜"。

按：文渊阁本《考证》校勘在先，该校签最晚至校勘文渊阁本《考证》时已作。

卷三十八

1. 十四页 b《庆元党禁》："邵褒。按：《宋史》及《两朝纲目备要》俱作'邵褒'，然与此异。"馆臣加校签曰："十四页后一行。第二'邵褒'句，应有错。"文渊阁本《考证》与殿本《考证》均未改，仍作"邵褒"。

按：该校签为校勘文渊阁本《考证》、殿本《考证》以外的阁本《考证》时所加。

2. 十五页 b《庆元党禁》："又'庚子'，原本讹'化丙子'，以上二十四日甲辰逆推之，则舛误显然，今改。"馆臣将"化"字圈划掉。文渊阁本《考证》与殿本《考证》均将"化"改作"作"。

按：文渊阁本《考证》校勘在先，该涂改最晚至校勘文渊阁本《考证》时已作。

3. 十七页 a《庆元党禁》："祖泰字泰然，元佑户部尚书。"馆臣将"佑"之偏旁"亻"圈划掉。文渊阁本《考证》与殿本《考证》均已将"佑"改作"祐"。

按：文渊阁本《考证》校勘在先，该涂改最晚至校勘文渊阁本《考证》时已作。

4. 二十三页 a《唐才子传》："又《政论》十五卷，《九经分羲疏》二十卷。"馆臣将"羛"字左下角部位圈划掉。文渊阁本《考证》与殿本《考证》均将"羛"字改为"义"字。

按：文渊阁本《考证》校勘在先，该涂改最晚至校勘文渊阁本《考证》时已作。

5. 三十页 a《唐才子传》："《卢鸿传》,案：卢鸿,《旧唐书》作'卢鸿一',与此异。"馆臣加校签曰："三十页前四行。第二'卢鸿'字疑有错。"文渊阁本《考证》与殿本《考证》均未据校签改,仍作"卢鸿"。

按：校签有误,文渊阁本《考证》与殿本《考证》均未据校签改。

卷四十

1. 二十四页 a《水经注释》："'渭水'条。霸水,又北迳枳道。注：白城。原本'蛾'讹'娥',据《汉书》改。"馆臣加校签曰："二十四页前八行。'白蛾'讹'白城'。"文渊阁本《考证》与殿本《考证》均已改"白城"作"白蛾"。

按：文渊阁本《考证》校勘在先,该校签最晚至校勘文渊阁本《考证》时已作。

2. 三十三页 b《行水金鉴》："《左传》'吴城邗沟'条。今广陵邗江是。刊本'邗'讹'翰',今改。"馆臣加校签曰："二十三页后三行。邗沟,邗江,刊本'邗',三'邗'字俱应从'干',不从'于'。"文渊阁本《考证》与殿本《考证》三个"邗"均已改作"邗"。

按：文渊阁本《考证》校勘在先,该校签最晚至校勘文渊阁本《考证》时已作。

3. 四十二页 a《西湖志纂》："《钱塘湖春行》'浅草才能没马蹄',原本'才'讹'犹',据《白香山集》改。"馆臣加校签曰："四十二页前六行。'蹄'讹'啼'。"文渊阁本《考证》与殿本《考证》均已改作"蹄"。

按：文渊阁本《考证》校勘在先,该校签最晚至校勘文渊阁本《考证》时已作。

卷四十一

四十九页 a《通典》："奠玉帛,实镈罍玉币。注:'著镈为上,实以泛齐。'刊本'泛'讹'沈',据《五礼通考》改。"馆臣圈划掉"著"字。文渊阁本《考证》与殿本《考证》均未改,仍作"著"。

按:该涂改为校勘文渊阁本《考证》、殿本《考证》以外的阁本《考证》时所加。

卷四十三

四十四页 b《文献通考》："刊本'财'时'时'。"馆臣将第一个"时"字圈划掉。文渊阁本《考证》与殿本《考证》均将"时"改为"讹"。

按:文渊阁本《考证》校勘在先,该涂改最晚至校勘文渊阁本《考证》时已作。

卷四十四

1. 目录页馆臣加校签曰:"写本四册俱未改正,俟。"

2. 十页 a《文献通考》："'五赤黄交气',刊本'赤'讹'色',据《宋志》改。"馆臣将"志"字圈划掉,并粘校签曰:"'志'应改作'史'。"文渊阁本《考证》与殿本《考证》均未改,仍作"志"。

按:该校签为校勘文渊阁本《考证》、殿本《考证》以外的阁本《考证》时所加。

3. 四十七页 b《文献通考》："又'手足之蚧',《音义》:'蚧'音'介'。刊本脱'介'字,据《后汉书音义》改。"馆臣将"改"字圈划掉。文渊阁本《考证》与殿本《考证》皆将"改"字改为"增"。

按:文渊阁本《考证》校勘在先,该涂改最晚至校勘文渊阁本《考证》时已作。

卷四十五

1. 二十二页 b《庙学典礼》：“郡县学院官职员数。案：此条称总管府设教损二员。”馆臣将“损”字圈划掉。文渊阁本《考证》与殿本《考证》均改“损”为“授”。

按：文渊阁本《考证》校勘在先，该涂改最晚至校勘文渊阁本《考证》时已作。

2. 三十四页 a《直斋书录解题》：“原本脱‘上十’字，据《文献通考》改。”馆臣将“改”字圈划掉。文渊阁本《考证》与殿本《考证》均将“改”字改作“增”。

按：文渊阁本《考证》校勘在先，该涂改最晚至校勘文渊阁本《考证》时已作。

3. 三十五页 a《直斋书录解题》：“《唐风集》条。唐九华山人杜荀鹤撰。”馆臣将“荀”字圈划掉。文渊阁本《考证》与殿本《考证》均作“荀”。

4. 四十页 b《金石录》：“司空椽陈君碑额。刊下‘额’讹‘阴’，据本卷改。”馆臣将“下”字圈划掉。文渊阁本《考证》与殿本《考证》均将“下”改作“本”。

按：文渊阁本《考证》校勘在先，该涂改最晚至校勘文渊阁本《考证》时已作。

卷四十六

二十八页 a《经义考》：“《吕氏家塾读书记》魏了翁后序曰：‘独寐寤言’，刊本‘寤寐’二字互倒。”馆臣将“寤寐”二字圈划掉。文渊阁本《考证》作“刊本本‘□□’二字互倒”，两字空而未写。殿本《考证》改作"刊本'寐寤'二字互倒"。

卷四十七

1. 一页 b 目录后馆臣加校签曰:"刻本三卷,黄本三卷,俱详加校对外,样子一本查收,与来人一字。浴德堂照。相如拾片。""查收"二字后本补充有"与来人一字"五字,该五字墨色比其他文字更淡,后该五字又被划掉。

2. 二十二页 b《经义考》:"《古文孝经》。班固曰:'少府后苍各自各家。'刊本'府'下衍'君'字,据《汉书·艺文志》删。"馆臣圈划掉"家"字前的"各"字。文渊阁本《考证》与殿本《考证》均改"各"作"为"字。

按:文渊阁本《考证》校勘在先,该涂改最晚至校勘文渊阁本《考证》时已作。

3. 三十一页 a《经义考》:"又'九夫为辨,七辨而当一井',刊七讹丿九,据《左传疏》改。"馆臣将"七讹丿"三字圈划掉。文渊阁本《考证》与殿本《考证》均改作"刊本'七'讹'九'"。

按:文渊阁本《考证》校勘在先,该涂改最晚至校勘文渊阁本《考证》时已作。

4. 三十三页 a《经义考》:"采①茅熊朋来曰:《大戴礼》云'步中采茨'。刊本'步'讹'场',据《大戴礼·保传篇》改。又'学者当依《大戴礼》改正趋行二字',刊本'礼'记'注',今改。"馆臣将"茅"与"记"两字圈划掉。文渊阁本《考证》删掉"茅"与"记"字,而殿本《考证》删掉"茅"字,将"记"字改为"讹"。殿本《考证》所改是。

按:文渊阁本《考证》校勘在先,该涂改最晚至校勘文渊阁本《考证》时已作。

---

① "采",殿本《考证》改作"宋"。

卷四十八

十五页 a《盐铁论》："又'愿任重而上竣坂'，刊本'上'讹'止'，据《战国策》改。"馆臣加校签曰："竣。"文渊阁本《考证》、殿本《考证》均已据校签改作"竣"。

按：文渊阁本《考证》校勘在先，该校签最晚至校勘文渊阁本《考证》时已作。

卷四十九

1. 一页 a 目录作《辨惑偏》，馆臣圈划掉"偏"字。正文作"编"字，文渊阁本《考证》、文澜阁本《考证》、殿本《考证》均作"编"字。

按：文澜阁本《考证》誊录时间早于文渊阁本《考证》校勘时间，故该涂改最晚在文澜阁本《考证》誊录时已加。

2. 二十七页 a《格物通》"《论语》'公叔文子条'"，馆臣将"文"字圈划掉。文渊阁本《考证》、文澜阁本《考证》、殿本《考证》均未改，仍作"文"。

按：该涂改为校勘文渊阁本《考证》、文澜阁本《考证》、殿本《考证》以外的阁本《考证》时所加。

3. 三十五页 a《小心斋札记》："'或问世之狭薄程朱'条。'天地固有常矣'，刊本'地'说'下'。又'凿隧而入井'，刊本'而入'二字互倒，并据《庄子》改。"馆臣将"说"字圈划掉。该条校记出自《小心斋札记》。因《小心斋札记》被《总目》列入存目书，故文渊阁本《考证》删该书校记。文澜阁本《考证》与殿本《考证》仍保留该校记，两者均据馆臣涂改将"说"字改作"讹"字。

按：文澜阁本《考证》誊录时间早于殿本《考证》时间，故该涂改最晚在文澜阁本《考证》誊录时已加。

4. 五十一页 a《韩非子》："《说难》篇。……又'疆以其所不能为止，以其所不能已'，按：'疆'字、'止'字……"馆臣将两个"疆"字均涂掉。文澜阁本《考证》未改，仍作"疆"。文渊阁本《考证》与殿本《考证》均将两处"疆"均改作"强"。

按：文渊阁本《考证》校勘在先，该涂改最晚至校勘文渊阁本《考证》时已作。

卷五十一

1. 五页 a《唐开元占经》："'四星相犯'条。……又'孝武太元十九年十月癸酉，太白填星荧惑辰星合于氐'，原本脱'辰星'二字。又'底'下衍'房'字，并据《文献通考》增删。"馆臣于"底"字旁加一点，并加校签曰："'底'当作'氐'。"文渊阁本《考证》与殿本《考证》均据校签改"底"作"氐"。

按：文渊阁本《考证》校勘在先，该校签最晚至校勘文渊阁本《考证》时已作。

2. 六页 a《唐开元占经》："'荧惑犯太微'条。郗萌曰：'荣惑犯太微。'"馆臣加校签曰："'荣'改'荧'。"文渊阁本《考证》与殿本《考证》均已据校签改。

按：文渊阁本《考证》校勘在先，该校签最晚至校勘文渊阁本《考证》时已作。

3. 四十一页 b《御定佩文斋广群芳谱》："《洞冥记》：'涂山之背有黎，大如升。'"馆臣加校签曰："'黎'改'梨'。"文渊阁本《考证》未改，仍作"黎"。殿本《考证》已据校签改作"梨"。

按：该校签为校勘殿本《考证》时所制。

4. 四十五页 a《御定佩文斋广群芳谱》："范椁《古杉行》'苍皮树裹渐欲合'，刊本'裹'讹'里'，据《元诗选》改。"馆臣加校签曰："'椁'讹'椁'。"文渊阁本《考证》与殿本《考证》均已改作"椁"。

按：文渊阁本《考证》校勘在先，该校签最晚至校勘文渊阁本《考证》时已作。

卷五十二

1. 八页 a《书画汇考》："唐人书评：王义之书如壮士拔山，壅水绝流。"馆臣圈划掉"义"字，并于其旁作三角符号。文渊阁本《考证》、殿本《考证》均改作"羲"。

按：文渊阁本《考证》校勘在先，该涂改最晚至校勘文渊阁本《考证》时已作。

2. 十八页 a《南方草木状》："'橄榄胜含鸡香香'，刊本'舌'讹'骨'，据《岭表录异》改。"馆臣将第一个"香"字圈划掉。殿本《考证》改"香"作"舌"。文渊阁本《考证》未收《南方草木状》校记。

3. 十九页 b《百菊集谱》："越中品类。'黄寒菊'条：'其香与熊度皆可爱。'刊本脱'度'字，据《群芳谱》增。"馆臣在"熊"字旁加三角标志，即馆臣认为"熊"字有误，将此字标出。文渊阁本《考证》与殿本《考证》均改"熊"字作"态"字。

按：文渊阁本《考证》校勘在先，该涂改最晚至校勘文渊阁本《考证》时已作。

卷五十三

1. 六页 a《野客丛书》："'灰钉'条。《代王元茂檄》，原本'代'讹'伐'，又'元茂'二字互倒，据《樊南集》及《文苑英华》改。"馆臣加校签曰："据《唐书》及《李商隐集注》并作'王茂元'，此误改作'王元茂'，宜删。卷五十三，六页前三行。"文澜阁本《考证》未据校签改动。文渊阁本《考证》据校签进行了改动，删去"又'元茂'二字互倒"句，并将《樊南集》改作"李商隐集"。殿本《考证》不仅删去"又'元茂'二字互倒"

句,将《樊南集》改作"李商隐集",并且径直将"王元茂"改为"王茂元"。

按:该校签最晚至校勘文渊阁本《考证》时已作。

2. 十六页 b《困学纪闻》:"按:《吕氏春秋·审分览》《史记·李斯传》《说苑·指武篇》所戴'宰我自为简公死,非为陈桓死'。"馆臣加校签曰:"'戴',当作'载'。"文渊阁本《考证》、文澜阁本《考证》与殿本《考证》均已据校签改作"载"。

按:文澜阁本《考证》誊录时间早于文渊阁本《考证》校勘时间,故该涂改最晚在文澜阁本《考证》誊录时已加。

3. 四十二页 b《冷斋夜话》:"'丁晋公和东坡诗'条。花非识面常含笑,鸟不知名时自呼。按:'非',《东坡集》作'曾','常含笑'作'香作好','知名'作'能言','时'作'名',并与此异。"馆臣加校签曰:"'东坡诗'条。丁晋公即丁谓,与东坡杳不相及,何从和其诗? 今据《冷斋夜话》本,六①字标作'丁晋公海外诗'条。又'香仍好','仍'讹'作',并改正。卷五十三,四十二页后八、九行。"文渊阁本《考证》、文澜阁本《考证》均据校签仅将"香作好"改为"香仍好",其他未改。殿本《考证》完全按照校签改动,将"丁晋公和东坡诗条"改作"丁晋公海外诗条",将"香作好"改为"香仍好",同时,将《东坡集》改作"苏轼集"。

按:该校签为校勘殿本《考证》时所制。

4. 四十五页 a《嬾真子》卷四"'紫慎微'条"。馆臣加校签曰:"'柴'讹'紫',卷五十三,四十五页前九行。"查文渊阁本《考证》未改,仍为"紫"。而文澜阁本《考证》与殿本《考证》均已改为"柴"。

按:文澜阁本《考证》誊录时间早于殿本《考证》时间,故该校签最晚在文澜阁本《考证》誊录时已加。

5. 四十八页 b《石林燕语》:"'尧称陶唐氏'条。奏本欲称'泰

---

① "六",校签残缺,据校签上下文义及所缺字残余字形补。

皇'，既去'泰'号，称皇帝。原本'泰'讹'秦'，《稗海》本亦同，据《史记·秦始皇本纪》改。"馆臣加校签曰："称泰皇，'秦'讹'奏'，卷五十三，四十八页后二行。"文渊阁本《考证》未改，仍作"奏"，文澜阁本《考证》与殿本《考证》均据校签将"奏"改作"秦"。

按：文澜阁本《考证》誊录时间早于殿本《考证》时间，故该校签最晚在文澜阁本《考证》誊录时已加。

卷五十四

1. 十五页 a《困学斋杂录》："内翰鹿荭先生五磐，原本'翰'讹'朝'，今改。"馆臣加校签曰："□'五磐'，卷五十四，十五页前七行。"文渊阁本《考证》与殿本《考证》均将"五磐"改作"王磐"。

按：文渊阁本《考证》校勘在先，该校签最晚至校勘文渊阁本《考证》时已作。

2. 二十六页 a《画禅室随笔》："《濠梁秋思图》：'城隅绿水明秋日，海上青山隔暮云。'刊本'日'讹'月'，据《全唐诗》改。"馆臣加校签曰："'绿'讹'缘'，卷五十四，廿六页前八行。"文渊阁本《考证》、殿本《考证》均已据校签改作'绿'。

按：文渊阁本《考证》校勘在先，该校签最晚至校勘文渊阁本《考证》时已作。

3. 二十九页 a《六研斋三笔》："'元僧温日观'条。相烦致意旧沙鸥，刊本'鸥'讹'沤'，今改。"馆臣加校签曰："'鸥'讹'沤'。《列子》'鸥鸟'作'沤鸟'，'沤'字不讹，此条宜删。卷五十四，廿九页前三行。"文渊阁本《考证》、殿本《考证》均已据校签删。

按：文渊阁本《考证》校勘在先，该校签最晚至校勘文渊阁本《考证》时已作。

4. 三十五页 a《云仙杂记》："'换茶醒酒'条。乐天方入关，刘禹

锡正病酒。刊本'刘'讹'齐',据别本改。"馆臣加校签曰:"□关,刘禹
锡正病酒。考《佩文韵府》引《云仙别录》作'乐天方八关斋,刘禹锡正
病酒'。又《子史精华》引温庭筠《采茶录》作'白乐天方斋,禹锡正病
酒'。据此则本文'人'字系'八'字之讹,'齐'字系'斋'字之讹。今
《考证》改'齐'为'刘',则'人关'是何等语?且于下'菊田蒳芦蒳鲊'
无涉云。'据别本'不知果何本也?此条宜删。卷五十四,卅五页前
五、六行。"文渊阁本《考证》将《云仙杂记》全书校记移至卷七十一。
殿本《考证》卷五十四仍著录该书校记。检文渊阁本《考证》与殿本
《考证》,均已据校签将该条校记删去。

按:文渊阁本《考证》校勘在先,该校签最晚至校勘文渊阁本《考
证》时已作。

卷五十五

二十七页 a《事实类苑》:"'榜首三人皆登两府'条。赵侍郎概第
二。原本'侍郎概'讹'时節盖',今改。"馆臣将"節"字"卩"圈划掉。
文渊阁本《考证》与殿本《考证》均改"節"为"節"。

按:文渊阁本《考证》校勘在先,该涂改最晚至校勘文渊阁本《考
证》时已作。

卷五十六

1. 八页 b《说郛》:"又'淮南王服食求仙,徧体方士',刊本脱'淮'
'服'二字,今并改增。"馆臣将"体"字圈划掉。文渊阁本《考证》与殿
本《考证》均改"体"作"礼"字。

按:文渊阁本《考证》校勘在先,该涂改最晚至校勘文渊阁本《考
证》时已作。

2. 十五页 b《说郛》:"襄阳宋刘道彦所作也。案:刘道彦,《新唐

书》作'随王诞'，与此异。"馆臣将"随"字圈划掉。文渊阁本《考证》与殿本《考证》均将"随"字删掉。

按：文渊阁本《考证》校勘在先，该涂改最晚至校勘文渊阁本《考证》时已作。

3. 十九页 b《说郛》："为四十一上。"馆臣将"为"圈划掉。文渊阁本《考证》与殿本《考证》均改"为"作"卷"。

按：文渊阁本《考证》校勘在先，该涂改最晚至校勘文渊阁本《考证》时已作。

4. 三十三页 b《说郛》："《祛疑说》'行持是正心诚意之学'条。采英华于稿木，刊本'英'讹'黄'，据《稗海》改。"馆臣将"稿"字偏旁圈划掉。文渊阁本《考证》未改，仍作"稿"。殿本《考证》将"稿"改作"槁"。

按：此改动为馆臣校勘殿本《考证》所作之证据。

5. 三十五页 a《说郛》："织锦旋玑图。"馆臣圈划掉"旋"字偏旁"方"。文渊阁本《考证》与殿本《考证》均已改作"璇"。

按：文渊阁本《考证》校勘在先，该涂改最晚至校勘文渊阁本《考证》时已作。

卷五十七

1. 目录页有馆臣校签曰："送来《考证》三本，务祈案班期校出交馆为祷。王、胡二位老先生照，浴德堂公具，十一日。"

2. 二页 b《古今说海》："'后主讳煜，元宗第五子也。'按：'五'，《五代史》及《宋史》并作'六'，与此异。"馆臣圈划掉第二个"五"字。文渊阁本《考证》与殿本《考证》，皆改作："《五代史》《宋史》'五'并作'六'，与此异。"

按：文渊阁本《考证》校勘在先，该涂改最晚至校勘文渊阁本《考证》时已作。

3. 十二页 a《钝吟杂录》："'永明'条。永明之代,王元长、沈休文、谢朓三公皆有盛名。刊本'长'讹'常',据《南齐书》改。"馆臣将"齐"字圈划掉。文渊阁本《考证》与殿本《考证》均未改,仍作"齐"。

按:该涂改为校勘文渊阁本《考证》、殿本《考证》以外的阁本《考证》时所加。

4. 三十五页 b《广事类赋》："卷二十七。音乐部。"馆臣将"七"圈划掉。殿本《考证》将"七"改作"六"。文渊阁本《考证》该卷将《广事类赋》校记删掉。

卷五十八

1. 三十九页 a《太平御览》："阳声。黄钟、大蔟、姑洗、蕤宾、夷则、无射。"馆臣圈划掉"钟"字。文渊阁本《考证》、文澜阁本《考证》、殿本《考证》均未改,仍作"钟"。

按:该涂改为校勘文渊阁本《考证》、文澜阁本《考证》、殿本《考证》以外的阁本《考证》时所加。

2. 四十一页 a《太平御览》："'盈川之言信矣',刊本'言'下衍'不'字,据《唐书》改。"馆臣圈划掉"改"字。文渊阁本《考证》与殿本《考证》均已将"改"改作"删"字。文澜阁本《考证》未改,仍作"改"字。

按:该涂改最晚至校勘文渊阁本《考证》时已作。

卷五十九

1. 二页 a《册府元龟(上)》："帝系门。唐高祖,注:'凡十五代二十帝'。刊本脱'上'下字,据《唐书》增。"馆臣圈划掉"下"字。文渊阁本《考证》与殿本《考证》均将"下"改作"十"。

按:文渊阁本《考证》校勘在先,该涂改最晚至校勘文渊阁本《考证》时已作。

2. 二十六页 b《册府元龟（上）》："又'诈为书，言尔朱兆将以六镇人配契胡为部曲'，刊本脱'言'字。"馆臣将"尔"字涂掉。文渊阁本《考证》与殿本《考证》均未改，仍作"尔"。

按：该涂改为校勘文渊阁本《考证》、殿本《考证》以外的阁本《考证》时所加。

3. 二十七页 a《册府元龟（上）》："才艺门。元帝于技术无所不该，刊本'技'讹'岐'，据《梁志》改。"馆臣将"志"字圈划掉。此页馆臣加校签曰"书"，又被涂改掉。文渊阁本《考证》与殿本《考证》均未改，仍作"志"。

4. 四十五页 b《册府元龟（上）》："图兴复门，阜赐乘胜①，留辎重于蓝乡。刊本脱'辎'字，据《后□书》增。"馆臣将该"□"字挖掉，只剩下一残撇笔。文渊阁本《考证》与殿本《考证》均补作"汉"。

按：文渊阁本《考证》校勘在先，该涂改最晚至校勘文渊阁本《考证》时已作。

卷六十一

1. 三页 a《册府元龟（下）》："卷六百五十八。"馆臣将"五"字圈划掉。文渊阁本《考证》与殿本《考证》均将"五"字改作"二"。

按：文渊阁本《考证》校勘在先，该涂改最晚至校勘文渊阁本《考证》时已作。

2. 三十四页 b《册府元龟（下）》："知人门。'圣有谟勋'，刊本'勋'从《尚书》作'训'。按：杜注'勋'，功也。应从《左传》原文，今据改。又'又叔向适郑'，刊本脱'郑'字。"馆臣圈划掉第一个"又"字，同时又划掉"又叔向适郑，刊本脱'郑'"九字。文渊阁本《考证》仅删掉

---

① "胜"，文渊阁本《考证》误作"兴"，当据清抄本《考证》改作"胜"。

第一个"又"字。殿本《考证》不仅删掉第一个"又"字，且将"又叔向适郑，刊本脱'郑'字"十字移至"应从《左传》原文，今据改"九字之前。

按：涂掉第一个"又"字至晚是在校勘文渊阁本《考证》时所作，而划掉"又叔向适郑，刊本脱'郑'"九字是在校勘殿本《考证》时，两处改动并非同时。

3. 五十一页 b《册府元龟（下）》。馆臣作校签已残，仅剩"字下"二字。

卷六十二

九页 a《实宾录》："'三贤第一'条。桓帝问陈蕃曰：'徐氏、韦著、袁闳三贤论德计行，孰当为先？'原本'闳'讹'宏'。按：袁宏系东晋人，与徐稺时代甚远，今据《后汉书》改。"馆臣所加校签残，所余字曰："行。'氏'改'稺'。"文渊阁本《考证》、文澜阁本《考证》与殿本《考证》均未改，仍作"氏"。

按：该校签为校勘文渊阁本《考证》、文澜阁本《考证》、殿本《考证》以外的阁本《考证》时所加。

卷六十三

1. 二页 b《历代制度详说》："又'公卿请令京师铸官赤仄'，原本'仄'讹'灰'，据《史讪》改。"馆臣加校签曰："'记'①讹'讪'。"文渊阁本《考证》与殿本《考证》均已据校签改作"记"。

按：文渊阁本《考证》校勘在先，该校签最晚至校勘文渊阁本《考证》时已作。

2. 七页 a《古今事文类聚前集》："众山类。华子冈：'且申独往意，乘月独潺湲。'刊本'申'讹'乖'，据《诗纪》改。"馆臣加校签曰：

---

① "记"，清抄本《考证》上该校签残缺，据该处校签所在校记内容补。

"'湲'讹'爰'。"文渊阁本《考证》与殿本《考证》均已据校签改作"湲"。

按：文渊阁本《考证》校勘在先，该校签最晚至校勘文渊阁本《考证》时已作。

3. 十七页 a《记纂渊海》："冬类。刘殷曾祖母王氏盛冬思堇，殷时九岁，乃往泽中恸哭。刊本脱'曾祖'二字，又'泽'讹'宅'，并据《晋书》增改。"馆臣加校签曰："'芹'讹'堇'。"文渊阁本《考证》与殿本《考证》均已据校签改作"芹"。

按：文渊阁本《考证》校勘在先，该校签最晚至校勘文渊阁本《考证》时已作。

4. 二十一页 a《记纂渊海》："郊祀类。作鄜時，用三牲郊祭白帝焉。刊本'帝'讹'鸟'。又又'西登陇首，获白麟以馈宗庙'……"馆臣加校签曰："□页一行末。'又'，此字多，应挖去。"文渊阁本《考证》与殿本《考证》均已删掉衍文"又"。

按：文渊阁本《考证》校勘在先，该校签最晚至校勘文渊阁本《考证》时已作。

卷六十四

1. 四页 a《稗编》："《公羊传序》条。其中多非常异义可怪之论，至有倍经任意反传违戾者。案：何体《公羊传序》'至'字上有'说者疑惑①'四字，此脱。"馆臣校签曰："前十行。'体'改'休'。"文渊阁本《考证》与殿本《考证》均改作"休"。

按：文渊阁本《考证》校勘在先，该校签最晚至校勘文渊阁本《考证》时已作。

2. 四十页 b《山堂肆考》："名士类。'阴何'条。阴鑑字子坚。刊

---

① "惑"，清抄本《考证》误作"感"，据文渊阁本《考证》改。

本'铿'讹'何',今改。"馆臣圈划掉"铿"字。文渊阁本《考证》本将《山堂肆考》校记移至卷六十五。殿本《考证》本卷仍收《山堂肆考》。检文渊阁本《考证》与殿本《考证》均未据校签改,而均将"鑑"改作"铿"。

按:该涂改为校勘文渊阁本《考证》、殿本《考证》以外的阁本《考证》时所加。

3. 四十四页 a《山堂肆考》:"谒见类。'不见州尊'条。'诵颜氏之簟瓢',刊本'颜'讹'严',今改。"馆臣圈划掉"簟"字。文渊阁本《考证》与殿本《考证》均删掉"簟"字。

按:文渊阁本《考证》校勘在先,该涂改最晚至校勘文渊阁本《考证》时已作。

4. 五十一页 a《山堂肆考》:"兔类。'舞镐'条。周宣王时,有兔舞镐。刊本'宣'王'先',据《竹书纪年》改。"馆臣圈划掉"王"字。文渊阁本《考证》与殿本《考证》均改"王"作"讹"。

按:文渊阁本《考证》校勘在先,该涂改最晚至校勘文渊阁本《考证》时已作。

5. 五十一页 b《山堂肆考》:"龙类。'止庭'条。龙亡而漦在椟。刊本'椟'讹'犊',据《史记》史。"馆臣圈划掉"史记"后的"史"字。文渊阁本《考证》与殿本《考证》均将该"史"改作"改"。

按:文渊阁本《考证》校勘在先,该涂改最晚至校勘文渊阁本《考证》时已作。

6. 五十二页 a《山堂肆考》:"'时今献岁'条。注:献,进也。刊本'注'讹'分',据《文选》改。"馆臣将"今"字圈划掉。文渊阁本《考证》与殿本《考证》均改为"令"。

按:文渊阁本《考证》校勘在先,该涂改最晚至校勘文渊阁本《考证》时已作。

卷六十五

三页 b《天中记》："'击齐台'条。齐之寡妇，无子不嫁，事姑敬谨。姑无男有女。刊本脱下'故'字，据《淮南子》改。"馆臣加校签曰："后二行，增。"即要求将"改"字改为"增"。文渊阁本《考证》与殿本《考证》均未改，仍作"改"。

按：该校签为文渊阁本《考证》与殿本《考证》以外的阁本《考证》校勘时所加。

卷六十六

1. 八页 b《御定渊鉴类函》，馆臣加校签曰："上'日'应改作'正'。"

2. 九页 a《御定渊鉴类函》："霁类。《陆碧云喜霁赋》'肃有祷于人谋兮，反极□于天律'。刊本'律'讹'作'，据《赋汇》改。"馆臣加校签曰："'陆碧云'，去'碧'字；'反极阴于天律'，'阴'字未填。"文渊阁本《考证》与殿本《考证》均据校签改，删去"碧"字，且补"阴"字。

按：文渊阁本《考证》校勘在先，该校签最晚至校勘文渊阁本《考证》时已作。

3. 十一页 b《御定渊鉴类函》："穴类。梁萧子范。"馆臣加校签曰："'峡类。梁萧子范'，'峡'讹'穴'。"文渊阁本《考证》与殿本《考证》均已据校签改作"峡"。

按：文渊阁本《考证》校勘在先，该校签最晚至校勘文渊阁本《考证》时已作。

4. 十二页 a《御定渊鉴类函》："唐张仲素《山呼万岁赋》：'凭乎物、陋石言之不藏。'"馆臣加校签曰："'□①之不臧'，讹'藏'。"文渊阁本《考证》与殿本《考证》均已据校签改作"臧"。

---

① "□"，据清抄本《考证》当作"言"。

按：文渊阁本《考证》校勘在先，该校签最晚至校勘文渊阁本《考证》时已作。

5. 十六页 a《御定渊鉴类函》："谦让类。'明帝永平五年年'条。""纳谏类。天生民而纳之君。"馆臣加校签曰："'十五年'，讹作'五年年'；'天生民而立之君'，'立'讹'纳'。"文渊阁本《考证》仅将"纳"字改作"立"，而"五年年"未改。殿本《考证》两处均已据校签改。

按：该校签为校勘殿本《考证》时所制。

6. 十七页 a《御定渊鉴类函》："诸王类。'亲至诗'条。"馆臣加校签曰："诗，'制'讹'至'"。文渊阁本《考证》与殿本《考证》均已据校签改作"制"。

按：文渊阁本《考证》校勘在先，该校签最晚至校勘文渊阁本《考证》时已作。

7. 二十一页 a《御定渊鉴类函》："少府监类。'少府秦官'条。御府注：典官婢作艺衣服补浣之事。刊本'艺'讹'褺'。"馆臣加校签曰："刊本'艺'讹'褺'，'褺'字误。"文渊阁本《考证》未改，仍作"褺"。殿本《考证》据校签改"褺"作"褻"。

按：该校签为校勘殿本《考证》时所制。

8. 二十一页 b《御定渊鉴类函》："车骑将军类。'率众攻城'条。西魏以丘岳宝为豫州刺史，刊本'岳宝'讹'是育'，据《北齐书》改。"馆臣加校签曰："查《北齐书》，西魏以是育宝为扬州刺史。《渊鉴类函》并不讹，所讹者'扬州'作'豫州'耳。应将'丘岳'仍改'是育'，'豫'字改'扬'，下作：刊本'扬'讹'豫'，据《北齐书》改，方是。"文渊阁本《考证》未据校签改。而殿本《考证》已全据校签改。

按：该校签当为校勘殿本《考证》时所制。再据殿本《考证》目录所留校勘者姓名，该校签当系马启泰作无疑。

9. 二十二页 b《御定渊鉴类函》："'中书严惮'条。吕原膺改河中节度。"馆臣加校签曰："元膺，'元'讹'原'。"文渊阁本《考证》未改，殿本《考证》据校签改作"元"。

按：该校签为校勘殿本《考证》时所制。

10. 二十三页 b《御定渊鉴类函》："太守类。'文翁'条。'招下县子弟以为学官弟子'，刊本'官'讹'馆'，'弟'讹'童'，并据《汉书》改。"馆臣加校签曰："'官①讹馆'三字，何自而来？若刊本则并未讹。"文渊阁本《考证》未改。殿本《考证》据校签改，删掉"官讹馆"三字。

按：该校签为校勘殿本《考证》时所制。

11. 二十四页 a《御定渊鉴类函》："录事参军类。唐李华《河南府参军壁记》。"馆臣加校签曰："云云就李华记也，应将'唐李华'十字改作'符载江州录事参军厅壁记'。"文渊阁本《考证》与殿本《考证》均已据校签改。

按：文渊阁本《考证》校勘在先，该校签最晚至校勘文渊阁本《考证》时已作。

12. 二十八页 b《御定渊鉴类函》："辟雍类。'光武中元元年初起辟雍'条。三月九日，于中行乡射礼。刊本下'月'字讹'日'，据《后汉书》注改。"馆臣加校签曰："皆于中行乡射礼，'日'改'月'，'皆'字增。"文渊阁本《考证》与殿本《考证》均据校签改。

按：文渊阁本《考证》校勘在先，该校签最晚至校勘文渊阁本《考证》时已作。

13. 三十一页 a《御定渊鉴类函》："毛诗类。《前汉书》条。召问固，固：'此家人言耳。'刊本'言'讹'书'，据《汉书》改。"馆臣加校签曰："召问固，固曰：'此家人言耳。'增'曰'字。"文渊阁本《考证》与殿本《考证》均已据校签改。

---

① "官"，校签残缺，据清抄本《考证》补。

按：文渊阁本《考证》校勘在先，该校签最晚至校勘文渊阁本《考证》时已作。

14. 三十一页 a《御定渊鉴类函》："'史类书名'条。……于闰门之外。"馆臣加校签曰："□。'闰'改'闱'。"文渊阁本《考证》未改，仍作"闰"。殿本《考证》据校签改"闰"作"闱"。

按：该校签为校勘殿本《考证》时所制。

卷六十七

二十四页 a《御定子史精华》："国宝家风注：'子奂历任以清白闻。'刊本'奂'讹'□'，□□《唐书》改。"馆臣加校签曰："'□'讹，下《唐书》上空三字。"文渊阁本《考证》与殿本《考证》均补此三字，作："刊本'奂'讹'敻'，今据《唐书》改。"

按：文渊阁本《考证》校勘在先，该校签最晚至校勘文渊阁本《考证》时已作。

卷六十八

四十二页 b《御定佩文韵府》："又'横萧'注：'运玑使动于下。'刊本'玑'讹'机'，据《尚书注疏》改。"馆臣加校签曰："'横萧'当另行提写，此误。前加'又'字，应改。"文渊阁本《考证》与殿本《考证》均全据校签改，删除"又"字，且将"横萧"另行提写。

按：文渊阁本《考证》校勘在先，该校签最晚至校勘文渊阁本《考证》时已作。

卷六十九

1. 三页 a《御定佩文韵府》："刊十'骆越'二字互倒，据《汉书》改。"馆臣将"十"字圈划掉。文渊阁本《考证》与殿本《考证》均改作"本"。

　　按：文渊阁本《考证》校勘在先，该涂改最晚至校勘文渊阁本《考证》时已作。

　　2. 六页 b《御定佩文韵府》："叉韵。野叉注：'荀子溢斛子慎。'刊本'苟'讹'荀'，据《北史》改。"馆臣于此行上有校签曰："荀苟。"文渊阁本《考证》与殿本《考证》均据校签改作"'荀'讹'苟'"。

　　按：文渊阁本《考证》校勘在先，该校签当为校勘文渊阁本《考证》时所加。

　　3. 十九页 a《御定佩文韵府》："刊本'寘'讹'寘'，据《汉书·沟洫志》改。"馆臣圈划掉第二个"寘"。文渊阁本《考证》改作"真"，殿本《考证》改作"寘"。

　　按：该涂改最晚至校勘文渊阁本《考证》时已作。

　　4. 十九页 b《御定佩文韵府》："凭韵。杨凭注：大历中踵擢进士第，时号'三阳'。刊本脱'踵'字，据《唐书》改。"馆臣加校签曰："杨凭，'杨'讹'扬'；时号'三杨'，'杨'讹'阳'。"文渊阁本《考证》与殿本《考证》各处均据校签改。

　　按：文渊阁本《考证》校勘在先，该校签最晚至校勘文渊阁本《考证》时已作。

　　5. 二十五页 b《御定佩文韵府》："男韵。小男方嗜粟，幼女漫忧葵。"馆臣加校签曰："'方'字上应增'注小男'三字。"文渊阁本《考证》与殿本《考证》均据校签改。

　　按：文渊阁本《考证》校勘在先，该校签最晚至校勘文渊阁本《考证》时已作。

　　6. 二十七页 a《御定佩文韵府》："十五咸。函韵。碁函注：'药里丹山凤。'"馆臣圈划掉"里"字。文渊阁本《考证》与殿本《考证》均改作"裏"。

　　按：文渊阁本《考证》校勘在先，该涂改最晚至校勘文渊阁本《考证》时已作。

7. 三十二页 a《御定佩文韵府》:"又鸡黍注:'式与张邵为友。'刊本'劭'讹'邵'。"馆臣将"劭""邵"两字涂掉。文渊阁本《考证》与殿本《考证》均改作"'邵'讹'劭'"。

按:文渊阁本《考证》校勘在先,该涂改最晚至校勘文渊阁本《考证》时已作。

8. 三十九页 b《御定佩文韵府》:"刊本'摛'讹'螭',据《南史》改。"馆臣圈划掉"螭"字左边部首。文渊阁本《考证》未改,仍作"螭",殿本《考证》据馆臣圈划改作"离"。

按:该校签为校勘殿本《考证》时所制。

卷七十

1. 五页 a《御定佩文韵府》:"又依云坂注:'新桥倚云坂,候虫嘶路朴。'刊本'倚'讹'依','嘶'讹'新',据《全唐诗》及李昌谷集改。"馆臣加校签曰:"'云坂'一条,《韵府》并未讹,应删。"文渊阁本《考证》未改,殿本《考证》据校签将"又依云坂注"至"李昌谷集改"整条全部删除。

按:该校签为校勘殿本《考证》时所制。

2. 八页 b《御定佩文韵府》:"又轻小注:'凡八九万才斗斛。'刊本'斛'讹'详',据《唐书》改。"馆臣加校签曰:"八九万才半斛,'半'讹'斗'。原本'半斛'作'半解',并未作'详','详'字应改'解'字。"文渊阁本《考证》未改,殿本《考证》已据校签改"斗斛"作"半斛",改"详"作"解"。

按:该校签为校勘殿本《考证》时所制。

3. 十三页 b《御定佩文韵府》:"坐韵。静坐,注:'端居有地惟栽药。'刊本'令'讹'成',今改。"馆臣圈划掉"令"字。文渊阁本《考证》

与殿本《考证》均改"令"为"裁"。

按：文渊阁本《考证》校勘在先，该涂改最晚至校勘文渊阁本《考证》时已作。

4. 二十六页 a《御定佩文韵府》："卷六十三之九"，位于"卷六十三之十八"与"卷六十三之二十"之间，馆臣圈划掉"九"。文渊阁本《考证》与殿本《考证》均改"九"作"十九"。

按：文渊阁本《考证》校勘在先，该涂改最晚至校勘文渊阁本《考证》时已作。

5. 三十九页 b《御定佩文韵府》："二沃俗韵。关中俗，注：'杨仆射，宜阳人。'刊本'阳'讹'杨'，据《史记》改。"馆臣将"阳"与"杨"两字均圈划掉。文渊阁本《考证》与殿本《考证》均改作"'杨'讹'阳'"。

按：文渊阁本《考证》校勘在先，该涂改最晚至校勘文渊阁本《考证》时已作。

卷七十一

1. 八页 b《格致镜原》："'笔类。采秋毫之颍芒'，原本'颍'讹'类'，据成公绥赋改。"馆臣将两个"颍"字左半部均涂掉，并加校签曰："□□后十行。""后十行"三字前面文字已涂掉，不可辨。文渊阁本《考证》与殿本《考证》均将两处"颍"改作"颖"。文澜阁本《考证》第一个"颍"字未改，第二个"颍"字已改作"颖"。

按：该校签最晚至校勘文渊阁本《考证》时已作。

2. 二十八页 a《贾氏谭录》："《原序》公馆多暇，偶成编缀，凡六条。案：此书所记不止六条，疑序文有脱讹。又《原序》一篇，《永乐大典》失载，今据《说郛》增。"馆臣圈划掉"疑序文"三字。文渊阁本《考证》与殿本《考证》均将"疑序文"三字改作"序文疑"。文澜阁本《考证》未改。

按：该涂改最晚至校勘文渊阁本《考证》时已作。

卷七十二

1. 十一页 b《山海经》："有鸟焉，其状如雉。刊本关'雉'字，据《广注》补。"馆臣将"关"字圈划掉。文渊阁本《考证》、文澜阁本《考证》与殿本《考证》均改"关"作"阙"字。

按：文澜阁本《考证》誊录时间早于文渊阁本《考证》校勘时间，故该涂改最晚在文澜阁本《考证》誊录时已加。

2. 六十七页 a《林间录》卷上行有馆臣校签曰："以下七十一。"文渊阁本《考证》、文澜阁本《考证》、殿本《考证》均未据校签改，而是将其列入卷七十二。

按：此校签当为校勘文渊阁本《考证》、文澜阁本《考证》与殿本《考证》以外的阁本《考证》时所加。

卷七十三

1. 二十七页 b《文子缵义》："又道悬天物布地，原本脱'天'字，'地'讹'施'，据刊本改。"馆臣圈划掉"刊本改"三字。文渊阁本《考证》与殿本《考证》均将"刊本改"三字改作"明刊本增改"五字。

按：文渊阁本《考证》校勘在先，该涂改最晚至校勘文渊阁本《考证》时已作。

2. 三十八页 b《文子缵义》："明刊本'命'误作'令'。据：注'命，犹令也'，明本误。"馆臣圈划掉"据"字。文渊阁本《考证》与殿本《考证》均将"据"改作"案"字。

按：文渊阁本《考证》校勘在先，该涂改最晚至校勘文渊阁本《考证》时已作。

3. 五十二页 b《云笈七签》："《玉局治》条：'治应鬼宿'，刊本讹

'一',据下文改。"馆臣圈划掉"讹一据下文改"六字。文渊阁本《考证》与殿本《考证》均于该六字前加一"治"字。

按：文渊阁本《考证》校勘在先,该涂改最晚至校勘文渊阁本《考证》时已作。

卷七十四

三十页 b《李北海集》:"刘昫《李邕传》:'父善尝受《文选》于同郡人曹宪。'刊本'文'讹'生',据《旧唐唐》改。"馆臣将第二个"唐"字涂掉。文渊阁本《考证》与殿本《考证》均改作"书"。

按：文渊阁本《考证》校勘在先,该涂改最晚至校勘文渊阁本《考证》时已作。

卷七十五

1. 七页 b《分类补注李太白集》:"《白纻词其三》'激楚结风醉忘归'注。按:此三篇句意字面。刊本'句'讹'可','面'讹'固',今并讹。"馆臣将"今并讹"之"讹"字圈划掉,并加校签曰:"七①页后四行。'改'讹作'讹',涂而未挖。"文渊阁本《考证》与殿本《考证》均已据校签将"讹"字改作"改"。

按：该涂改最晚至校勘文渊阁本《考证》时已作,而该校签为校勘殿本《考证》时所作。

2. 九页 a《分类补注李太白集》有两条经馆臣涂改之校记。第一条:"《发白马旌节□黄河》注'掌达天下之六节',刊本'下'讹'子'。"第二条:"《陌上桑》'妾本秦罗敷'注'罗敷前致辞,使君一何愚',刊本'前'字'一'字俱讹'□',据郭茂倩《乐府》改。"其中两字被完全涂掉

---

① "七",馆臣校签阙,据清抄本《考证》该校记所在位置补。

后，其颜色与周边白纸大体一致。馆臣加校签曰："'渡'讹'度'。前十行。'并'讹'亦'，俱涂而未挖。"据该校签，两个被完全涂掉之字分别作"度""亦"，文渊阁本《考证》与殿本《考证》均已据校签将两字分别改作"渡""并"。

按：该涂改最晚至校勘文渊阁本《考证》时已作，而该校签为校勘殿本《考证》时所作。

3. 十页 a《分类补注李太白集》："《元丹丘歌》'暮还嵩岑之紫烟'注：山小而高曰'岑'。刊本'山'讹'小'，据许氏《说文》改。"馆臣加校签曰："'据许氏《说文》改'，应改'据《尔雅》改'。《尔雅》在先，不应反引《说文》。"文渊阁本《考证》与殿本《考证》均已据校签改作"据《尔雅》改"。

按：文渊阁本《考证》校勘在先，该校签最晚至校勘文渊阁本《考证》时已作。

4. 二十二页 b《分类补注李太白集》："《宣州九日（其一）》'独有崔亭伯'注：为窦宪主簿。刊本'窦'讹'黄'，据《后汉》。"馆臣加校签曰："□页后三行。'《后汉书》改'，涂而未改。"据馆臣校签，可知该校记后原有"书改"两字，后被完全涂掉，其颜色与周边白纸几乎全同。文渊阁本《考证》与殿本《考证》均已补"书改"二字。

按：该涂改最晚至校勘文渊阁本《考证》时已作，而该校签为校勘殿本《考证》时所作。

5. 二十九页 b《分类补注李太白集》："《宣州谢朓楼》'蓬莱文章建安骨'注：阮瑀。刊本'瑀'讹'璃'，据《三国志》改。"馆臣划掉"眺"，并加校签曰："二十九页后二行。'眺'从'月'不从'目'，涂而未改。"文渊阁本《考证》未改，仍作"眺"。殿本《考证》据校签改作"朓"。

按：该涂改最晚至校勘文渊阁本《考证》时已作，而该校签为校勘殿本《考证》时所作。

6. 三十一页 b《分类补注李太白集》："并据《唐书·李邕传》政。"馆臣圈划掉"政"字，且加校签曰："三十一页后九行。'改'讹'政'，涂而未改。"文渊阁本《考证》与殿本《考证》均据校签改作"改"。

按：该涂改最晚至校勘文渊阁本《考证》时已作，而该校签为校勘殿本《考证》时所作。

卷七十六

1. 二十九页 a《昌谷集》："《赠别潘汉臣诗》'许我曹装趣'，原本'曹装'二字讹倒，今移正。"馆臣圈划掉"讹""移正"。文渊阁本《考证》与殿本《考证》卷七十六均未收《昌谷集》。

2. 三十七页 a《会昌一品集》："《讨刘稹制》：'况成德军尝以骁骑横冲，首破朱滔。'刊本'成'讹'诚'，据《唐书》改。""讹"字书写有误，馆臣涂掉"讹"。文渊阁本《考证》与殿本《考证》均改为正确书写。

按：文渊阁本《考证》校勘在先，该涂改最晚至校勘文渊阁本《考证》时已作。

3. 三十九页 a《会昌一品集》："《谢宣示盟没斯等冠带讫图状》：'自献刑马之书，仍酌留黎之酒。'刊本'犁'讹'挈'，据《汉书》改。"馆臣圈划掉'犁'字下半部。文渊阁本《考证》与殿本《考证》均改"犁"作"黎"。

按：文渊阁本《考证》校勘在先，该涂改最晚至校勘文渊阁本《考证》时已作。

4. 四十五页 a《白氏长庆集》："《同梦得暮春寄贺东西川二杨尚书》。刊本脱'暮春'二字，据《全唐诗》改。"馆臣圈划掉"改"字。文渊阁本《考证》与殿本《考证》均改作"增"。

按：文渊阁本《考证》校勘在先，该涂改最晚至校勘文渊阁本《考证》时已作。

卷七十七

1. 十四页 a《柳河东集》:"又注:'威如海内分归故乡。'"馆臣圈划掉"如"字的"女"字旁。文渊阁本《考证》与殿本《考证》卷七十七均无《柳河东集》一书校记。

2. 四十五页 b《文庄集》:"按:郡界河水清,本传属雍熙四年事。此志系之揣拱元年,似属可据。"馆臣加校签曰:"二行内七字,'揣'当作'端',存集四十五页后面。"馆臣校签所言是,"端拱元年"而非"揣拱元年"。文渊阁本《考证》与殿本《考证》均已据校签改作"端"。

按:文渊阁本《考证》校勘在先,该涂改最晚至校勘文渊阁本《考证》时已作。

卷七十八

1. 十五页 a《郧溪集》:"《老树》'窟穴尽发露,夔羊皆远屏',原本'羊'讹'羍',据《鲁语》'木石之怪曰夔、蝄蜽,土之怪曰坟羊'改。"馆臣圈划掉"坟"字偏旁。文渊阁本《考证》与殿本《考证》均将此字改作"羵"。文澜阁本《考证》未改,仍作"坟"字。

按:文渊阁本《考证》校勘在殿本《考证》之先,该涂改最晚至校勘文渊阁本《考证》时已作。

2. 二十九页 a《欧阳文粹》:"《上范司谏书》'此又非,更可以待乎七年也?'刊本'更'讹'一',据《全诗》改。"馆臣圈划掉"诗"字。文渊阁本《考证》与殿本《考证》均改"诗"作"集"字。文澜阁本《考证》未改,仍作"诗"。

按:文渊阁本《考证》校勘在殿本《考证》之先,该涂改最晚至校勘文渊阁本《考证》时已作。

3. 三十页 b《欧阳文粹》:"'右诏褒答藏之秘府'条。其源流次序帝系,世本言之甚详。刊本'次序'讹'第以',据《全集》改。"馆臣将

"係"字圈划掉。文渊阁本《考证》、文澜阁本《考证》与殿本《考证》均改作"系"。

按：文澜阁本《考证》校勘在最先，故该涂改最晚在文澜阁本《考证》誊录时已加。

4. 三十九页 b《东坡全集》："中秋见月寄子瞻。刊本'瞻'讹'由'，据施注本改。"馆臣圈划掉两个"瞻"字与一个"由"字。文渊阁本《考证》与殿本《考证》均将两个"瞻"字与一个"由"字分别改作两个"由"字与一个"瞻"字。文澜阁本《考证》未改。

按：文渊阁本《考证》校勘在殿本《考证》之先，该涂改最晚至校勘文渊阁本《考证》时已作。

5. 四十八页 b《东坡全集》："《论纲稍欠折利害状》：'馈运不继，以贻天下之大祸。'按：'贻'，《唐宋文醇》作'胎'，与此异。"馆臣将"作"字后的"胎"字圈划掉。文渊阁本《考证》与殿本《考证》均改作"启"。文澜阁本《考证》未改。

按：文渊阁本《考证》校勘在殿本《考证》之先，该涂改最晚至校勘文渊阁本《考证》时已作。

6. 五十一 b《东坡全集》："《答杨先礼》（其三）：'久阔暂聚，喜尉不可言。'刊本'暂'讹'达'，据别本改。"馆臣圈划掉"尉"字。文渊阁本《考证》与文澜阁本《考证》均改"尉"作"慰"。殿本《考证》删掉"尉"字。

按：文澜阁本《考证》校勘在最先，此为文澜阁本《考证》时所作的涂改。

卷七十九

1. 三页 b《施注苏诗》："又案：集中卷三十八有'庚辰八日闻黄河已复北诗'，今据改。"馆臣涂掉"诗"字。文渊阁本《考证》、文澜阁本《考证》与殿本《考证》均改"诗"作"流"。

按：该涂改为文澜阁本《考证》校勘时所制。

2. 七页 a《施注苏诗》："《挽徐君猷》'山城散尽樽前酒'，刊本'城'讹'成'，据《东坡全集》改。"馆臣圈划掉"挽"。文澜阁本《考证》与文渊阁本《考证》均未改，仍作"挽"字。殿本《考证》改作"輓"。

按：该校签为校勘殿本《考证》时所制。

3. 十二页 b《栾城集》："《安厚卿枢密母大人挽词》。"馆臣将"挽"字圈划掉。文渊阁本《考证》与殿本《考证》均将"挽"改作"輓"，文澜阁本《考证》未改，仍作"挽"。

按：文渊阁本《考证》校勘在先，该涂改最晚至校勘文渊阁本《考证》时已作。

4. 二十七页 a《淮海集》："《别子瞻诗》（赋子瞻诗）'翹關负重君无力，十年不入纷华域'，刊本阙'翹'字，又'關'讹'門'，并据《东坡集》补改。"馆臣圈划掉"赋"。文渊阁本《考证》、文澜阁本《考证》与殿本《考证》均改"赋"作"附"字。

按：该涂改为文澜阁本《考证》校勘时所制。

5. 二十九页 a《济南集》："《千龄桧》'元和元丰十五纪，婆娑下委谗及肩'。按：元和至元丰不及三百年，而此云五十纪，盖信笔失考之讹。"馆臣圈划掉"十五"与"谗"字。文渊阁本《考证》、文澜阁本《考证》、殿本《考证》均将"谗"字改作"才"。

按：该涂改为文澜阁本《考证》校勘时所制。

6. 三十二页 b《书墁录》："三人，谓道原、贡父、淳父也。此诗《大典》失载，今据补。"馆臣涂掉第二个"父"字。文渊阁本《考证》、文澜阁本《考证》、殿本《考证》均未改，仍作"父"。

按：此校签为校勘文渊阁本《考证》、文澜阁本《考证》与殿本《考证》以外的阁本《考证》时所加。

7. 三十八页 b《潏水集》："《游归仁园记》案：《洛阳名园记》河南

城五十余里，中多大园池，而归仁园为翘，乃唐丞相牛僧孺所筑。"馆臣圈划掉"翘"字。文渊阁本《考证》、文澜阁本《考证》、殿本《考证》均改"翘"作"冠"。

按：该涂改为文澜阁本《考证》校勘时所制。

8. 三十八页 b《潏水集》："《书郢州孟亭壁》'柳色半春天'，原本'春'讹'周'，据孟浩然集改。""柳"字书写有误，馆臣圈划掉"柳"字。文渊阁本《考证》、殿本《考证》均为正确书写之"柳"字。

按：该涂改为文澜阁本《考证》校勘时所制。

9. 四十八页 a《摛文堂集》："玄圭议《考工记》称：'天子圭中。'"因"玄"字未避讳，馆臣将"玄"字完全涂掉。文渊阁本《考证》与文澜阁本《考证》均改作缺末笔之"玄"字。殿本《考证》改"玄"作"元"。

按：此因避讳而涂改，该涂改为文澜阁本《考证》校勘时所制。

卷八十

1. 十三页 a《横塘集》："《寄竹阁臣师》'鹿苑西湖上，鸟台北斗旁'。按：《咸淳临安志》：竹阁，在西湖孤山，故云'鹿苑西湖上'也。"馆臣涂掉"臣"字。文渊阁本《考证》与文澜阁本《考证》均未改，仍作"臣"。殿本《考证》改"臣"作"巨"。

按：该涂改为校勘殿本《考证》时所制。

2. 十八页 b《丹阳集》："附录《行状》'七年，迁大司城'。"馆臣划掉"城"，旁加校签曰"成"。文渊阁本《考证》、文澜阁本《考证》、殿本《考证》均已据校签改作"成"。

按：该校签为文澜阁本《考证》校勘时所制。

3. 二十三页 a《东窗集》："据此，则都誓首疑即都誓主，而田氏乃其世袭耳。"馆臣圈划掉"疑"字。文渊阁本《考证》与文澜阁本《考证》均未改，仍作"疑"。殿本《考证》将"疑"字改作"当"字。

按：该涂改为校勘殿本《考证》时所制。

4. 二十五页 a《忠惠集》："《贺拜太尉启》。按《宋史》：'大观元年，蔡京拜太尉。'此当是'贺京改'。"馆臣圈划掉"改"字。文渊阁本《考证》、文澜阁本《考证》、殿本《考证》均将"改"字改作"启"。

按：该涂改为文澜阁本《考证》校勘时所制。

卷八十一

1. 三页 b、四页 a《北海集》："资政殿学士朝请大夫权知三省枢密院事滕康……按：滕原，《本传》康与刘珏从隆祐太后。"馆臣将"滕康"之"滕"字径改描作"勝"，且于四页 a 上加校签曰："八行写'勝康'，十一行写'滕康'。"文渊阁本《考证》与殿本《考证》均未据校签改，两处均仍作"滕康"。

按：该校签为校勘文渊阁本《考证》、殿本《考证》以外的阁本《考证》时所加。

2. 六页 b《北海集》："昭慈献烈皇后改谥"条中，有五处"谥"字书写均有误，馆臣一一划掉"谥"字有误部分，旁校签注正确书写："谥。"文渊阁本《考证》与殿本《考证》均为正确文字"谥"。

按：文渊阁本《考证》校勘在先，该校签最晚至校勘文渊阁本《考证》时已作。

3. 十七页 a《芦川归来集》："《次韵晁伯南饮董彦达官舍心远堂》'炉薰飘月影，密炬剪衣香'，原本'蜜'讹'密'。"馆臣将"密炬"之"密"字下半部分涂掉，并加校签曰："□篇应挖之字尚未补就。"文渊阁本《考证》与殿本《考证》均据校签将"密炬"之"密"改作"蜜"。

按：文渊阁本《考证》校勘在先，该校签最晚至校勘文渊阁本《考证》时已作。

4. 五十一页 a《文忠集》："隋梁洋德政碑在今蔡州新息县，刊本脱'县'字,今改。"馆臣将"改"字涂掉。该校记出自《文忠集》。文渊阁本《考证》卷八十一未收,而是被移至卷七十八。殿本《考证》该书校记与清抄本《考证》一致,仍置于卷八十一。文渊阁本《考证》与殿本《考证》均将此字改作"增"。

按:文渊阁本《考证》校勘在先,该校签最晚至校勘文渊阁本《考证》时已作。

卷八十二

1. 三页 b《香山集》:"何茂宏、茂恭,携酒见过。"其中"茂"字书写有误,馆臣加校签曰:"'上艹下戍'改'茂'。"文渊阁本《考证》、殿本《考证》已将该字书写修改正确。

按:文渊阁本《考证》校勘在先,该校签最晚至校勘文渊阁本《考证》时已作。

2. 十八页 a《云庄集》:"《和翁氏秀瑞香水仙》(其一)'蝶绕蜂团碧玉丛,紫罗囊小透春风',原本'透'讹'径',今改。"馆臣加校签曰:"'蜂团'当'蜂围'。"文渊阁本《考证》与殿本《考证》均已据校签改作"蜂围"。

按:文渊阁本《考证》校勘在先,该校签最晚至校勘文渊阁本《考证》时已作。

3. 二十二页 a《定斋集》:"《乞选择监司奏状》。此状据《历代名臣奏议》增入,当是淳熙九年所止。"馆臣加校签曰:"'此'字上补'案'字。"文渊阁本《考证》与殿本《考证》均已据校签加"案"字。

按:文渊阁本《考证》校勘在先,该校签最晚至校勘文渊阁本《考证》时已作。

4. 二十九页 a《定斋集》:"《贺王参政启》运筹而合上意,有嘉底续之言,共政而图旧人,果拜为真之命。"馆臣划掉"续"字,旁加校签曰："绩。"文渊阁本《考证》与殿本《考证》均已据校签改作"绩"。

按：文渊阁本《考证》校勘在先，该校签最晚至校勘文渊阁本《考证》时已作。

5. 三十页 b《定斋集》："《贺龚参政启》。案：《宋史·宰转表》淳熙元年十一月戊戌。"馆臣加校签曰："'转'改'辅'。"文渊阁本《考证》与殿本《考证》均已据校签改作"辅"。

按：文渊阁本《考证》校勘在先，该校签最晚至校勘文渊阁本《考证》时已作。

卷八十三

三十一页 b《省斋集》："孙介诗'幼子独留官舍'，原本'幼'讹'尉'，今据文改。"馆臣划掉"今据文"三字，并加校签曰："文义。"文渊阁本《考证》已据校签改作"今据文义改"。殿本《考证》改作"今改"。

按：文渊阁本《考证》校勘在先，该校签最晚至校勘文渊阁本《考证》时已作。

卷八十四

六页 a《泠然斋集》："《其四十九》'摩娑挂杖君随我，遮莫松间喝道来'，原本'遮'讹'辄'，今改。"馆臣认为"辄"字应改作"辄"，故加校签曰："辄，十四行。"文渊阁本《考证》与殿本《考证》均已据校签改作"辄"。

按：文渊阁本《考证》校勘在先，该校签最晚至校勘文渊阁本《考证》时已作。

卷八十五

四十三页 b《勤斋集》："地震问答。按：《元史·五行志》：'大德七年八月辛卯夕地震，太原、平阳尤甚，坏官民庐舍十万计。'此文盖作于是时。"馆臣加校签曰："地震一条删①。"文渊阁本《考证》未删，殿本《考证》已据校签删。

按：该校签为校勘殿本《考证》时所制。

卷八十六

二十二页 b《性情集》："以和靖处士'水影横斜水清浅'二句为韵。"馆臣将第一个"水"字圈划掉，并加校签曰"疏"。文渊阁本《考证》与殿本《考证》均已据校签改作"疏"。

按：文渊阁本《考证》校勘在先，该校签最晚至校勘文渊阁本《考证》时已作。

卷八十八

1. 六页 a《弇州四部稿》："卷九十一"相比同页"卷八十七""卷九十"确实高一格，故馆臣加校签曰："卷九十一误高一格。"文渊阁本《考证》、殿本《考证》均已据校签改。

按：文渊阁本《考证》校勘在先，该校签最晚至校勘文渊阁本《考证》时已作。

2. 三十一页 b《西河集》："《仁和县知县王公墓表》：'当明季，献赋蹂躏蓟黄间。'刊本'献'讹'宪'，'蓟'讹'靳'，今并改。"馆臣加校签曰："'赋'改'贼'。"文渊阁本《考证》与殿本《考证》均已据校签改作"贼"。

按：文渊阁本《考证》校勘在先，该校签最晚至校勘文渊阁本《考证》时已作。

3. 三十七页 a《因园集》："《南村》：'将携家附漕，艘北返话别。

① "删"，清抄本《考证》校签脱，殿本《考证》已将该条删去，故校签所脱之字作"删"，当据补。

临歧翻赠策,为我挂船艄.'原本'岐'讹'圻','赠'讹'增',今增。"馆臣加校签曰:"应作'今改'。"文渊阁本《考证》与殿本《考证》均已据校签改作"今改"。

按:文渊阁本《考证》校勘在先,该校签最晚至校勘文渊阁本《考证》时已作。

卷八十九

1. 九页 a《文苑英华》:"卷一百十七"被置于"卷一百二十六"与"卷一百二十九"之间,显系有误。馆臣加校签曰:"后①四行。卷一百②二十七,脱'二'字。"文渊阁本《考证》与殿本《考证》均已据校签补"二"字。

按:文渊阁本《考证》校勘在先,该校签最晚至校勘文渊阁本《考证》时已作。

2. 九页 b《文苑英华》:"卢照邻《驯鸢赋》'谢扶摇之力',刊本脱'扶'字,'摇'讹'遥',并据《庄子》增改。"因清抄本《考证》上"赋"字与"谢"字中间空一字位置,故馆臣加校签曰:"'赋'字下有缺字,应查填。"文渊阁本《考证》与殿本《考证》均未增他字,仅将"谢"及之后文字上提一字。

3. 十七页 b《文苑英华》:"郑谷《送进士韦序赴举》'秋山晚水吟情远'。刊本'清'讹'晴',今改。"馆臣将"清"字之偏旁涂掉,并加校签曰:"十③七页后七行。第二'情'讹'清',涂而未改。"文渊阁本《考证》与殿本《考证》均已据校签将该字改为"情"。

---

① "后",清抄本《考证》校签阙,据其上馆臣校签行文格式与该校签在清抄本《考证》中的实际位置补。
② "卷一百"三字,清抄本《考证》校签阙,据该校签内容与清抄本《考证》中相关内容补。
③ 据该校记在清抄本《考证》中的实际位置,该校签此处阙一"十"字,当补。

按：该涂改最晚至校勘文渊阁本《考证》时已作，而该校签为校勘殿本《考证》时所作。

4. 二十六页 b《文苑英华》："王行先《为赵侍郎论兵表》'使孙策坐大'，刊本'大'讹'而'，掘《蜀志》改。"馆臣加校签曰："'据'讹'掘'。"文渊阁本《考证》与殿本《考证》均已据校签改作"据"。

按：文渊阁本《考证》校勘在先，该校签最晚至校勘文渊阁本《考证》时已作。

5. 二十九页 b《文苑英华》："颜思古《明堂议》'与月令四时之次相同'。刊本脱'月'字，据《唐书·礼乐志》增。"馆臣将"思"字涂掉，且加校签曰："'思'已涂未改。"文渊阁本《考证》与殿本《考证》均将"思"改作"师"。

按：该涂改最晚至校勘文渊阁本《考证》时已作，而该校签为校勘殿本《考证》时所作。

卷九十

十七页 a《古今岁时杂咏》："明皇初入秦川路逢寒食，争道何人不鞭戏。原本'道'讹'到'，据《全唐诗》改。"该行中，"鞭戏"二字与"不"字之间有空格，却与"原本"二字相连，故馆臣加校签曰："明皇行'不'字下不当空，原本'上'当空一字，此错矣。"文渊阁本《考证》已据校签改，将"鞭戏"二字上移与"不"相连，而与"原本"二字之间空一格。殿本《考证》则据其统一格式仅将"鞭戏"二字上移与"不"相连。

按：文渊阁本《考证》校勘在先，该校签最晚至校勘文渊阁本《考证》时已作。

卷九十一

1. 十二页 b《文选补遗》："汉高帝《入关告谕》：'吏民皆按堵。'

注：堵，墙堵也。原本脱下'堵'字，据《汉书注》增。"馆臣加校签曰："'按'似讹。"文渊阁本《考证》与殿本《考证》均未改，仍作"按"。

2. 十八页 b《文选补遗》："鲍昭《观漏赋》：'物不可以两大，时无得而双昌。'原本'时'讹'得'，据《鲍明远集》改。"馆臣将"昭"字圈划掉，并加校签曰："'昭'①字不应涂去。马启泰签。"文渊阁本《考证》与殿本《考证》均改作"照"。

按：将"昭"字圈划掉与校签意见恰相反，可以肯定，将"昭"字圈划掉者与加校签者非同时，非同一人。将"昭"字圈划掉最晚至文渊阁本《考证》校勘时已完成。加校签者为马启泰，其负责殿本《考证》该卷之校勘。殿本《考证》最终未采纳马启泰意见。

3. 四十一页 a《宛陵群英集》："皇家正重惟良寄，衮服归公正黑头。"馆臣加校签曰："良寄，'寄'字当作'宰'。不误。马启泰签。"文渊阁本《考证》与殿本《考证》均未改，仍作"寄"。

按：该校签有马启泰签名，殿本《考证》该卷上署马启泰之名，无疑该校签为马启泰为校勘殿本《考证》而制作。

4. 四十二页 a《宛陵群英集》："汪用敬《送杨好古浙东宪椽》。"馆臣加校签曰："'掾'讹'椽'，马启泰签。"文渊阁本《考证》未改，仍作"椽"。殿本《考证》据校签改作"掾"。

按：该校签为马启泰为校勘殿本《考证》所作。

5. 四十四页 a《宛陵群英集》："赵由曦《饯孔常轩馆木塔寺》：'东鲁宣尼几世孙，春风吹上育王城。'"馆臣于"城"字旁加两点，并粘校签曰："二行②'育王城'，'城'字出韵，或当是'垣'字之讹。马启泰签。"文渊阁本《考证》与殿本《考证》均已改作"垣"。

按：该校签有马启泰签名，殿本《考证》该卷上署马启泰之名，无

---

① "昭"，清抄本《考证》校签原缺，此据文义补。
② "行"，清抄本《考证》校签残缺，据该校记所在实际位置补。

疑该校签为马启泰为校勘殿本《考证》而制作。

6. 四十四页 a《宛陵群英集》："孙焕文《贺那金事除学士》：'皇华江左遍咨询，又趣行装觐紫宸。玉笋联班新学士，金莲赐矩旧词臣。天开熙洽生时彦，地占深岩隔世尘。'馆臣加校签曰："'岩'改'严'，马启泰签。"文渊阁本《考证》未改，仍作"岩"。殿本《考证》已改作"严"。

按：该校签为马启泰为校勘殿本《考证》所作。

卷九十二

1. 十一页 a《文编》："《货殖传》：'工相与议技巧于官府，商相与语财利于市井。'刊本脱'商相与语财利于市井'九字，据《汉书》增。"馆臣加校签曰："第十一页①第十行。'汉书'二字系'史记'之讹。"文渊阁本《考证》与殿本《考证》均已将《汉书》改作《史记》。

按：文渊阁本《考证》校勘在先，该校签最晚至校勘文渊阁《考证》时已作。

2. 十四页 b《文编》："又'岂其能无意于天下也？'刊本'于'讹'欲'，并据《栾坡集》改。"十五页 a"隋何说"。馆臣加一校签指出了两处问题，其曰："十四页后②第四行，'栾城'讹'栾坡'。十五页五行'隋何'，'随'讹'隋'。"文渊阁本《考证》与殿本《考证》均据校签改作"栾城""随"。

按：文渊阁本《考证》校勘在先，该校签最晚至校勘文渊阁《考证》时已作。

3. 二十页 a《文编》："《凌虚台记》'以其土筑台高出于屋之檐'，刊本脱'台'字。又，'檐'讹'危'，据《东坡集》增。"馆臣加校签曰："二

---

① 此处校签原缺一"页"字，据文义，当补。
② "后"，校签原作"阴"，文义不通。据校签一般写法及该校签所指出问题所在位置，"栾坡"一词位于第十四页后第四行，故"阴"字当为"后"字之误，此系馆臣笔误，当改为"后"。

十页第五行。据东坡集增。刊本'增'下有'改'字,此脱非是。"文渊阁本《考证》与殿本《考证》均据校签改。

按:文渊阁本《考证》校勘在先,该校签最晚至校勘文渊阁本《考证》时已作。

4. 二十四页 a《文编》:"《祭史彦辅文》。"馆臣加校签曰:"第二十四页第九行。《祭史彦辅文》,刊本'祭'上有'苏洵'二字。"文渊阁本《考证》与殿本《考证》均已据校签添加"苏洵"二字。

按:文渊阁本《考证》校勘在先,该校签最晚至校勘文渊阁本《考证》时已作。

卷九十四

十九页 b《汉魏六朝百三家集》:"《宗庙迭毁议》:'孝章皇帝、孝安皇帝、孝桓黄帝,亲在三昭。'刊本脱'孝安皇帝'四字,据《东汉文》增。"馆臣加校签曰:"十[①]九页后四行,'皇'讹'黄'。"文渊阁本《考证》与殿本《考证》均已据校签改。

按:文渊阁本《考证》校勘在先,该校签最晚至校勘文渊阁本《考证》时已作。

卷九十八

1. 三十三页 a《御定全唐诗》:"卷三百五十一",置于"卷四百五十"与"卷四百五十三"之间,馆臣划掉第一个"三"。文渊阁本《考证》与殿本《考证》均改第一个"三"为"四"。

按:文渊阁本《考证》校勘在先,该涂改最晚至校勘文渊阁本《考证》时已作。

---

① "十",校签残缺,据该误字在清抄本《考证》的实际位置补。

2. 四十五页 b《御定全唐诗》："青山庙不知,魂魄更无归。刊本'归无'二字互倒,据《甲乙集》改。"馆臣划掉"无归",校签曰:"四十五页后二行,'更归无'。"文渊阁本《考证》与殿本《考证》均据校签改作"更归无"。

按:文渊阁本《考证》校勘在先,该校签最晚至校勘文渊阁本《考证》时已作。

3. 五十四页 a《御定全唐诗》："卷七百五十三",置于"卷七百五十五"与"卷七百六十一"之间,馆臣划掉"三"。文渊阁本《考证》与殿本《考证》均改作"六"。

按:文渊阁本《考证》校勘在先,该涂改最晚至校勘文渊阁本《考证》时已作。

4. 五十九页 a《御定全唐诗》："卷八百三十三。《览姚合极玄集》'至鉴如日月',刊本'览'讹'览',今改。"馆臣将"刊本览"之"览"字划掉,并该行上贴校签:"五十①九页前二行,本'鉴'讹'览'。"文渊阁本《考证》与殿本《考证》均已据校签改。

按:文渊阁本《考证》校勘在先,该校签最晚至校勘文渊阁本《考证》时已作。

卷一百

四十六页 a《淮海词》："好事近,梦中作,行到小溪深处,有黄鹂千百。按:'溪',《苕溪云隐丛话》作'桥'。"馆臣划掉"云",并作校签曰:"渔。"文渊阁本《考证》与殿本《考证》已据校签改作"渔"。

按:文渊阁本《考证》校勘在先,该校签最晚至校勘文渊阁本《考证》时已作。

---

① 校签残缺,其"九页"二字前脱"五十"二字,据该校签在清抄本《考证》中的实际位置补。

第三节 清抄本《考证》校签与涂改
类型及相互关系考释

清抄本《考证》上有大量的涂改与校签,逐一统计,共计 257 条。查证所有校签所提到的页数均与清抄本《考证》页数相吻合,且其所言校改情况均与清抄本《考证》相吻合。可以肯定,清抄本《考证》上全部校签系针对清抄本《考证》所作的修改。以下对清抄本《考证》校签与涂改的类型、校签与涂改之关系等问题进行考析。

一、校签与涂改的类型

这些校签与涂改可分为三种类型:仅有涂改;仅有校签;既有涂改,又加校签。以下对涂改与校签分别详细讨论。

(一) 涂改

涂改方式。

1. 将整个错字圈划掉

这种情况最普遍。如卷五十六第八页 b《说郛》:"又'淮南王服食求仙,徧体方士',刊本脱'淮''服'二字,今并改增。"馆臣将"体"字圈划掉。文渊阁本《考证》与殿本《考证》均改"体"作"礼"字。

2. 或仅将某错字的错误部分圈划掉

如卷五十五第二十七页 a《事实类苑》:"'榜首三人皆登两府'条。赵侍郎概第二。原本'侍郎概'讹'时節盖',今改。"馆臣将"節"字"卩"圈划掉。文渊阁本《考证》与殿本《考证》均改"節"为"節"。又如卷五十六第三十五页 a《说郛》:"织锦旋玑图",馆臣圈划掉"旋"字偏旁"方"。文渊阁本《考证》与殿本《考证》均改作"璇"。

(二) 校签

从校签格式看,校签格式并不统一。有些比较规范,先言页数行数,次言问题,次言校勘依据。此处页数、行数一般指该校记中所言问题在清抄本《考证》中的页数与行数,行数在本页中上半页与下半页分别计算,表述为"某页前某行"或"某页后某行"。如卷九十二第十五页 a,馆臣加一校签曰:"十四页后①第四行,'栾城'讹'栾坡'。十五页五行'隋何','随'讹'隋'。"又如卷三十八第十四页 b 馆臣校签曰:"十四页后一行。第二'邵褒'句,应有错。"再如卷九十二第二十四页 a《祭史彦辅文》,馆臣校签曰:"第二十四页第九行。《祭史彦辅文》,刊本'祭'上有'苏洵'二字。"以上三处页数、行数均针对清抄本《考证》而言。有时校签行数计算有误。如卷八十四第六页 a"《其四十九》'摩娑挂杖君随我,遮莫松间喝道来',原本'遮'讹'辄',今改"。馆臣认为"辄"字应改作"辄",故加校签曰"辄,十四行"。该校签计数方式与一般不同。其自第五页 b 面首行算起,作为第一行,因半页十行,而"辙"字正位于第六页 a 面第四行,故曰十四行。将第五页后半页与第六页前半页放在一起计算行数,显然有误。

有些校签则先言问题,次标卷数。此处所标卷数为该校记在该书籍中的卷数。如卷二十六第十页 a《梁书》:"又,驰骛之俗,浇薄之伦,刊本'骛'讹'鹜',据《文选》及汲古阁本改。"馆臣校签曰:"'骛'讹'鹜',卷十四。"文渊阁本《考证》与殿本《考证》均已据校签改。有些校签上先抄原句,在校签上加以改动。如卷一第二十七页 b《易变体义》:"故有取能视之词。"馆臣加校签曰"故有取能视之辞",并圈划掉校签上"取"字,旁注"眇"字。文渊阁本《考证》与殿本《考证》均已据

---

① "后",校签原作"阴",文义不通。据校签一般写法及该校签所指出问题所在位置,"栾坡"一词位于第十四页后第四行,故"阴"字当为"后"字之误,此系校签上馆臣笔误,当改为"后"。

校签改作"眇"。又如卷十四第十三页 b《钦定礼记义疏》"延陵季子适齐辨正",馆臣加校签曰:"'延陵季子','延'误'廷'。"文渊阁本《考证》、文澜阁本《考证》与殿本《考证》均已改作"延"。

有些校签格式则比较随意,或仅言校勘结论。如卷一百第四十六页 a《淮海词》:"好事近,梦中作,行到小溪深处,有黄鹂千百。按:'溪',《苕溪云隐丛话》作'桥'。"馆臣划掉"云",并作校签曰:"渔。"文渊阁本《考证》与殿本《考证》已据校签改作"渔"。

从校签内容看,有如下两种:

1. 仅指出疑问,未给予结论

如卷八十九第九页 b《文苑英华》:"卢照邻《驯鸢赋》'谢扶摇之力',刊本脱'扶'字,'摇'讹'遥',并据《庄子》增改。"因清抄本《考证》上"赋"字与"谢"字中间空一字位置,故馆臣加校签曰:"'赋'字下有缺字,应查填。"文渊阁本《考证》与殿本《考证》均未增他字,仅将"谢"及之后文字上提一字。

又如卷九十一第十二页 b《文选补遗》:"汉高帝《入关告谕》:'吏民皆按堵。'注:堵,墙堵也。原本脱下'堵'字,据《汉书注》增。"馆臣加校签曰:"'按'似讹。"文渊阁本《考证》与殿本《考证》均未依从校签意见,仍作"按"。

再如卷二十七第十一页 b《北史》:"《于栗䃅传》……又'广阳王元深北代至析郭岭'。"馆臣加校签曰:"'代'疑当作'伐',宜往《本传》查明。"文渊阁本《考证》未改,仍作"代"。殿本《考证》已改作"伐"。

再如卷三十七第四十九页 a《历代名臣奏议》:"彭龟年上疏:'沈酣书夜,獲杂子女。'"馆臣加校签曰:"'书夜'疑当作'昼夜',须查。四十九页前三行。"文渊阁本《考证》与殿本《考证》已据校签改"书夜"作"昼夜"。

以上诸校签中馆臣均提出疑问,而未给予结论。

2. 将校勘结论一并列出

校签上列出校勘结论的校记形式多样,或作"某讹某""某误某",如卷二十六第十页 a 校签曰"'骛'讹'鹜'",卷十四第十三页 b 校签曰"'延'误'廷'"。或作"某改某""某当改某",如卷十四第十五页 a 校签曰"'为智也','也'当改'者'"。或直接做"某",如卷四十八第十五页 a 校签直接曰"峻"。或作"某字讹,应改某",如卷二十五第四十五页 a 校签曰"'死'字讹,应改'使'"。各校记形式不一,与撰写校签者非同一人,其各自有不同的校记撰写习惯有关。

具体看,校签或涂改所涉及的问题有以下几种类型。

第一,纠正清抄本《考证》书写错误。

如卷八十二第三页 b《香山集》:"何茂宏、茂恭,携酒见过。"其中"茂"字书写有误,馆臣加校签曰:"'上艹下成'改'茂'。"文渊阁本《考证》、殿本《考证》已将该字书写修改正确。又如卷八十一第六页 b《北海集》"昭慈献烈皇后改谥"条中,有五处"谥"字书写均有误,馆臣一一划掉"谥"字有误部分,旁校签注正确书写:"谥。"文渊阁本《考证》与殿本《考证》均为正确文字"谥"。

第二,修改清抄本《考证》格式错误。

如卷六十八第四十二页 b《御定佩文韵府》:"又'横萧'注:'运玑使动于下。'刊本'玑'讹'机',据《尚书注疏》改。"馆臣加校签曰:"'横萧'当另行提写,此误。前加'又'字,应改。"文渊阁本《考证》与殿本《考证》均全据校签改,删除"又"字,且将"横萧"另行提写。又如卷八十八第六页 a《弇州四部稿》"卷九十一"相比同页"卷八十七""卷九十"确实高一格,故馆臣加校签曰:"卷九十一误高一格。"文渊阁本《考证》、殿本《考证》均已据校签改。再如卷九十第十七页 a《古今岁时杂咏》:"明皇初入秦川路逢寒食,争道何人不鞭戏。原本'道'讹'到',据《全唐诗》改。"该行中,"鞭戏"二字与"不"字之间有空格,却与"原本"二字相连,故馆臣加校签曰:"明皇行'不'字下不当空,原本'上'当空一字,此错矣。"文渊阁本《考证》与殿本《考证》均据校签改。

第三,删除清抄本《考证》之衍文。

如卷五第二十二页 b《禹贡锥指》:"导河积石辨证。白土城南,注:在南津西六十里。刊本'在在'讹'左',据《水经注》改。"馆臣圈划掉第一个"在",并加校签曰:"'在',多写一字"。文渊阁本《考证》与殿本《考证》均据校签删除第一个"在"字。又如卷三十第三十七页 b《续资治通鉴长编》:"元丰三年七月甲子,诏广武雄武上下埽,可速遣陈祐甫往视。原本作'广武上下雄武埽'。按:《宋史·河渠志》上下埽,今据改。"三十六页最末行与三十七页首行均作"上下埽今据改"六字,即清抄本《考证》衍"上下埽今据改"六字。馆臣加校签曰:"卷①三十第三十七页,多前一行,应删。"文渊阁本《考证》删去"埽按宋史河渠志上"八字,上下文义不通。武英殿《考证》据校签改,删去六字衍文。

第四,补正清抄本《考证》之脱文。

如卷二十三第二十九页 b《史记》:"《历书》:'察度验定清浊。'《索隐》:'《续汉书》以为道之发敛景之长短。'刊本'道'下衍'义'字,'景'下衍'人'字,据《续汉志》删。"馆臣划掉"据《续汉志》删",并加校签曰:"并据《续汉志》删。"即认为此处脱"并"字,文渊阁本《考证》与殿本《考证》均据校签增。又如卷十一第六页 b《礼记注疏(上)》:"又'入门而问讳',疏:问津而以门为限者。刊本'限'讹'节',宋本改。"馆臣划掉"宋本改"三字,并于该行上加校签曰:"□□□改。"校签残缺,据文义,当为"据宋本改"。文渊阁本《考证》与殿本《考证》均据校签改作"据宋本改"。

---

① "卷",校签残缺,应据该问题所在清抄本《考证》实际位置补。

第五,乙正清抄本《考证》之倒文。

如卷二十三第二十三页 a《史记》:"按:《汉书·地理志》上郡县名'阳周',不名'阳周',此及《索隐》并误。"馆臣将第二处"阳周"勾划掉。文渊阁本《考证》与殿本《考证》均将第二处"阳周"改作"周阳"。又如卷九十八第四十五页 b《御定全唐诗》:"青山庙不知,魂魄更无归。刊本'归无'二字互倒,据《甲乙集》改。"馆臣划掉"无归",校签曰:"四十五页后二行,'更归无'。"文渊阁本《考证》与殿本《考证》均据校签改作"更归无"。

第六,纠正清抄本《考证》之误字。

如卷三十第二十九页 b《续资治通鉴长编》:"按:吕公弼此时已不为龙图阁学士、工部侍郎。"馆臣加校签曰:"□页后六行,吕光弼。"文渊阁本《考证》与殿本《考证》均已据校签将"吕公弼"改作"吕光弼"。又如卷三十第三十三页 b《续资治通鉴长编》:"按:《宋史·神宋本纪》作'正月辛巳',与此异。"馆臣加校签曰:"卅三页后八行。'《宋史·神宋》'似应改'神宗'。"文渊阁本《考证》与殿本《考证》均已据校签改"宋"作"宗"。

有些校签书写非常工整,如卷五十四的几处校签。有些校签书写十分潦草。各校签字体风格不一致,显然非一人一时所加。

各校签一般置于校改处附近,但粘贴位置并不固定,或在校改处当页,或在其前页或后页。

二、校签与涂改之关系

对于清抄本《考证》上出现的问题,部分条目制作有校签,极少数校签保留在清抄本《考证》上,多数校签已脱落或被揭下;大部分条目未制作校签,仅有涂改,而将校改结论直接反映在文渊阁本《考证》上。这说明,在校勘文渊阁本《考证》时,关于是否在其底本清抄本

《考证》涂改处制作校签的问题比较复杂,需要分为三种情况讨论。

1. 底本上涂改、圈划,且制作校签

试举三例。

① 卷二十一第五十页 b《集韵》:"二十一麦韵。檗,注:或从薜。刊本'薜''薜',据本文改。"馆臣将"薜据本文改"五字划掉,并加校签曰:"讹'薜',据本文改。"即"薜"字前脱一"讹"字,文渊阁本《考证》与殿本《考证》均已据校签补。

② 卷二十七第二十二页 b《北史》:"《韩褒传》:'出镇浙郿。'刊本'浙',今改。"馆臣划掉"今改"二字,并加校签曰:"'浙',今改。"文渊阁本《考证》与殿本《考证》均据校签改。

③ 卷二十七第二十七页 a《北史》"《皇甫玉传》'文襄时有吴士'"行,馆臣圈划掉,并加校签曰:"□行衍。前一行,'史'讹'使'。"文渊阁本《考证》与殿本《考证》均据校签删除该行文字。

以上三处校签至晚在校勘文渊阁本《考证》时已加,文渊阁本《考证》与殿本《考证》校改完全相同,而其校签内容正揭示了文渊阁本《考证》与殿本《考证》校改一致的原因,即两者均据校签作了相同的改动。

2. 本制有校签,后脱落或被揭下

清抄本《考证》有大量仅圈划掉但未有改字者,在校勘文渊阁本《考证》时制作了校签,但后来脱落或在校勘殿本《考证》时被揭下。这种情况下,文渊阁本《考证》与殿本《考证》改动完全一致。下举四例。

① 卷十八第十页 a《经典释文》:"释鸟。鳺,注:鶷鳺,今之巧妇鸟。按:《尔雅》郭注:鶷鷃,桃雀也,俗呼为巧妇。《尔鸦》鸤鸴鶷鳺,此云鶷鳺,今之巧妇鸟,误。"馆臣将"鸦鸤鸴鶷鳺,此云鶷鳺,今之巧妇"十三字划掉。文渊阁本《考证》与殿本《考证》均将该十三字之首字"鸦"改作"雅"字。此处原肯定有校签,文渊阁本《考证》与殿本《考

证》均据该校签改动,后校签脱落或被校勘他本《考证》的馆臣揭下。若无校签,则此处据馆臣划掉文字判断,当为十三字衍文,据文渊阁本《考证》与殿本《考证》可判断,此处为一处脱文"雅"。该校签为校勘文渊阁本《考证》时所作。

② 卷二十二第十一页 a《五音集韵》:"右韵。注:晋贾华为右行。刊本脱'贾'字,据《通志》增。"馆臣圈划掉"《通志》"二字。文渊阁本《考证》与殿本《考证》均改作"《左传》"。此处当原有校签,文渊阁本《考证》与殿本《考证》均据该校签改动,故两者改动一致。文渊阁本《考证》校勘在先,该校签最晚至校勘文渊阁本《考证》时已加。后校签脱落或被揭下。

③ 卷五十七第二页 b《古今说海》:"'后主讳煜,元宗第五子也。'按:'五',《五代史》及《宋史》并作'六',与此异。"馆臣圈划掉第二个"五"字。文渊阁本《考证》与殿本《考证》,皆改作:"《五代史》《宋史》'五'并作'六',与此异。"文渊阁本《考证》校勘在先,该涂改最晚至校勘文渊阁本《考证》时已作。据文渊阁本《考证》与殿本《考证》改动相同可判断,此处当原有校签,说明'五'字非衍文,不需要删掉,而要调整位置。殿本《考证》参考过该校签,其后校签脱落或被揭下。

④ 卷七十三第二十七页 b《文子缵义》:"又道悬天物布地,原本脱'天'字,'地'讹'施',据刊本改。"馆臣圈划掉"刊本改"三字。文渊阁本《考证》与殿本《考证》均将"刊本改"三字改作"明刊本增改"五字。该涂改最晚至校勘文渊阁本《考证》时已作。在校勘文渊阁本《考证》时制有校签,殿本《考证》参考过该校签,故两者校改一致。

关于清抄本《考证》本有校签,后脱落或被揭下,另有一有力证据。文渊阁本《考证》未抄清抄本《考证》中校记内容的情况甚少见,目前发现一例。清抄本《考证》卷八十六收录《羽庭集》校记,其卷三有条校记为:"《上虞席上赋》娥眉窈窕羞为舞,杨柳风流最可人。原本'杨'讹'柳',今改。"该校记文渊阁本《考证》与殿本《考证》均未收。据对清抄本《考证》校签与涂改情况分析,文渊阁本《考证》与殿本《考证》均未收该条校记原因并非无意漏掉所致,而是文渊阁本《考证》校勘时删掉该条校记,且加有校签,殿本《考证》参考该校签后亦删掉此校记。后该校签被揭下或脱落。

3. 本无校签,仅于清抄本《考证》上涂改,并径直在文渊阁本《考证》上加以改动

清抄本《考证》上大量圈划掉或涂改处本来就没有校签,而是将改动径直体现在文渊阁本《考证》上。这样的例子不胜枚举。而支持这一结论最有力的证据是:针对清抄本《考证》上圈划掉的文字,文渊阁本《考证》与殿本《考证》改动不一致。这说明,在校勘文渊阁本《考证》时,清抄本《考证》上并未制作校签,而是径直校改了文渊阁本《考证》,使得殿本《考证》据清抄本《考证》校勘时,并无现成校签可以使用,造成其与文渊阁本《考证》改动不一致。

试举三例。

① 卷四十七第三十三页 a《经义考》:"采①莽熊朋来曰:《大戴礼》云'步中采茨'。刊本'步'讹'场',据《大戴礼·保傅篇》改。又'学者当依《大戴礼》改正趋行二字',刊本'礼'记'注',今改。"馆臣将"莽"与"记"两字圈划掉。文渊阁本《考证》删掉"莽"与"记"字,而殿本《考证》删掉"莽"字,将"记"字改为"讹"。殿本《考证》所改是。殿本《考证》与文渊阁本《考证》校改不一致,说明文渊阁本《考证》校改时并无在此处作校签,此系重要证据。

② 卷六十九第十九页 a《御定佩文韵府》:"刊本'寔'讹'實',据《汉书·沟洫志》改。"馆臣圈划掉第二个"寔"。文渊阁本《考证》改作

---

① "采",殿本《考证》改作"宋"。

"真",殿本《考证》改作"眞"。两者改动不一致,证明校勘文渊阁本《考证》时未留下校签。

③ 卷九十一第四十四页 a《宛陵群英集》:"赵由皦《饯孔常轩馆木塔寺》:'东鲁宣尼几世孙,春风吹上育王城。'"馆臣于"城"字旁加两点,并粘校签曰:"二行①'育王城','城'字出韵,或当是'垣'字之讹。马启泰签。"文渊阁本《考证》与殿本《考证》均已改作"垣"。

该校签有马启泰签名,殿本《考证》该卷上署马启泰之名,无疑该校签为马启泰为校勘殿本《考证》而制作。于"城"字旁加两点者至晚在校勘文渊阁本《考证》时已完成,故文渊阁本《考证》已径直改作"垣",却未在清抄本《考证》上加校签。之后在马启泰校勘殿本《考证》时因未见文渊阁本《考证》如何改动,故其校签中使用疑问语气,殿本《考证》最终采纳了马启泰的意见,亦改作"垣"。

从数量上对清抄本《考证》的校签与涂改进行统计,其校签与涂改共 257 个条目,绝大多数情况下,这些条目或者仅有校签,或者仅有涂改,而校签、涂改两者兼有者仅 23 个,所占比例极小。这说明,清抄本《考证》上的校签与涂改并非同时出现,校勘不同版本《考证》时,或涂改,或加校签,但极少同时使用两种方式。

细致比较校勘文渊阁本《考证》与殿本《考证》所制的两次校签有显著的差别:① 字体工整程度不同。文渊阁本《考证》办理时所加校签字迹工整清晰,而校勘殿本《考证》时所加校签字迹潦草。② 格式不同。文渊阁本《考证》办理时校签卷数、页数、行数等位置信息置于校记内容之后。而殿本《考证》校签格式不一致,或置于前,或置于后。③ 文渊阁本《考证》办理时诸多改动是在原底本——清抄本《考证》上直接圈划掉或涂掉,殿本《考证》校改多用校签。

---

① "行",清抄本《考证》校签残缺,据该校记所在实际位置补。

综上,我们得出结论:① 清抄本《考证》的校签与涂改绝大多数是在校勘不同版本《考证》时所加。故清抄本《考证》上的涂改与校签并非一人一时所作,而是不同版本的《考证》在誊录、校勘过程中留下的累积性成果。即使是同一条目中出现的涂改与校签,大多数情况也是在校勘不同版本《考证》时形成的。② 清抄本《考证》的校签与涂改形成过程不同,要分别探究。校勘文渊阁本《考证》主要在清抄本《考证》上进行了涂改,未加校签,故殿本《考证》多处校改与文渊阁本《考证》校改不一致。

第四节　清抄本《考证》"涂而未改"校签考释
——兼及殿本《考证》校勘程序考

清抄本《考证》的校签与涂改条目中,共有 9 条校记有"涂而未挖""涂而未改""涂而未补""已涂未改"字样。这 9 条校记分别为:

① 卷二第十八页 b《涑山读周易》:"原夫'大'讹'矣',据程传改。"馆臣将"夫"字涂掉,并加校签曰:"十八页后第十行。'原本','本'讹'夫',涂而未改。"文渊阁本《考证》与殿本《考证》均已据校签将"夫"改作"本"。

② 卷二第五十五页 b《易学变通》:"丰封互巽为风,兑泽为雨,是当昼之时。雷电皆至,风雨交作,安得无见星斗之理乎?"馆臣将"封"字涂掉,并加校签曰:"五①十五页后十行,□讹'封',涂而未补。"文渊阁本《考证》与殿本《考证》均改"封"作"卦"。

③ 卷七十五第七页 b《分类补注李太白集》:"《白纻词其三》:'激

---

① "五",清抄本《考证》校签脱,据清抄本《考证》原文,该条校记位于清抄本《考证》五十五页后十行,故补"五"。

楚结风醉忘归'注。按：此三篇句意字面。刊本'句'讹'可'，'面'讹'固'，今并讹。"馆臣将"今并讹"之"讹"字圈划掉，并加校签曰："七^①页后四行。'改'讹作'讹'，涂而未挖。"文渊阁本《考证》与殿本《考证》均已据校签将"讹"字改作"改"。

④ 卷七十五第九页 a《分类补注李太白集》有两条经馆臣涂改之校记（如图 1－8）。第一条："《发白马旌节□黄河》注'掌达天下之六节'，刊本'下'讹'子'。"第二条："《陌上桑》'妾本秦罗敷'注'罗敷前致辞，使君一何愚'，刊本'前'字'一'字俱讹'□'，据郭茂倩《乐府》

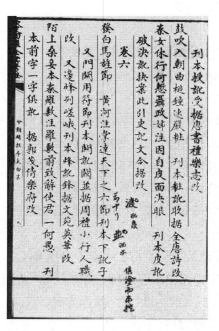

图 1－8　清抄本《考证》卷七十五
《分类补注李太白集》页

改。"其中两字被完全涂掉后，其颜色与周边白纸大体一致。馆臣加校签曰："'渡'讹'度'。前十行。'并'讹'亦'，俱涂而未挖。"据该校签，两个被完全涂掉之字分别作"度""亦"，文渊阁本《考证》与殿本《考证》均已据校签将两字分别改作"渡""并"。

⑤ 卷七十五第二十二页 b《分类补注李太白集》："《宣州九日（其一）》'独有崔亭伯'注：'为窦宪主簿。'刊本'窦'讹'黄'，据《后汉》。"馆臣加校签曰："□页后三行。'《后汉书》改'，涂而未改。"据馆臣校签，可知该校记后原有"书改"两字，后被完全涂

① "七"，馆臣校签阙，据清抄本《考证》该校记所在位置补。

掉,其颜色与周边白纸几乎全同。文渊阁本《考证》与殿本《考证》均已补"书改"二字。

⑥ 卷七十五第二十九页 b《分类补注李太白集》:"《宣州谢朓楼》'蓬莱文章建安骨'注:阮瑀。刊本'瑀'讹'璃',据《三国志》改。"馆臣划掉"朓",并加校签曰:"二十九页后二行。'朓'从'月'不从'目',涂而未改。"文渊阁本《考证》未改,仍作"朓"。殿本《考证》据校签改作"朓"。

⑦ 卷七十五第三十一页 b《分类补注李太白集》:"并据《唐书·李邕传》政。"馆臣圈划掉"政"字,且加校签曰:"三十一页后九行。'改'讹'政',涂而未改。"文渊阁本《考证》与殿本《考证》均据校签改作"改"。

⑧ 卷八十九第十七页 b《文苑英华》:"郑谷《送进士韦序赴举》'秋山晚水吟情远'。刊本'清'讹'晴',今改。"馆臣将"清"字之偏旁涂掉,并加校签曰:"十①七页后七行。第二'情'讹'清',涂而未改。"文渊阁本《考证》与殿本《考证》均已据校签将该字改为"情"。

⑨ 卷八十九第二十九页 b《文苑英华》:"颜思古《明堂议》'与月令四时之次相同'。刊本脱'月'字,据《唐书·礼乐志》增。"馆臣将"思"字涂掉,且加校签曰:"'思'已涂未改。"文渊阁本《考证》与殿本《考证》均将"思"改作"师"。

通过对以上校签细致分析,可知馆臣对清抄本《考证》的校勘工作程序分三道,可概括为涂、挖、改。

1. 涂

即直接将清抄本《考证》上的错误涂掉或圈划掉。这是文渊阁本《考证》校改最主要的方式。现存清抄本《考证》上绝大多数的涂改和

---

① 据该校记在清抄本《考证》中的实际位置,该校签此处阙一"十"字,当补。

圈划最晚均在校勘文渊阁本《考证》时已加。有少量系文渊阁本《考证》与殿本《考证》校勘时所加。

2. 挖

即将清抄本《考证》上的误字直接挖掉。如卷六十三第二十一页a《记纂渊海》："郊祀类。作酈時，用三牲郊祭白帝焉。刊本'帝'讹'鸟'。又又'西登陇首，获白麟以馈宗庙'……"馆臣加校签曰："□页一行末。'又'，此字多，应挖去。"文渊阁本《考证》与殿本《考证》均已删掉衍文"又"。

馆臣常于该处加校签，或曰"涂而未改"，或曰"涂而未挖"。

清抄本《考证》上的个别错误，有些已被馆臣挖掉。有力的证据是卷五十九第四十五页 b《册府元龟上》上馆臣的一处挖改。"图兴复门，阜赐乘胜①，留辎重于蓝乡。刊本脱'辎'字，据《后□书》增。"馆臣将该"□"字挖掉，只剩下一残撇笔，与馆臣所言若干处校签上"涂而未改"相吻合。文渊阁本《考证》与殿本《考证》均将"□"补作"汉"。

3. 补、改

馆臣直接将改动之后的字置于原处。如卷八十一第十七页 a《芦川归来集》："《次韵晁伯南饮董彦达官舍心远堂》'炉薰飘月影，密炬剪衣香'，原本'蜜'讹'密'。"馆臣将"密炬"之"密"字下半部分涂掉，并加校签曰："□篇应挖之字尚未补就。"证明在"挖"这道工序之后就应该"补"或"改"。文渊阁本《考证》与殿本《考证》均据校签将"密炬"之"密"改作"蜜"。

据对现存清抄本《考证》的全部校签及涂改情况的分析，我们得出结论，清抄本《考证》对需要校改的绝大部分地方未进行改动。那

---

① "胜"，文渊阁本《考证》误作"兴"，当据清抄本《考证》改作"胜"。

么，以上九处在清抄本《考证》上标出"涂而未改"者与绝大部分未进行改动处岂不是矛盾了吗？清抄本《考证》中有 257 条需校改条目，为何仅有该九处标出"涂而未改"呢？对该问题，我们作出如下解释。这九处校签在底本上标注"涂而未改"，其潜台词是这些地方已先经过了一次"涂"的程序，而此次"涂而未改"则是在后一次校勘时制作的校签中指出的。进一步说，这九处校签处"涂"的程序至晚在校勘文渊阁本《考证》时已完成，而"涂而未改"的校签是在校勘殿本《考证》时所作。这个结论与上文得出的结论完全一致，即文渊阁本《考证》所进行的校改，均未在清抄本《考证》上进行改动，而是完全体现在了文渊阁本《考证》中。

综上，馆臣在据清抄本《考证》校勘文渊阁本《考证》时，将全部校改径直改在文渊阁本《考证》中，并未将底本一并进行改动，仅于底本相关处做了"涂"的工作，即圈划掉原字。而馆臣在上述 9 条校签中涉及的"涂""挖""改"这三道工序是在校勘殿本《考证》时所设定的。按照此设定，馆臣在校勘殿本《考证》时，计划将清抄本《考证》一并校改，但在后来实际操作过程中，清抄本《考证》上仅极个别处被挖改、修正，绝大多数需校改处并未改动。这说明，校勘殿本《考证》时，馆臣最先准备将底本清抄本《考证》中错误一并改正的计划并未贯彻施行，仅在该九处校签"涂而未改"的文字中保留了这种尝试痕迹。

第五节　清抄本《考证》校签与
涂改的目的考析

清抄本《考证》作为文渊阁本《考证》、文溯阁《考证》、文津阁《考证》、文澜阁本《考证》、殿本《考证》等诸多版本的底本，其所保留的诸多涂改及所粘之校签为何时所加？其目的是什么？是否是为了抄入《四库全书》和武英殿排印？[①] 文渊阁本《考证》与殿本《考证》采取不同的处理方式，原因是否为文渊阁本《考证》誊录监生在抄录时未及措意？而殿本《考证》中亦有未修改处，是否均为誊录抄写时的轻忽所致？[②]

　　要解决以上一系列问题，离不开对清抄本《考证》所涉及的 257个校签与涂改条目逐一考析。我们通过一一考查，得出结论：清抄本《考证》上校签、涂改是在多种情况下形成的。第一类是为校勘文渊阁本《考证》而加，第二类是为校勘殿本《考证》而加，第三类是为校勘文澜阁本《考证》而加，第四类是在校勘其他版本《考证》时所加。换言之，清抄本《考证》上保留的校签与涂改是经过了多位馆臣数次校勘各种版本《考证》形成的累积性面貌，非一时一次形成。

　　由于清抄本《考证》上的校签与涂改形成过程的复杂性，使得文渊阁本《考证》与殿本《考证》往往对于同一问题有不同的处理方式。换言之，文渊阁本《考证》与殿本《考证》改动不一致的情况是由于该校签或涂改复杂的形成过程造成的。这种复杂性体现在以下四方面：① 当清抄本《考证》上的校签或涂改是在校勘文渊阁本《考证》时所加，会造成两种情况：第一，文渊阁本《考证》已全据改，而殿本《考证》未据改、未全据改或改动不一致；第二，文渊阁本《考证》与殿本《考证》均作校改，且校改一致。② 当清抄本《考证》上的校签或涂改为校勘殿本《考证》时所加时，文渊阁本《考证》未据改，而殿本《考证》已据改。③ 当清抄本《考证》上的校签与涂改为校勘文澜阁本《考证》时所加，会造成两种情况：第一，文渊阁本《考证》、文澜阁本《考证》、殿本《考证》均据改；第二，文渊阁本《考证》未改，而文澜阁本《考

① 琚小飞：《清代内府抄本〈四库全书考证〉考论》，《文献》2017 年第 5 期，第 157 页。
② 琚小飞：《清代内府抄本〈四库全书考证〉考论》，第 164 页。

证》与殿本《考证》均据改。④ 当清抄本《考证》上的校签与涂改为校勘其他版本《考证》时所加,文渊阁本《考证》、文澜阁本《考证》、殿本《考证》均未改。

下详述之。

一、清抄本《考证》上的大量校签和涂改为校勘文渊阁本《考证》而加

有两种情况。

其一,对于清抄本《考证》上的校签或涂改意见,当文渊阁本《考证》已全据改,而殿本《考证》未据改、未全据改或与文渊阁本《考证》改动不一致时,因校勘文渊阁本《考证》的时间早于校勘殿本《考证》时间,该校签或涂改当系校勘文渊阁本《考证》时所作。下举四例。

① 卷二十八第二十三页 a《宋史》:"《徽宗纪赞》:'况宣政之为宋,承熙丰绍圣椓丧之余。'案:宣政盖指政和、宣和而言。考汉唐以来,每举一帝年号,俱两字全书。自郑荣称开元、天宝为开天,而宋之熙宁、元丰遂称熙丰,因有称政和、宣和为政和者。此云宣政,则更为颠倒其文,尤无义例。但各本皆同,姑仍其旧。"馆臣加校签曰:"'政和'当作'政宣'。"文渊阁本《考证》据校签改,殿本《考证》未据改。该校签为校勘文渊阁本《考证》时所作。

② 卷十三第十六页 b《礼记集说》:"振容。黼荒,火三列,黻三列。刊本'黻'讹'黼',据经改。"馆臣将第二个"黻"与第二个"黼"字均划掉。文渊阁本《考证》改作"刊本'黼'讹'黻'"。殿本《考证》未据改。该涂改为校勘文渊阁本《考证》时所作。

③ 卷三十一第三十三页 b《左传纪事本末》:"'晋卿族废兴'条。发明贾季奔狄而狐氏废。刊本'贾季'二互倒。又,'狐'讹'狄',今改。"馆臣加校签曰:"'字互倒','互'字上要增'字'字。'倒又','又'

字宜去。三十三页①后半页第九行。"文渊阁本《考证》全据校签改,既加"字"字,又删"又"字。殿本《考证》未全据校签改,仅加"字"字,未删"又"字。此系该校签确为校勘文渊阁本《考证》时所作之重要证据。

④　卷八十三第三十一页 b《省斋集》:"孙介诗'幼子独留官舍',原本'幼'讹'尉',今据文改。"馆臣划掉"今据文"三字,并加校签曰:"文义。"文渊阁本《考证》已据校签改作"今据文义改"。殿本《考证》改作"今改"。该校签为校勘文渊阁本《考证》时所加。

其二,对于清抄本《考证》上的校签或涂改意见,文渊阁本《考证》与殿本《考证》均据校签改,这些校签或涂改多数为校勘文渊阁本《考证》时所加。这种情况更为普遍。尤其是用文澜阁本《考证》原抄卷对照时,发现文澜阁本《考证》均未据校签改,更证明了清抄本《考证》上这些校签或涂改为校勘文渊阁本《考证》时所加。下举十例。

①　卷十四第四十五页 a《钦定礼记义疏》:"又'执法令奉圭璋,使诸侯不怨、兵库不起者'。"馆臣将"库"字圈划掉。文澜阁本《考证》未改,仍作"库"。文渊阁本《考证》与殿本《考证》均改作"革"。此系该涂改为校勘文渊阁本《考证》时所作之铁证。

②　卷四十九第五十一页 a《韩非子》:"《说难》篇。……又'疆以其所不能为止,以其所不能已',按:'疆'字、'止'字……"馆臣将两个"疆"字均涂掉。文澜阁本《考证》未改,仍作"疆"。文渊阁本《考证》与殿本《考证》均将两处"疆"均改作"强"。文渊阁本《考证》校勘在先,该涂改最晚至校勘文渊阁本《考证》时已作。

③　卷五十三第六页 a《野客丛书》:"'灰钉'条。《代王元茂檄》,原本'代'讹'伐',又'元茂'二字互倒,并据《樊南集》及《文苑英华》改。"馆臣加校签曰:"据《唐书》及《李商隐集注》并作'王茂元',此误

---

①　"三十三页",馆臣所加校签本作"三十一页",据清抄本《考证》该处所在实际位置,应改作"三十三页"。

改作'王元茂',宜删。卷五十三,六页前三行。"文澜阁本《考证》未据校签改动。文渊阁本《考证》据校签进行了改动,删去"又'元茂'二字互倒"句,并将《樊南集》改作"李商隐集"。殿本《考证》不仅删去"又'元茂'二字互倒"句,将《樊南集》改作"李商隐集",并且径直将"王元茂"改为"王茂元"。文澜阁本《考证》未改,而文渊阁本《考证》与殿本《考证》均据校签改,充分证明该校签系校勘文渊阁本《考证》而作。

④ 卷五十八第四十一页 a《太平御览》:"'盈川之言信矣',刊本'言'下衍'不'字,据《唐书》改。"馆臣圈划掉"改"字。文渊阁本《考证》与殿本《考证》均已将"改"改作"删"字。文澜阁本《考证》未改,仍作"改"字。证明该涂改最晚至校勘文渊阁本《考证》时已作。

⑤ 卷七十一第二十八页 a《贾氏谭录》:"《原序》公馆多暇,偶成编缀,凡六条。案:此书所记不止六条,疑序文有脱讹。又《原序》一篇,《永乐大典》失载,今据《说郛》增。"馆臣圈划掉"疑序文"三字。文渊阁本《考证》与殿本《考证》均将"疑序文"三字改作"序文疑"。文澜阁本《考证》未改。该涂改当为校勘文渊阁本《考证》时所加。

⑥ 卷七十八第十五页 a《郧溪集》:"《老树》'窟穴尽发露,夔羊皆远屏',原本'羊'讹'辇',据《鲁语》'木石之怪曰夔、蛧蜽,土之怪曰坟羊'改。"馆臣圈划掉"坟"字偏旁。文渊阁本《考证》与殿本《考证》均将此字改作"羵"。文澜阁本《考证》未改,仍作"坟"字。该涂改当为校勘文渊阁本《考证》时所加。

⑦ 卷七十八第二十九页 a《欧阳文粹》:"《上范司谏书》'此又非,更可以待乎七年也?'刊本'更'讹'一',据《全诗》改。"馆臣圈划掉"诗"字。文渊阁本《考证》与殿本《考证》均改"诗"作"集"字。文澜阁本《考证》未改,仍作"诗"。该涂改当为校勘文渊阁本《考证》时所加。

⑧ 卷七十八第三十九页 b《东坡全集》:"中秋见月寄子瞻。刊本'瞻'讹'由',据施注本改。"馆臣圈划掉两个"瞻"字与一个"由"字。

文渊阁本《考证》与殿本《考证》均将两个"瞻"字与一个"由"字分别改作两个"由"字与一个"瞻"字。文澜阁本《考证》未改。该涂改当为校勘文渊阁本《考证》时所加。

⑨ 卷七十八第四十八页 b《东坡全集》："《论纲稍欠折利害状》：'馈运不继，以贻天下之大祸。'按：'贻'，《唐宋文醇》作'胎'，与此异。"馆臣将"作"字后的"胎"字圈划掉。文渊阁本《考证》与殿本《考证》均改作"启"。文澜阁本《考证》未改。该涂改当为校勘文渊阁本《考证》时所加。

⑩ 卷七十九第十二页 b《栾城集》："《安厚卿枢密母大人挽词》。"馆臣将"挽"字圈划掉。文渊阁本《考证》与殿本《考证》均将"挽"改作"輓"，文澜阁本《考证》未改，仍作"挽"。该涂改当为校勘文渊阁本《考证》时所加。

二、清抄本《考证》上的大量校签和涂改为校勘殿本《考证》而加

对于清抄本《考证》上的校签与涂改意见，当文渊阁本《考证》未改或者仅改动部分，而殿本《考证》完全据校签或涂改改动时，该校签或涂改当为校勘殿本《考证》时所作。

试举数例。

① 卷三十一第七页 a《通鉴续编》："壬寅。晋主敬瑭殂。注：'马步都虞候景延广。'"馆臣加校签曰："'侯'讹'候'。"文渊阁本《考证》未改，仍作"候"。殿本《考证》已改作"侯"。此系该校签为校勘殿本《考证》时所制之证据。

② 卷五十一第四十一页 b《御定佩文斋广群芳谱》："《洞冥记》：'涂山之背有黎，大如升。'"馆臣加校签曰："'黎'改'梨'。"文渊阁本《考证》未改，仍作"黎"。殿本《考证》已据校签改作"梨"。此系该校

签为校勘殿本《考证》时所制之证据。

③　卷五十三第四十二页 b《冷斋夜话》:"'丁晋公和东坡诗'条。花非识面常含笑,鸟不知名时自呼。按:'非',《东坡集》作'曾','常含笑'作'香作好','知名'作'能言','时'作'名',并与此异。"馆臣加校签曰:"'东坡诗'条。丁晋公即丁谓,与东坡杳不相及,何从和其诗? 今据《冷斋夜话》本,六①字标作'丁晋公海外诗'条。又'香仍好','仍'讹'作',并改正。卷五十三,四十二页后八、九行。"文渊阁本《考证》、文澜阁本《考证》均据校签仅将"香作好"改为"香仍好",其他未改。殿本《考证》完全按照校签改动,将"丁晋公和东坡诗条"改作"丁晋公海外诗条",将"香作好"改为"香仍好",同时,将《东坡集》改作"苏轼集"。此系该校签为校勘殿本《考证》所制之证据。

④　卷六十六第十六页 a《御定渊鉴类函》:"谦让类。'明帝永平五年年'条。""纳谏类。天生民而纳之君。"馆臣加校签曰:"'十五年',讹作'五年年';'天生民而立之君','立'讹'纳'。"文渊阁本《考证》仅将"纳"字改作"立",而"五年年"未改。殿本《考证》两处均已据校签改。此系该校签为校勘殿本《考证》时所制之证据。

⑤　卷六十六第二十一页 a《御定渊鉴类函》:"少府监类。'少府秦官'条。御府注:典官婢作藝衣服补浣之事。刊本'藝'讹'藝'。"馆臣加校签曰:"刊本'藝'讹'藝','藝'字误。"文渊阁本《考证》未改,仍作"藝"。殿本《考证》据校签改"藝"作"褻"。此系该校签为校勘殿本《考证》时所制之证据。

⑥　卷六十六第二十一页 b《御定渊鉴类函》:"车骑将军类。'率众攻城'条。西魏以丘岳宝为豫州刺史,刊本'岳宝'讹'是育',据《北齐书》改。"馆臣加校签曰:"查《北齐书》,西魏以是育宝为扬州刺史。

---

① "六",校签残缺,据校签上下文义及所缺字残余字形补。

《渊鉴类函》并不讹,所讹者'扬州'作'豫州'耳。应将'丘岳'仍改'是育','豫'字改'扬',下作:刊本'扬'讹'豫',据《北齐书》改,方是。"文渊阁本《考证》未据校签改。而殿本《考证》已全据校签改。该校签当为校勘殿本《考证》时所制,此系铁证。再据殿本《考证》目录所留校勘者姓名,该校签当系马启泰作无疑。

⑦ 卷六十六第二十二页 b《御定渊鉴类函》:"'中书严惮'条。吕原膺改河中节度。"馆臣加校签曰:"元膺,'元'讹'原'。"文渊阁本《考证》未改,殿本《考证》据校签改作"元"。此系该校签为校勘殿本《考证》时所制之证据。

⑧ 卷六十六第二十三页 b《御定渊鉴类函》:"太守类。'文翁'条。'招下县子弟以为学官弟子',刊本'官'讹'馆','弟'讹'童',并据《汉书》改。"馆臣加校签曰:"'官①讹馆'三字,何自而来? 若刊本则并未讹。"文渊阁本《考证》未改。殿本《考证》据校签改,删掉"官讹馆"三字。此系该校签为校勘殿本《考证》时所制之证据。

⑨ 卷六十六第三十一页 a《御定渊鉴类函》:"'史类书名'条。……于闺门之外。"馆臣加校签曰:"□。'闺'改'闱'。"文渊阁本《考证》未改,仍作"闺"。殿本《考证》据校签改"闺"作"闱"。此系该校签为校勘殿本《考证》时所制之证据。

⑩ 卷六十九第三十九页 b《御定佩文韵府》:"刊本'摛'讹'螭',据《南史》改。"馆臣圈划掉"螭"字左边部首。文渊阁本《考证》未改,仍作"螭",殿本《考证》据馆臣圈划改作"离"。此系该校签为校勘殿本《考证》时所制之证据。

⑪ 卷八十第十三页 a《横塘集》:"《寄竹阁臣师》'鹿苑西湖上,乌台北斗旁'。按:《咸淳临安志》:竹阁,在西湖孤山,故云'鹿苑百湖

---

① "官",校签残缺,据清抄本《考证》补。

上'也。"馆臣涂掉"臣"字。文渊阁本《考证》与文澜阁本《考证》均未改,仍作"臣"。殿本《考证》改"臣"作"巨"。此系该涂改为校勘殿本《考证》时所制之证据。

⑫ 卷八十五第四十三页 b《勤斋集》:"地震问答。按:《元史·五行志》:'大德七年八月辛卯夕地震,太原、平阳尤甚,坏官民庐舍十万计。'此文盖作于是时。"馆臣加校签曰:"地震一条删①。"文渊阁本《考证》未删,殿本《考证》已据校签删。此系该校签为校勘殿本《考证》时所制之证据。

⑬ 卷九十一第四十二页 a《宛陵群英集》:"汪用敬《送杨好古浙东宪椽》。"馆臣加校签曰:"'掾'讹'椽',马启泰签。"文渊阁本《考证》未改,仍作"椽"。殿本《考证》据校签改作"掾"。该校签有马启泰签名,殿本《考证》该卷上署马启泰之名,无疑该校签为马启泰为校勘殿本《考证》而制作。

⑭ 卷九十一第四十四页 a《宛陵群英集》:"赵由皞《饯孔常轩馆木塔寺》:'东鲁宣尼几世孙,春风吹上育王城。'"馆臣于"城"字旁加两点,并粘校签曰:"二行②'育王城','城'字出韵,或当是'垣'字之讹。马启泰签。"文渊阁本《考证》与殿本《考证》均已改作"垣"。该校签马启泰签名证明该校签为马启泰为校勘殿本《考证》而制作。

⑮ 卷九十一第四十四页 a《宛陵群英集》:"孙焕文《贺那金事除学士》:'皇华江左遍咨询,又趣行装觐紫宸。玉笋联班新学士,金莲赐矩旧词臣。天开熙洽生时彦,地占深岩隔世尘。'"馆臣加校签曰:"'岩'改'严',马启泰签。"文渊阁本《考证》未改,仍作"岩"。殿本《考证》已改作"严"。此系该校签为马启泰为校勘殿本《考证》所作之证据。

---

① "删",清抄本《考证》校签脱,殿本《考证》已将该条删去,故校签所脱之字作"删",当据补。

② "行",清抄本《考证》校签残缺,据该校记所在实际位置补。

三、清抄本《考证》上的部分校签和涂改为校勘文澜阁本《考证》而加

有两种情况。

1. 对于清抄本《考证》上的校签与涂改意见,当文渊阁本《考证》、文澜阁本《考证》与殿本《考证》均完全据校签或涂改改动时,该校签或涂改当为校勘文澜阁本《考证》时所作。试举数例。

① 卷六第十九页 b《毛诗集解》:"《琪澳章》,李解:'竹,篇竹也。'刊本'篇'讹'篇',据《尔雅》改。"馆臣圈划掉第一个"篇"字与第二个"篇"字。文渊阁本《考证》、文澜阁本《考证》与殿本《考证》均将两个"篇"改作"藊"。文澜阁本《考证》誊录时间早于文渊阁本《考证》校勘时间,故该涂改最晚在文澜阁本《考证》誊录时已加。

② 卷十四第十三页 b《钦定礼记义疏》:"廷陵季子适齐辨正。"馆臣加校签曰:"'延陵季子','延'误'廷'。"文渊阁本《考证》、文澜阁本《考证》与殿本《考证》均已改作"延"。文澜阁本《考证》誊录时间早于文渊阁本《考证》校勘时间,故该校签最晚在文澜阁本《考证》誊录时已加。

③ 卷十四第十五页 a《钦定礼记义疏》:"按:以土为信者,服虔《左传》注也。以水为信,土为智也,郑康成《中庸》注也。"馆臣加校签曰:"'为智也','也'当改'者'。"文渊阁本《考证》、文澜阁本《考证》与殿本《考证》均据校签改。文澜阁本《考证》誊录时间早于文渊阁本《考证》校勘时间,故该校签最晚在文澜阁本《考证》誊录时已加。

④ 卷十四第三十八页 b《钦定礼记义疏》:"睦于父母之党。《正义》郑氏:'党,犹亲也。'刊本'犹'谓'谓',据郑注改。"馆臣将第一个"谓"字圈划掉。文渊阁本《考证》、文澜阁本《考证》与殿本《考证》均改作"讹"。文澜阁本《考证》誊录时间早于文渊阁本《考证》校勘时

间,故该涂改最晚在文澜阁本《考证》誊录时已加。

⑤　卷十四第四十九页 b《钦定仪礼义疏》:"《曲植图》。案:或谓之'麹'。讹趋'麹'讹'趋'。"馆臣将第一处"讹趋"二字圈划掉。文渊阁本《考证》、文澜阁本《考证》与殿本《考证》均改作"刊本"。文澜阁本《考证》誊录时间早于文渊阁本《考证》校勘时间,故该涂改最晚在文澜阁本《考证》誊录时已加。

⑥　卷四十九第一页 a 目录作《辨惑偏》,馆臣圈划掉"偏"字。正文作"编"字,文渊阁本《考证》、文澜阁本《考证》、殿本《考证》均作"编"字。文澜阁本《考证》誊录时间早于文渊阁本《考证》校勘时间,故该涂改最晚在文澜阁本《考证》誊录时已加。

⑦　卷四十九第三十五页 a《小心斋札记》:"'或问世之狭薄程朱'条。'天地固有常矣',刊本'地'说'下'。又'凿隧而入井',刊本'而入'二字互倒,并据《庄子》改。"馆臣将"说"字圈划掉。该条校记出自《小心斋札记》。因《小心斋札记》被《总目》列入存目书,故文渊阁本《考证》删该书校记。文澜阁本《考证》与殿本《考证》仍保留该校记,两者均据馆臣涂改将"说"字改作"讹"字。文澜阁本《考证》誊录时间早于殿本《考证》时间,故该涂改最晚在文澜阁本《考证》誊录时已加。

⑧　卷五十三第十六页 b《困学纪闻》:"按:《吕氏春秋·审分览》《史记·李斯传》《说苑·指武篇》所戴'宰我自为简公死,非为陈桓死'。"馆臣加校签曰:"'戴',当作'载'。"文渊阁本《考证》、文澜阁本《考证》与殿本《考证》均已据校签改作"载"。文澜阁本《考证》时间在最前,此为校勘文澜阁本《考证》时所加之重要证据。

⑨　卷七十二第十一页 b《山海经》:"有鸟焉,其状如雉。刊本关'雉'字,据《广注》补。"馆臣将"关"字圈划掉。文渊阁本《考证》、文澜阁本《考证》与殿本《考证》均改"关"作"阙"字。文澜阁本《考证》誊录

时间早于文渊阁本《考证》校勘时间,故该涂改最晚在文澜阁本《考证》誊录时已加。

⑩ 卷七十九第三页 b《施注苏诗》:"又案:集中卷三十八有'庚辰八日闻黄河已复北诗',今据改。"馆臣涂掉"诗"字。文渊阁本《考证》、文澜阁本《考证》与殿本《考证》均改"诗"作"流"。该涂改为文澜阁本《考证》校勘时所制。

2. 对于清抄本《考证》上的校签与涂改意见,当文渊阁本《考证》未改,而文澜阁本《考证》与殿本《考证》均完全据校签或涂改改动时,该校签或涂改当为校勘文澜阁本《考证》时所作。

① 卷五十三第四十五页 a《嫩真子》卷四"紫慎微条"。馆臣加校签曰:"'柴'讹'紫',卷五十三,四十五页前九行。"查文渊阁本《考证》未改,仍为"紫"。而文澜阁本《考证》与殿本《考证》均已改为"柴"。文澜阁本《考证》誊录时间早于殿本《考证》时间,故该校签最晚在文澜阁本《考证》誊录时已加。

② 卷五十三第四十八页 b《石林燕语》:"'尧称陶唐氏'条。奏本欲称'泰皇',既去'泰'号,称皇帝。原本'泰'讹'秦',《稗海》本亦同,据《史记·秦始皇本纪》改。"馆臣加校签曰:"称泰皇,'秦'讹'奏',卷五十三,四十八页后二行。"文渊阁本《考证》未改,仍作"奏",文澜阁本《考证》与殿本《考证》均据校签将"奏"改作"秦"。文澜阁本《考证》誊录时间早于殿本《考证》时间,故该校签最晚在文澜阁本《考证》誊录时已加。

四、清抄本《考证》上的部分校签和涂改为校勘其他阁本《考证》而加

对于清抄本《考证》上的校签与涂改意见,当文渊阁本《考证》、文澜阁本《考证》与殿本《考证》均未据校签或涂改改动时,该校签或涂

改当为校勘其他版本《考证》时所作。

下举数例。

① 卷六第十九页 a《毛诗集解》："《采蘋章》，黄解：'女子十年不出。'刊本'十'下衍'五'字，据《礼记》及郑笺删。"馆臣圈划掉"下"字。文渊阁本《考证》与殿本《考证》均未改，仍作"下"字。文澜阁本《考证》作"刊本'下'下衍'五'字"。证明清抄本《考证》上该涂改非校勘文渊阁本《考证》、文澜阁本《考证》、殿本《考证》时所作。

② 卷十二第二十三页 b《礼记注疏（下）》："又注下疏：'木火金水土，分别化育，以成万物。'刊本'水'下衍'及'字，'土'下衍'四'字，据《家语》删。"馆臣划掉第一个"字"。文渊阁本《考证》与殿本《考证》均未删，仍有第一个"字"。该涂改为校勘文渊阁本《考证》、殿本《考证》以外的阁本《考证》时所加。

③ 卷四十四第十页 a《文献通考》："'五赤黄交气'，刊本'赤'讹'色'，据《宋志》改。"馆臣将"志"字圈划掉，并粘校签曰："'志'应改作'史'。"文渊阁本《考证》与殿本《考证》均未改，仍作"志"。该校签为校勘文渊阁本《考证》、殿本《考证》以外的阁本《考证》时所加。

④ 卷五十九第二十七页 a《册府元龟》："才艺门。元帝于技术无所不该，刊本'技'讹'岐'，据《梁志》改。"馆臣将"志"字圈划掉。此页馆臣加校签曰"书"，又被涂改掉。文渊阁本《考证》与殿本《考证》均未改，仍作"志"。该涂改、校签均非文渊阁本《考证》与殿本《考证》校勘时所加，反映出清抄本《考证》上的痕迹是多种版本《考证》多次校勘累积形成的面貌。

⑤ 卷六十二第九页 a《实宾录》："'三贤第一'条。桓帝问陈蕃曰：'徐氏、韦著、袁闳三贤论德计行，孰当为先？'原本'闳'讹'宏'。按：袁宏系东晋人，与徐穉时代甚远，今据《后汉书》改。"馆臣所加校签残，所余字曰："行。'氏'改'穉'。"文渊阁本《考证》、文澜阁本《考

证》与殿本《考证》均未改,仍作"氏"。证明该校签为校勘文渊阁本《考证》、文澜阁本《考证》、殿本《考证》以外的阁本《考证》时所加。

⑥ 卷六十四第四十页 b《山堂肆考》:"名士类。'阴何'条。阴鑑字子坚。刊本'铿'讹'何',今改。"馆臣圈划掉"铿"字。文渊阁本《考证》将《山堂肆考》校记移至卷六十五。殿本《考证》本卷仍收《山堂肆考》。检文渊阁本《考证》与殿本《考证》均未据校签改,而均将"鑑"改作"铿"。证明清抄本《考证》上馆臣圈划掉"铿"字非校勘文渊阁本《考证》与殿本《考证》时所为,该涂改为校勘文渊阁本《考证》、殿本《考证》以外的阁本《考证》时所加。

⑦ 卷六十五第三页 b《天中记》:"'击齐台'条。齐之寡妇,无子不嫁,事姑敬谨。姑无男有女。刊本脱下'故'字,据《淮南子》改。"馆臣加校签曰:"后二行,增。"即要求将"改"字改为"增"。文渊阁本《考证》与殿本《考证》均未改,仍作"改"。此为该校签绝非文渊阁本《考证》与殿本《考证》校勘时所加之证据。

⑧ 卷七十二第六十七页 a《林间录》卷上行有馆臣校签曰"以下七十一"。文渊阁本《考证》、文澜阁本《考证》、殿本《考证》均未据校签改,而是将其列入卷七十二。证明此校签当为校勘文渊阁本《考证》、文澜阁本《考证》与殿本《考证》以外的阁本《考证》时所加。

⑨ 卷七十九第三十二页 b《书墁录》:"三人,谓道原、贡父、淳父也。此诗《大典》失载,今据补。"馆臣涂掉第二个"父"字。文渊阁本《考证》、文澜阁本《考证》、殿本《考证》均未改,仍作"父"。此涂改为校勘文渊阁本《考证》、文澜阁本《考证》与殿本《考证》以外的阁本《考证》时所加。

⑩ 卷八十一第三页 b、第四页 a《北海集》:"资政殿学士朝请大夫权知三省枢密院事滕康……按:滕原,《本传》康与刘珏从隆祐太后。"馆臣将"滕康"之"滕"字径改描作"胜",且于第四页 a 上加校签

曰:"八行写'勝康',十一行写'滕康'。"文渊阁本《考证》与殿本《考证》均未据校签改,两处均仍作"滕康"。证明该校签为校勘文渊阁本《考证》、殿本《考证》以外的阁本《考证》时所加。

清抄本《考证》上校签与涂改复杂的情形,显示出清抄本《考证》上保留的涂改及校签往往并非是在校勘一种版本时形成的,而是在校勘多种版本过程中形成的。

如卷九十一第十八页 b《文选补遗》:"鲍昭《观漏赋》:'物不可以两大,时无得而双昌。'原本'时'讹'得',据《鲍明远集》改。"馆臣将"昭"字圈划掉,并加校签曰:"'昭'①字不应涂去。马启泰签。"文渊阁本《考证》与殿本《考证》均改作"照"。将"昭"字圈划掉与校签意见恰恰相反,可以肯定,将"昭"字圈划掉者与加校签者非同时,非同一人。将"昭"字圈划掉最晚至文渊阁本《考证》校勘时已完成。加校签者为马启泰,其负责殿本《考证》该卷之校勘。殿本《考证》最终未采纳马启泰意见。这充分证明,清抄本《考证》上此条的涂改与校签并非在校勘同一种版本时形成的。

又如卷六十一第三十四页 b《册府元龟下》:"知人门。'圣有谟勋',刊本'勋'从《尚书》作'训'。按:杜注'勋',功也。应从《左传》原文,今据改。又'又叔向适郑',刊本脱'郑'字。"馆臣圈划掉第一个"又"字,同时又划掉"又叔向适郑,刊本脱'郑'"九字。文渊阁本《考证》仅删掉第一个"又"字。殿本《考证》不仅删掉第一个"又"字,且将"又叔向适郑,刊本脱'郑'字"十字移至"应从《左传》原文,今据改"九字之前。涂掉第一个"又"字是至晚在校勘文渊阁本《考证》时所作,而划掉"又叔向适郑,刊本脱'郑'"九字是在校勘殿本《考证》时所作,两处改动并非同时。

---

① "昭",清抄本《考证》校签原缺,此据文义补。

　　根据上述结论,我们可以解释一些特殊情况。如文渊阁本《考证》与文澜阁本《考证》改动与殿本《考证》改动不一致的情况。如卷七十八第五十一页 b《东坡全集》:"《答杨先礼》(其三):'久阔暂聚,喜尉不可言。'刊本'暂'讹'达',据别本改。"馆臣圈划掉"尉"字。文渊阁本《考证》与文澜阁本《考证》均改"尉"作"慰"。殿本《考证》删掉"尉"字。文澜阁本《考证》校勘在最先,此为文澜阁本《考证》时所作的涂改,很可能当时文澜阁本《考证》在此处作了校签,故文渊阁本《考证》改动与文澜阁本《考证》改动相同。而在校勘殿本《考证》时,已无该校签,故殿本《考证》改动不同。

　　综上,我们得出结论:清抄本《考证》上的校签与涂改,系馆臣在校勘文渊阁本《考证》与殿本《考证》时采取不同的处理方式造成的,并非文渊阁本《考证》誊录监生在抄录时未及措意,同样殿本《考证》中亦有未修改处,亦非誊录抄写时的轻忽所致,而是由清抄本《考证》校签或涂改复杂的形成过程造成的。

小　　结

　　一、《考证》版本众多,其中现存有清抄本《考证》、文渊阁本《考证》、文溯阁本《考证》、文澜阁本《考证》、殿本《考证》、外聚珍本《考证》、《丛书集成初编》本《考证》、台湾鼎文书局本《考证》等八个版本。文津阁本《考证》今存佚不详,其在光绪二十年(1894)之前入藏文津阁,而在 1915 年文津阁《四库全书》移交京师图书馆时已被撤出。文宗阁本《考证》与文汇阁本《考证》已佚。南三阁本《考证》一百卷均被散入经史子集各部。

　　二、通过对清抄本《考证》一百卷上保留的馆臣制作的大量校签及涂改进行集中研究,对校签与涂改相关条目共计 257 条全部辑录并进行考辨,本文发现校签与涂改的关系非常复杂,呈现多种类型。清抄本《考证》上的校签与涂改并非同时出现,系馆臣校勘不同版本《考证》时所加,各版本《考证》校勘时,或涂改,或加校签,但极少同时使用两种方式。即使在同一条目中出现的涂改与校签,大多数情况也是在校勘不同版本《考证》时形成的。

三、通过清抄本《考证》"涂而未改"校签内容考察出馆臣对《考证》的具体校勘程序为涂、挖、补、改这几道工序,本文发现"涂"的程序至晚在校勘文渊阁本《考证》时已完成,而"涂而未改"的校签是在校勘殿本《考证》时所作。校勘文渊阁本《考证》时主要在清抄本《考证》上进行了涂改,甚至仅在底本上做了"涂"的工作,未加校签,此亦为解答文渊阁本《考证》与殿本《考证》文字不一致的原因提供了一条新思路。

四、文渊阁本《考证》与殿本《考证》改动不一致主要是由该校签或涂改复杂的形成过程造成。清抄本《考证》上的校签、涂改是在多种情况下形成的。或为校勘文渊阁本《考证》而加,或为校勘殿本《考证》而加,或为校勘文澜阁本《考证》而加,或为校勘其他版本《考证》时所加。清抄本《考证》上保留的校签与涂改是经过了多位馆臣数次校勘各种版本《考证》形成的累积性面貌,非一时一次形成,导致文渊阁本《考证》与殿本《考证》改动不一致。清抄本《考证》上的校签与涂改,系文渊阁本《考证》与殿本《考证》采取不同的处理方式造成的,并非文渊阁本《考证》誊录监生在抄录时未及措意,同样殿本《考证》中亦有未修改处,亦非誊录抄写时的轻忽所致,而是由清抄本《考证》校签与涂改复杂的形成过程造成的。

第二章 《四库全书考证》 版本考辨(下)

有学者认为《考证》于乾隆四十一年(1776)酝酿,四十三年正式编纂,四十七年正月完竣,四十七年七月十九日进呈,后直至乾隆五十四年一直在馆校对,嘉庆初始交付武英殿摆印。[①] 该观点认为《考证》一直处于修改中是符合史实的,但这个最终改定时间仅仅是殿本《考证》形成的时间。在《考证》的修订过程中,其最终形成了清抄本、文渊阁本、文溯阁本、文澜阁本等诸多版本,正是因为各版本《考证》成书时间、校勘时间不一致,导致各家对《考证》成书说法不一,故在讨论《考证》时间这一问题时,也必须分版本探讨,不能一概而论。

第一节 文渊阁本《考证》与清抄本 《考证》关系考释

《考证》除了清抄本、武英殿本等版本,还有《全书》诸阁本。《考证》被四库馆臣誊录了七个阁本,现存四库本《考证》至少有文渊阁《全书》本、文溯阁《全书》本、文澜阁《全书》本。文渊阁本《考证》虽方

---

① 琚小飞:《〈四库全书考证〉的编纂、抄写及刊印》,《中国典籍与文化》2018 年第 1 期。

便易得,但其与清抄本《考证》、文澜阁本《考证》有诸多差异,学界多有忽视,今试论之。以下探讨文渊阁本《考证》与清抄本《考证》的关系。

我们通过研究发现,文渊阁本《考证》以清抄本《考证》为底本,经过了多次校勘和修改而形成。其至少经过了两次改动,第一次,校记内容的校改;第二次,单种书籍校记的增删与撤换及其位置的调整。

通过第一章中对清抄本《考证》保留的大量校签与涂改情况的分析,我们已经发现文渊阁本《考证》对清抄本《考证》进行了诸多校改,这是文渊阁本《考证》对清抄本《考证》的第一次改动的大量例证。以下列出文渊阁本《考证》进行了第一次校改后又进行了第二次改动的有力证据,先举四例。

① 卷十第十页 a《仪礼经传通解续》“堂其为师则弗臣也”,馆臣将“堂”字圈划掉。殿本《考证》将“堂”字改作“当”。文渊阁本《考证》该卷无《仪礼经传通解续》校记,其已据文渊阁《全书》与《总目》将《仪礼经传通解续》校记移至卷十四,据查该处亦将“堂”字改作“当”。说明文渊阁本《考证》在据清抄本《考证》进行第一次校改后,又进行了调整书籍校记顺序的二次修改。

② 卷五十四第三十五页 a《云仙杂记》:“‘换茶醒酒’条。乐天方入关,刘禹锡正病酒。刊本‘刘’讹‘齐’,据别本改。”馆臣加校签曰:“□关,刘禹锡正病酒。考《佩文韵府》引《云仙别录》作‘乐天方八关斋,刘禹锡正病酒’。又《子史精华》引温庭筠《采茶录》作‘白乐天方斋,禹锡正病酒’。据此则本文‘入’字系‘八’字之讹,‘齐’字系‘斋’字之讹。今《考证》改‘齐’为‘刘’,则‘入关’是何等语? 且于下‘菊田薥芦菔鲊’无涉云。‘据别本’不知果何本也? 此条宜删。卷五十四,卅五页前五、六行。”文渊阁本《考证》将《云仙杂记》全书校记移至卷七十一。殿本《考证》卷五十四仍著录该书校记。检文渊阁本《考证》与殿本《考证》,均已据校签将该条校记删去。说明文渊阁本《考证》在据清抄本

《考证》进行第一次校改后,又进行了调整书籍校记顺序的二次修改。

③ 卷六十四第四十页 b《山堂肆考》:"名士类。'阴何'条。阴鑑字子坚。刊本'铿'讹'何',今改。"馆臣圈划掉"铿"字。文渊阁本《考证》将《山堂肆考》校记移至卷六十五。殿本《考证》本卷仍收《山堂肆考》。检文渊阁本《考证》与殿本《考证》均未据清抄本《考证》涂改进行校改,而均将"鑑"改作"铿"。说明文渊阁本《考证》在据清抄本《考证》进行第一次校改后,又进行了调整书籍校记顺序的二次修改。

④ 卷八十一第五十一页 a《文忠集》:"隋梁洋德政碑在今蔡州新息县,刊本脱'县'字,今改。"馆臣将"改"字涂掉。该校记出自《文忠集》。文渊阁本《考证》该书校记被移至卷七十八。殿本《考证》该书校记与清抄本《考证》一致,仍置于卷八十一。文渊阁本《考证》与殿本《考证》均将此字改作"增"。说明文渊阁本《考证》在据清抄本《考证》进行第一次校改后,又进行了调整书籍校记顺序的二次修改。

本节主要探讨文渊阁本《考证》对清抄本《考证》的第二次修改。

一、文渊阁本《考证》外在形式上与清抄本《考证》有异

文渊阁本《考证》在版式、行款、撰者誊录格式方面与清抄本《考证》存在较大差异。

第一,版心不同。清抄本《考证》与文渊阁本《考证》版心鱼尾上皆为"钦定四库全书考证",鱼尾下为子目书名、卷数,我们可据版心知悉该页校记出自何书。但两者不同的是,清抄本《考证》子目书名常用全称,而文渊阁本《考证》多用简称。以《分类补注李太白集》为例,清抄本《考证》版心下为"分类补注李太白集/卷七十五",而文渊阁本《考证》为"分类补注/卷七十五"。

第二,行款不同。清抄本《考证》十行二十一字,文渊阁本《考证》九行二十一字。两本行款不同,导致相同内容所在页数不完全一致。

二、文渊阁本《考证》对清抄本《考证》内容进行改动

将文渊阁本《考证》所著录书籍校记与清抄本《考证》一一比对，发现文渊阁本《考证》所收与清抄本《考证》有诸多不同，其至少对三十多种书籍进行了调整与改动。试举数例。

① 清抄本《考证》卷十四收录八种书籍校记，文渊阁本《考证》该卷却收录十种，比清抄本《考证》多出《仪礼经传通解》《仪礼经传通解续》。

② 清抄本《考证》卷二十收录《六艺纲目》《隶辨》《重修广韵》三种书籍校记，而文渊阁本《考证》该卷仅收录《隶辨》与《重修广韵》两种书籍，而将《六艺纲目》置于卷二十二。

③ 清抄本《考证》卷四十九收录《小心斋劄记》《思辨录辑要》《问学录》三种书籍校记，文渊阁本《考证》该卷无此三种。

④ 清抄本《考证》卷六十二无《海录碎事》，而文渊阁本《考证》卷六十二收录之。

⑤ 清抄本《考证》卷六十四比文渊阁本《考证》卷六十四多出《骈志》《山堂肆考》两种书籍，文渊阁本《考证》将该两种书籍移至卷六十五《天中记》之后。

⑥ 清抄本《考证》卷七十一有《钦定康济录》《御定性理大全书》《蒙斋笔谈》三种书籍，但文渊阁本《考证》该卷无此三种书，却多出《云仙杂记》。

⑦ 清抄本《考证》卷七十二有《玄学正宗》《简端录》两书，但文渊阁本《考证》该卷无之。

⑧ 清抄本《考证》卷七十八收录了十七种书籍，文渊阁本《考证》该卷目录与清抄本《考证》相同，仅列十七种书籍。值得注意的是，文渊阁本《考证》卷七十八目录与正文存在差异。文渊阁本《考证》该卷正文实际收录了十九种书籍，比清抄本《考证》、文渊阁本《考证》目录多出《节孝集》

《文忠集》。查文渊阁本《考证》卷七十八正文页数连续,这说明,文渊阁本《考证》在将《节孝集》与《文忠集》两种书校记页移至此卷后,却忘记了重新编制并誊录该卷目录,导致文渊阁本《考证》该卷目录与正文不一致,此系文渊阁本《考证》对清抄本《考证》调整和改动的重要证据。

⑨ 清抄本《考证》卷七十九收录了二十一种书籍,文渊阁本《考证》收录二十种,比清抄本《考证》少《青山集》。

以上例证说明,文渊阁本《考证》在据清抄本《考证》誊录的同时,又对清抄本《考证》作了诸多调整和改动。以下探究其改动之原因。

三、文渊阁本《考证》对清抄本《考证》改动原因考释

文渊阁本《考证》对清抄本《考证》的调整和改动可分为两种情况,一种为有意识地改动,包括删除单种书籍校记、调整单种书籍校记的类别和位置两种情况;另一种为无意识地脱漏单种书籍校记。清抄本《考证》、文渊阁本《考证》中各书校记分别誊抄,各自独立,每种书校记单独占据若干页,其前后书校记分别另页书写。《考证》各书校记的编排方式非常便于对某种书籍校记进行调整和撤换。以下详述文渊阁本《考证》对清抄本《考证》校记的调整和改动之原因。

(一) 有意识地改动

1. 删除单种书籍校记

(1) 清抄本《考证》收录某书校记,《总目》将其由著录书调入存目书,文渊阁《全书》未收该书,文渊阁本《考证》据《总目》和文渊阁《全书》删去该书校记。下举数例。

①《季汉书》。清抄本《考证》置于卷三十六史部,《总目》将其置于史部别史类存目,文渊阁《全书》未收该书,文渊阁本《考证》据《总目》与文渊阁《全书》将《季汉书》一书校记删去。

②《小心斋札记》。清抄本《考证》将其置于卷四十九子部,《总

目》将其归入卷九六子部儒家类存目，文渊阁《全书》未收该书，文渊阁本《考证》据《总目》和文渊阁《全书》删去该存目书校记。

③《问学录》。清抄本《考证》将其置于卷四十九子部，《总目》将其归入卷九七子部儒家类存目，文渊阁《全书》未收该书，文渊阁本《考证》据《总目》和文渊阁《全书》删去该书校记。

④《蒙斋笔谈》。清抄本《考证》将其置于卷七十一子部，《总目》将其置于卷一二七子部杂家类存目，文渊阁《全书》未收该书，文渊阁本《考证》据《总目》和文渊阁《全书》将《蒙斋笔谈》一书校记删除。

⑤《玄学正宗》。清抄本《考证》置于卷七十二子部，《总目》将其置于卷一四七子部道家类存目，文渊阁《全书》未收该书，文渊阁本《考证》据《总目》和文渊阁《全书》删去该书校记。

⑥《广事类赋》。清抄本《考证》置于卷五十七子部，《总目》将其置于卷一三九子部类书类存目，文渊阁《全书》未收该书，文渊阁本《考证》据《总目》和文渊阁《全书》将《广事类赋》一书校记删掉。

清人傅以礼对此问题已有发现，他在《华延年室题跋》"钦定四库全书考证"条载："谨案：是书《四库全书总目》无提要之文，以成书在后之故，爰据《总目》卷首所载乾隆四十一年论旨恭录简端，用识纂辑缘起。考此书体例，本按《四库》所收经史子集各种，考证异同得失。乃经部载有《易韵》、《增修书说》、《仪礼经传通释》暨《续编》、《春秋条贯编》、《春秋遵经集说》、《中原音韵》、《古音韵字》暨《续编》；史部载有《季汉书》《闽学源流》《水经注释》《附录》《史义拾遗》；子部载有《小心斋札记》《问学录》《广治平略》《余冬序录》《戒庵漫笔》《广事类赋》《玄学正宗》《简端录》《天官翼》；集部载有《琼琚集》《双江集》《三易集》《鬲津草堂集》《哄堂词》《后村别调》。共二十八种，皆出《四库全书》之外。虽其中亦有《总目》附存其目者，究非《四库》著录之书也。至《政和御制冠礼》即《政和五礼新仪》之首帙，并非另为一编。《性理大全书》乃明永乐中奉敕撰，冠以'钦定'字样，系沿袭旧文，未及删削。……他若宋叶梦得《岩下放言》，仍旧题《蒙斋笔谈》。"①

　　傅氏发现《考证》所收诸多书籍，为《总目》存目书而非著录书，且为《全书》未收，该发现难能可贵。尤其《广治平略》《广事类赋》《琼琯集》《三易集》《双江集》《鬲津草堂集》《哄堂词》《后村别调》等书，均为《总目》存目书，《考证》竟然收之。但他忽略了一个事实，即《考证》有不同版本，对《考证》进行研究最重要的前提是要辨别《考证》的不同版本，其版本不同，面貌可能有诸多差异，不能一概而论。傅氏所据仅清抄本《考证》。如对于《小心斋札记》《问学录》《蒙斋笔谈》等书，清抄本《考证》与文渊阁本《考证》均有之，但文渊阁本《考证》皆无。同时，《总目》将诸多书籍由著录书调入存目书，文渊阁本《考证》亦据《总目》删去该书校记，文渊阁本《考证》对清抄本《考证》作了诸多调整与变动，加上文渊阁本《考证》对清抄本《考证》中多种书的位置进行了调整，使得各版本《考证》呈现出不同的面貌，故不能以清抄本《考证》面貌代表文渊阁本《考证》面貌。

　　（2）清抄本《考证》收某书校记，该书后来被禁毁，《总目》与文渊阁《全书》均未收该书，文渊阁本《考证》亦删去该书校记。下举两例。

　　①《南北史合注》。清抄本《考证》置于卷三十六，因被撤毁，《总目》与文渊阁《全书》均撤掉，文渊阁本《考证》亦删去该书校记。

　　②《南唐书合订》。清抄本《考证》置于卷三十九，因被撤毁，文渊阁本《考证》亦删之。

　　2. 调整单种书籍校记的类别和位置

　　清抄本《考证》收某书校记，《总目》和文渊阁《全书》调整该书类别与位置，文渊阁本《考证》据《总目》和文渊阁《全书》调整书籍类别，

---

① （清）傅以礼撰，李慧、主父志波标点：《华延年室题跋》卷上，见《中国历代书目题跋丛书（第三辑）》，上海古籍出版社，2009 年，第 92—93 页。

使其分类更合理。可分两种情况。

（1）在不同类之间进行调整，举例说明。

①《仪礼经传通解》《仪礼经传通解续》。清抄本《考证》将《仪礼经传通解》置于卷九末，将《仪礼经传通解续》置于卷十首，即将此二书置于经部"三礼"之"仪礼"类书籍之首。查《总目》经部礼类"仪礼之属"未录该两书，而于"通礼之属"收此两书，并将两书合并为一条进行著录。《总目》将《礼书》《礼书纲目》《五礼通考》与该书均置于礼类"通礼之属"，并详述调整该书归类之缘由："通礼所陈，亦兼三礼。其不得并于三礼者，注三礼则发明经义，辑通礼则历代之制皆备焉，为例不同，故弗能合为一类也。"①即《总目》认为《仪礼经传通解》及《续》非三礼之作，只能并入通礼之属。文渊阁《全书》亦将该两书置于礼类"通礼之属"。文渊阁本《考证》将两书均移至卷十四，即礼类"通礼之属"。可见，文渊阁本《考证》与《总目》、文渊阁《全书》关系密切，其据《总目》与文渊阁《全书》对书籍类别进行了调整。

②《六艺纲目》。清抄本《考证》将《六艺纲目》置于卷二十经部小学类书籍中间。《总目》经部小学类最末著录《六艺纲目》提要，对其归类缘由所言甚详。其曰："六艺皆古之小学。而自《汉志》以后，小学一类惟收声音训诂之文，此书转无类可归。今附录于小学之末，存古义也。"②《总目》认为《六艺纲目》不能算小学类书，为存古义，将其附于小学类之末。文渊阁《全书》亦将该书置于经部小学类书籍之末。文渊阁本《考证》将《六艺纲目》调置于卷二十二，即经部小学类书籍之末。可见，文渊阁本《考证》据《总目》与文渊阁《全书》对《六艺纲目》归类进行调整。

③《海录碎事》。清抄本《考证》将其置于卷五十七子部杂家类。《总目》与文渊阁《全书》均将《海录碎事》收入子部类书类，文渊阁本

---

① （清）永瑢等：《四库全书总目》，中华书局，1965 年，第 179 页上栏。
② （清）永瑢等：《四库全书总目》，第 369 页下栏。

《考证》据《总目》与文渊阁《全书》将其调至卷六十二子部类书类。

④《云仙杂记》。清抄本《考证》将其置于卷五十四子部杂家类，《总目》与文渊阁《全书》均将其归入子部小说家类，文渊阁本《考证》据《总目》与文渊阁《全书》将其调至卷七十一子部小说家类。

⑤《御定性理大全书》。清抄本《考证》将其置于卷七十一子部类书类，《总目》与文渊阁《全书》均将其置于子部儒家类，文渊阁本《考证》据《总目》与文渊阁《全书》将其调至卷四十九子部儒家类。

⑥《简端录》。清抄本《考证》将其置于卷七十二子部小说家类，《总目》与文渊阁《全书》均将其归入经部五经总义类。文渊阁本《考证》据《总目》与文渊阁《全书》将其调入卷十八经部五经总义类。

⑦《节孝集》。清抄本《考证》将其置于卷四十八子部，《总目》与文渊阁《全书》将其归入集部别集类。文渊阁本《考证》据《总目》与文渊阁《全书》将其调至卷七十八集部。

（2）在同一类之间进行调整。

文渊阁本《考证》对清抄本《考证》中某种书籍的位置在同一类之间进行调整，使该书籍所属时代更合客观史实。

如《文忠集》作者欧阳修为北宋人，非南宋人。清抄本《考证》将其置于卷八十一集部别集类南宋建炎至德祐时期著作之间，显然不合史实。《总目》与文渊阁《全书》均将其移至集部别集类北宋建隆至靖康段，更合乎史实，文渊阁本《考证》据《总目》与文渊阁《全书》将其移至卷七十八集部别集类北宋时期著作中。

又如《骈志》《山堂肆考》两种书籍。清抄本《考证》将该两书置于卷六十四之末，而清抄本《考证》卷六十五仅收《天中记》一书校记。《总目》与文渊阁《全书》均将《骈志》《山堂肆考》两书置于《天中记》之后，故文渊阁本《考证》据《总目》与文渊阁《全书》将《骈志》《山堂肆考》两书校记移至卷六十五《天中记》之后。

　　再如《文简集》。清抄本《考证》卷八十八载明孙承恩《文简集》，将其置于《檀园集》与《精华录》两书校记之间。文渊阁本《考证》将其调整位置，不止置于卷八十八《檀园集》之前，更是移置于卷八十七《弇山集》与《甫田集》两书校记之间。《总目》集部别集类载明孙承恩撰《瀼溪草堂稿》五十八卷①，已移至于《檀园集》之前。查文渊阁《全书》，《文简集》不仅置于《檀园集》之前，且置于《弇山集》与《甫田集》之间，与《总目》完全一致。这说明，文渊阁本《考证》据文渊阁《全书》与《总目》调整了《文简集》这一书籍的顺序。

　　以上数例，均有力地证明了文渊阁本《考证》对清抄本《考证》进行了调整和改动，其依据为《总目》与文渊阁《四库全书》。为更直观地反映文渊阁本《考证》与《总目》及文渊阁《全书》间密切的关系，以文渊阁本《考证》对清抄本《考证》中宋释文珦撰《潜山集》与宋朱翌撰《灊山集》两书位置的调整为例详加论证（见表2-1）。

表 2-1　宋释文珦撰《潜山集》与宋朱翌撰《灊山集》
两书在各书中的位置

清抄本《考证》	《总　目》	文渊阁《全书》	文渊阁本《考证》
卷八十《澹斋集》（宋李流谦） **《潜山集》（宋释文珦）** 《云溪集》（宋郭印）	卷一五七集部一〇别集类一〇《澹斋集》（宋李流谦） 《韦斋集》（宋朱松） 《陵阳集》（宋韩驹） **《灊山集》（宋朱翌）** 《云溪集》十二卷（宋郭印）	集部别集类南宋建炎至德祐《澹斋集》（宋李流谦） 《陵阳集》（宋韩驹） **《灊山集》（宋朱翌）** 《云溪集》十二卷（宋郭印）	卷八十《澹斋集》（宋李流谦） **《灊山集》（宋朱翌）** 《云溪集》（宋郭印）

————————

① （清）永瑢等：《四库全书总目》，第1502页中栏。

续　表

清抄本《考证》	《总　目》	文渊阁《全书》	文渊阁本《考证》
卷八十四《叠山集》（宋谢枋得）《须溪集》（宋刘辰翁）《苇航漫游稿》（宋胡仲弓）	卷一六四集部一七别集类一七《梅屋集》（宋许棐）**《潜山集》（宋释文珦）**《孝诗》（宋林同）	集部别集类南宋建炎至德祐《鲁斋集》（宋王柏）**《潜山集》（宋释文珦）**《须溪集》（宋刘辰翁）	卷八十四《叠山集》（宋谢枋得）**《潜山集》（宋释文珦①）**《须溪集》（宋刘辰翁）《苇航漫游稿》（宋胡仲弓）
卷八十五《中庵集》（元刘敏中）**《灊山集》（宋朱翌②）**《勤斋集》（元萧𣂰）			

　　清抄本《考证》将宋释文珦《潜山集》置于卷八十，而将宋朱翌《灊山集》置于卷八十五。清抄本《考证》卷八十五所收录均系元代别集，将宋朱翌《灊山集》置于其中，显然不合理。《总目》将两种宋集均置于宋别集类。文渊阁《全书》将宋朱翌《灊山集》三卷③置于集部别集类南宋建炎至德祐年著作间，即《澹斋集》《陵阳集》之后，《云溪集》之前，将宋释文珦《潜山集》十二卷④置于南宋别集类建炎至德祐著作间，即《鲁斋集》之后，《须溪集》之前，这种调整合乎史实，亦与《总目》相合。文渊阁本《考证》对《灊山集》与《潜山集》这两种书校记页的位

① 文渊阁本《考证》漏掉"宋释文珦撰"五字，据清抄本《考证》补。
② "翌"，清抄本《考证》误作"翼"，见卷八十五，第 38 页 a，据文渊阁《全书》改。
③ （宋）朱翌：《灊山集》，《景印文渊阁四库全书》第 1133 册，台湾商务印书馆，1982—1986 年影印本。
④ （宋）释文珦：《潜山集》，《景印文渊阁四库全书》第 1186 册，台湾商务印书馆，1982—1986 年影印本。

置进行了调整,将两种宋集均置于宋别集中,即将宋朱翌《灊山集》调至卷八十,占据了清抄本《考证》中宋释文珦《潜山集》校记页的位置,而将宋释文珦《潜山集》调至卷八十四,文渊阁本《考证》的这种调整与《总目》、文渊阁《全书》中两种宋集的位置完全相合,无疑,文渊阁本《考证》对清抄本《考证》进行调整的依据就是《总目》与文渊阁《全书》。

(二) 无意识地脱漏

文渊阁本《考证》对清抄本《考证》书籍校记进行调整与改动时,有时会造成某些书籍校记页的脱漏,这种情况非常复杂,有以下几个原因。

1. 调整书籍类别与位置时,漏抄该书籍校记

试举三例。①《思辨录辑要》。清抄本《考证》将其置于卷四十九子部。据上文,文渊阁本《考证》对清抄本《考证》进行调整的依据为《总目》与文渊阁《全书》。查《总目》与文渊阁《全书》均将其收入子部儒家类,但为何文渊阁本《考证》未收该书校记? 我们判断文渊阁本《考证》漏抄了《思辨录辑要》一书的校记。由于清抄本《考证》各书校记页分别书写,各自独立,清抄本《考证》著录《思辨录辑要》校记页前为《小心斋札记》校记页,如前所述,文渊阁本《考证》已据《总目》与文渊阁《全书》删去《小心斋札记》校记,但馆臣在据清抄本《考证》誊抄文渊阁本《考证》时,翻阅《小心斋札记》校记页不小心多翻了一页,即误将《思辨录辑要》一书校记页一并翻过,导致文渊阁本《考证》中《思辨录辑要》校记页漏抄。故文渊阁本《考证》在调整《小心斋札记》一书校记页位置时,漏抄了《思辨录辑要》一书校记。

②《钦定康济录》。清抄本《考证》将其置于卷七十一子部,《总目》与文渊阁《全书》均将其置于史部政书类。但文渊阁本《考证》未收录该书,可以推断,文渊阁本《考证》原本准备据《总目》和文渊阁《全书》对该书位置进行调整,计划将该书校记页从卷七十一子部撤

出移到史部,但最终漏抄。

③《御定佩文斋书画谱》。清抄本《考证》将其置于卷九十九集部,《总目》与文渊阁《全书》均将其置于子部艺术类,但文渊阁本《考证》未收录该书。文渊阁本《考证》本欲据《总目》与文渊阁《全书》将该书位置由集部调至子部艺术类,但最终漏抄。另有证据可证明该结论。核实清抄本《考证》著录《御定佩文斋书画谱》的 4 条校记,其改动与文渊阁《全书》完全一致,文渊阁本《考证》据清抄本《考证》誊录,并据文渊阁《全书》调整,自然,文渊阁本《考证》计划收录该书校记,但在调整该书籍归类时,无意将该书及其校记漏掉。

2. 处理同名书校记时,计划调整两书校记位置,却最终将两种同名书校记均漏掉

文渊阁本《考证》对清抄本《考证》中一些同名书书籍位置进行调整时,往往将两种同名书校记均漏掉。试举两例。

① 计划将唐李贺《昌谷集》校记置于宋曹彦约《昌谷集》位置,而将宋曹彦约《昌谷集》校记移至他处,却最终漏掉两种《昌谷集》。

唐代李贺与宋代曹彦约之别集名均作《昌谷集》。清抄本《考证》未收录唐李贺《昌谷集》,却将宋曹彦约《昌谷集》置于卷七十六唐人别集中间,显然不合理。《总目》将唐李贺《昌谷集》置于唐人别集中,将宋曹彦约《昌谷集》置于宋人别集中,合乎史实。文渊阁《全书》即按《总目》收录两书。文渊阁本《考证》两书校记均未收。可推断,文渊阁本《考证》原计划据《总目》与文渊阁《全书》将宋人曹氏《昌谷集》校记页调出卷七十六,而此处计划以唐人李贺《昌谷集》补之,惜均未果,造成文渊阁本《考证》漏抄两种《昌谷集》校记。

② 计划将宋郭祥正《青山集》校记置于元赵文《青山集》位置,而将元赵文《青山集》校记移至他处,却最终漏掉两种《青山集》。

在清抄本《考证》卷七十九中,《济南集》与《书塈集》两书校记页

中间为元赵文《青山集》校记页。文渊阁本《考证》卷七十九目录在《济南集》校记页后紧接《书塝集》,细审文渊阁本《考证》卷七十九正文,《济南集》与《书塝集》两书校记页分别为三十三页、三十五页,其页数并不相连,可以肯定,中间撤出了第三十四页。据清抄本《考证》,该撤出页当为《青山集》校记页。这说明,文渊阁本《考证》据清抄本《考证》抄好之后,又直接将《青山集》校记页撤出,其他页数未及重改,仅将该卷《考证》目录页删去《青山集》并重新抄录。这导致文渊阁本《考证》卷七十九缺少《青山集》校记页。

文渊阁本《考证》为何撤出元赵文撰《青山集》校记页?《总目》著录《青山集》有二,一为宋郭祥正撰《青山集》三十卷,一为元赵文撰《青山集》八卷,两者分别归入北宋别集与金元别集类,文渊阁《全书》将两书分别归入北宋别集与金元别集类,这与《总目》对两书位置的安排一致。而清抄本《考证》仅在卷七十九收录元赵文撰《青山集》。《济南集》《书塝集》等均为宋人别集,清抄本《考证》将元人别集《青山集》置于宋人别集中,显然不合理。据上文,凡清抄本《考证》著录者,《总目》和文渊阁《全书》对其调整后,文渊阁本《考证》即据《总目》和文渊阁《全书》进行调整和改动。但文渊阁本《考证》对两种《青山集》皆未著录。可以肯定,文渊阁本《考证》原计划撤出元赵文撰《青山集》校记页移至金元别集处,此处计划另换上宋郭祥正《青山集》校记页,但在对两种同名书校记页调整时,无意漏抄两书校记。而文渊阁本《考证》未重新修改该卷页数而造成漏洞。

3. 计划据《总目》和文渊阁《全书》更换该书书名,却漏抄该书校记

以唐柳宗元《柳河东集》为例。清抄本《考证》卷七十七有其校记,文渊阁本《考证》漏抄。据《总目》与文渊阁《全书》,唐柳宗元别集被著录者有二:一为《增广注释音辨柳集》四十三卷,一为《诂训柳先生文集》四十五卷。清抄本《考证》所著录《柳河东集》乃《诂训柳先生

文集》,其校记出自馆臣校勘《四库全书荟要》时作于底本之上的校签。据《荟要》提要①与《荟要》原书,《荟要》本《柳河东集》即《诂训柳先生文集》。《总目》为区别《增广注释音辨柳集》与《诂训柳先生文集》两部书,均改用其原名,而弃用《柳河东集注》与《柳河东集》。文渊阁《全书》书前提要也进行了撤换②,改《柳河东集》作《诂训柳先生文集》。文渊阁本《考证》也计划将书名《柳河东集》据《总目》和文渊阁《全书》改作《诂训柳先生文集》,却最终漏掉该书校记。

4. 无意识漏抄某书校记页

清抄本《考证》卷八十六有《全室外集》一书校记,文渊阁本《考证》卷八十六目录著录该书书名,正文却无该书校记页,原因为《全室外集》校记页为清抄本《考证》该卷最后一页,文渊阁本《考证》据清抄本《考证》誊录时漏抄。

又如,清抄本《考证》卷五十二收录《南方草木状》一书4条校记,文渊阁本《考证》均无之。查殿本《考证》据清抄本《考证》录之,而文渊阁《全书》著录该书全文,《总目》亦将《南方草木状》列为著录书,可以判断,文渊阁本《考证》未收录该书校记系其无意识漏掉,而非有意识删之。

综上,文渊阁本《考证》对清抄本《考证》校记有意或无意地进行了诸多调整和改动,其调整依据为《总目》与文渊阁《全书》。

以上关于文渊阁本《考证》的二次修改中,最典型的例证是文渊阁本《考证》对于《季汉书》《南北史合注》的删除。

先看《季汉书》。清抄本《考证》将其置于卷三十六,《总目》将其

---

① (唐)柳宗元撰,宋韩醇音释:《柳河东集》,《景印摛藻堂四库全书荟要》361册,台湾世界书局影印本,1985—1988年,第166页。

② 我们判断文渊阁《全书》本《柳河东集》之书前提要系撤换提要,而非原本提要。见刘远游:《〈四库全书〉卷首提要的原文与撤换》,《复旦学报(社会科学版)》1991年第2期。

置于存目,文渊阁《全书》未收录该书,文渊阁本《考证》据《总目》与文渊阁《全书》将《季汉书》删去。殿本《考证》仍有该书校记。傅以礼未注意到文渊阁本《考证》与清抄本《考证》的区别,仅发现清抄本《考证》有《季汉书》[①],却忽略了文渊阁本《考证》已删之。

再看《南北史合注》。清抄本《考证》将其置于卷三十六,因被撤毁,《总目》与文渊阁《全书》均将其撤掉,文渊阁本《考证》与殿本《考证》均亦删之。

这说明,文渊阁本《考证》在二次修改中,其删除《季汉书》与《南北史合注》两书校记并非同时,所据原因亦不同。参照殿本《考证》对两书校记的处理情况,可判断文渊阁本《考证》先删存目书《季汉书》,后删除撤换书《南北史合注》。

清抄本《考证》上校签、涂改与文渊阁本《考证》、文澜阁本《考证》及殿本《考证》之关系可用下图(见图 2 - 1)表示。

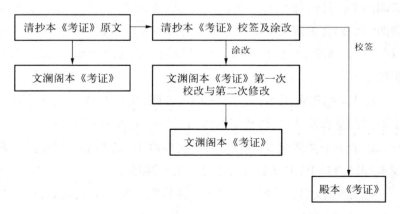

图 2 - 1 清抄本《考证》校签、涂改与其他版本《考证》之关系示意图

---

① (清)傅以礼撰,李慧、主父志波标点:《华延年室题跋》卷上,2009 年,第 92—93 页。

四、结论

(一)各版本《考证》面貌不同,文渊阁本《考证》对清抄本《考证》作了诸多调整与变动,故清抄本《考证》面貌不能代表文渊阁本《考证》面貌。

(二)文渊阁本《考证》以清抄本《考证》为底本,经过多次校勘和修改而形成。其至少经过了两次改动,第一次,校记内容的校改;第二次,单种书籍校记的增删与撤换及其位置的调整。

(三)《四库全书》编纂过程复杂,《考证》的编纂同《总目》及《全书》的编纂密不可分,要避免孤立地就《考证》论《考证》,而要充分借助《总目》与文渊阁《全书》的编纂对文渊阁本《考证》的影响进行探讨。而文渊阁本《考证》对清抄本《考证》调整和改动的依据正是《总目》和文渊阁《全书》。

(四)《考证》的编纂是一个客观的、动态调整的历史过程,而非静止的、单一的面貌,我们必须以变化的眼光看待这个过程,才能更客观地认识《考证》各个版本的差异及文渊阁本《考证》对清抄本《考证》的调整和改动。

(五)文渊阁本《考证》对清抄本《考证》校记的调整和改动可分为两种情况,一种为有意识地改动,包括删除单种书籍校记、调整单种书籍校记的类别和位置两种情况,另一种为无意识地脱漏单种书籍校记。其原因复杂多样,要具体分析。

第二节 文渊阁本《考证》原抄
残卷价值考略

本节重点以清抄本《考证》、文渊阁本《考证》为参照对文渊阁本

《考证》①进行探讨。

一、现存文澜阁本《考证》概况

文澜阁本《考证》一百卷现藏于浙江图书馆。其中有十五卷为馆臣原抄，分别为：卷六、十四、二十、四十九、五十、五十三、五十八、六十二、七十一、七十二、七十八至八十、九十五、九十六，其他均为丁氏补抄。② 凡卷端钤"古稀天子之宝"，卷末钤"乾隆御览之宝"者，均为文澜阁本《考证》原抄之制。因文澜阁本《考证》原抄十五卷完好地保存着文澜阁本《考证》的原貌，尤其珍贵，故本节所有探讨均以其为依据。

文澜阁本《考证》有许多地方与清抄本《考证》、文渊阁本《考证》一致。如每卷卷前均有目录列出本卷所收书籍；每卷重新编排页码，卷前目录作为本卷首页被编入目录；各种书籍校记分别誊抄，单独占据若干整页，其前后书籍校记另页书写，方便对单种书籍校记撤出、抽换或调整顺序。

但文澜阁本《考证》与清抄本《考证》、文渊阁本《考证》又有显著的区别。如文澜阁本《考证》（见图 2-2）在版式、行款、撰者誊录格式等方面与清抄本《考证》、文渊阁本《考证》（见图 2-3）有较大差异：第一，版心不同。清抄本《考证》与文渊阁本《考证》版心鱼尾上为"钦定四库全书考证"，鱼尾下为子目书名、卷数、页数，我们可据版心知悉该页校记出自何书。两者不同的是，清抄本《考证》子目书名常用全称，文渊阁本《考证》多用简称。以《分类补注李太白集》为例，清抄

---

① （清）王太岳等：《钦定四库全书考证》，《文澜阁四库全书》，杭州出版社，2015 年影印本。

② 载于《文澜阁四库全书版况一览表》，见浙江图书馆编：《浙江图书馆古籍善本书目》，浙江教育出版社，2002 年，第 968 页。

本《考证》版心下为"分类补注李太白集/卷七十五",而文渊阁本《考证》为"分类补注/卷七十五"。文澜阁本《考证》版心上记"钦定四库全书考证"这一总书名及其卷数,下记页数,其版心制作贪图省事,制作粗疏,一律统称为《钦定四库全书考证》,并未详细注明校记出自何书。

第二,行款不同。文澜阁本《考证》半叶八行,行二十一字,清抄本《考证》半叶十行,行二十一字,文渊阁本《考证》半叶九行,行二十一字。文澜阁本《考证》行款与清抄本《考证》、文渊阁本《考证》不同,故其页数与其他两本不完全一致。

第三,单种书籍书名与撰者誊录格式不同。清抄本《考证》与文渊阁本《考证》均将书名与撰者置于一行之中,上大字录书名,下单行小字录撰者及时代。但文澜阁本《考证》将书名与撰者分置两行誊录,首行书名,上空一字,次行下为撰者时代、姓名。

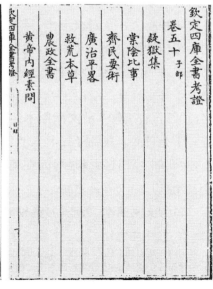

图 2-2 文澜阁本《四库全书考证》 **图 2-3 文渊阁本《四库全书考证》**

二、文澜阁本《考证》缮录时间及其覆校时间

我们可以根据文澜阁本《考证》原抄残卷上馆臣的署名来考证文澜阁本《考证》的缮录时间与覆校时间。

以下考察文澜阁本《考证》的缮录时间。据《档案》,乾隆五十年(1785)正月二十三日,第四分全书已于上年十一月二十五日缮校全竣,吴裕德因"行走既久,办事尤勤,现在奏派校阅续办三分《全书》"①,即吴裕德自乾隆五十年正月二十三日被派去办理南三阁《四库全书》,此为文澜阁本《考证》缮录时间的上限。再看下限。据《档案》,乾隆五十二年二月二十五日"乾隆四十九年,臣等因校对需人,奏请于生监中拣选文理明通者二十四人,令其自备资斧,充当校对⋯⋯今已及期三载",将监生刘淇等二十二名,钦赐举人②。知文澜阁本《考证》缮录于乾隆五十二年二月二十五日之前。这与《档案》所载两件史实相吻合:① 乾隆五十二年五月二十三日,吴裕德、刘坤等人被派去覆校文渊、文源两阁书③,说明此时文澜阁本《考证》缮录工作业已完成,办理人员被委派他职;② 乾隆五十二年五月十七日,"吴裕德着于补官日降二级用"④,成为"降调编修",而文澜阁本《考证》其署名曰"总校官编修",故文澜阁本《考证》缮录时间当在乾隆五十二年五月十七日前。故乾隆五十二年二月二十五日是缮录时间下限。综上,文澜阁本《考证》缮录时间在乾隆五十年正月二十三日至乾隆五十二年二月二十五日之间。

再考文澜阁本《考证》的覆校时间。文澜阁本《考证》卷五十末、

① 中国第一历史档案馆:《纂修四库全书档案》,上海古籍出版社,1997 年,第 1850 页。
② 中国第一历史档案馆:《纂修四库全书档案》,第 1986 页。
③ 中国第一历史档案馆:《纂修四库全书档案》,第 2010 页。
④ 中国第一历史档案馆:《纂修四库全书档案》,第 2001 页。

卷五十三末、卷五十八末、卷六十二末、卷七十八末、卷七十九末、卷八十末均有"详校官侍读学士臣法式善"字样,故文澜阁本《考证》覆校时间当在法式善授职侍读学士之后。据《档案》,乾隆五十二年五月二十三日,法式善与吴裕德、刘坤等人同被派去覆校文渊阁《全书》①,此时法式善官衔为"侍讲学士";乾隆五十二年十月初九日,法式善才成为"侍读学士"②。故文澜阁本《考证》覆校时间当在乾隆五十二年十月初九日以后。

三、文澜阁本《考证》原抄残卷的缮录底本

清抄本《考证》与文渊阁本《考证》编纂时间均在文澜阁本《考证》之前,文澜阁本《考证》究竟是以文渊阁本《考证》为缮录底本,还是直接据清抄本《考证》缮录而成? 我们将文澜阁本《考证》原抄十五卷内容与清抄本《考证》、文渊阁本《考证》一一对比,发现其与清抄本《考证》面貌相同,而与文渊阁本《考证》差异很大。可以肯定,文澜阁本《考证》的缮录底本为清抄本《考证》而非文渊阁本《考证》。下详述之。

(一) 根据各版本《考证》是否收录书籍校记进行判断

《考证》是对《四库全书》收录的一千多种书籍校记的汇编,但文澜阁本《考证》与清抄本《考证》所收录书籍校记完全相同,而文渊阁本《考证》所收则有诸多不同。这些不同可分为两种情况。

第一,文渊阁本《考证》收录,而清抄本《考证》与文澜阁本《考证》均未收录者。试举数例。

(1)《仪礼经传通解》与《仪礼经传通解续》。文渊阁本《考证》在卷十四收录此两种书籍校记,而文澜阁本《考证》与清抄本《考证》该卷均未收录,这说明,文澜阁本《考证》的缮录底本为清抄本《考证》而

---

① 中国第一历史档案馆:《纂修四库全书档案》,第 2013 页。
② 中国第一历史档案馆:《纂修四库全书档案》,第 2071 页。

非文渊阁本《考证》。

（2）《海录碎事》。清抄本《考证》与文澜阁本《考证》卷六十二均无《海录碎事》，而文渊阁本《考证》卷六十二收录《海录碎事》，说明文澜阁本《考证》源自清抄本《考证》。

（3）《云仙杂记》。文渊阁本《考证》卷七十一有该书校记，而清抄本《考证》与文澜阁本《考证》此卷均无之，这说明，文澜阁本《考证》源自清抄本《考证》。

（4）《文忠集》。文渊阁本《考证》卷七十八收录了此种书籍，而文澜阁本《考证》该卷与清抄本《考证》该卷均未收录，说明文澜阁本《考证》源自清抄本《考证》。

第二，文渊阁本《考证》未收，而清抄本《考证》与文澜阁本《考证》均收录者。试举数例。

（1）《小心斋札记》《思辨录辑要》《问学录》。文澜阁本《考证》与清抄本《考证》卷四十九均收录此三种书籍校记，文渊阁本《考证》该卷无此三种校记。说明文澜阁本《考证》缮录底本为清抄本《考证》。

（2）《钦定康济录》《御定性理大全书》《蒙斋笔谈》。文澜阁本《考证》与清抄本《考证》卷七十一均有此三种书籍，但文渊阁本《考证》该卷无之。这说明，文澜阁本《考证》源自清抄本《考证》。

（3）《玄学正宗》。文澜阁本《考证》与清抄本《考证》卷七十二均有该书，但文渊阁本《考证》该卷无之，说明文澜阁本《考证》据清抄本《考证》誊录。

（4）《青山集》（元赵文撰）。文澜阁本《考证》与清抄本《考证》卷七十九均有该书，而文渊阁本《考证》该卷无之，说明文澜阁本《考证》据清抄本《考证》誊录。

（5）《潜山集》。文澜阁本《考证》与清抄本《考证》卷八十均收录了宋释文珦所撰《潜山集》，但文渊阁本《考证》无之，证明文澜阁本

《考证》据清抄本《考证》誊录。

以上数例充分说明，文澜阁本《考证》原抄残卷的缮录底本为清抄本《考证》而非文渊阁本《考证》。我们从现存文澜阁本《考证》原抄十五卷面貌亦可推断，文澜阁本《考证》一百卷的缮录底本当为清抄本《考证》而非文渊阁本《考证》。

（二）根据各版本《考证》所收录书籍位置进行判断

文澜阁本《考证》与清抄本《考证》所收录书籍位置与文渊阁本《考证》所收多有不同，文渊阁本《考证》对诸多书籍的位置均进行了调整，而文澜阁本《考证》保持了清抄本《考证》的原貌，未对这些书籍位置进行调整，这说明，文澜阁本《考证》源自清抄本《考证》。试举数例。

（1）《六艺纲目》。清抄本《考证》与文澜阁本《考证》均将其置于卷二十，文渊阁本《考证》该卷无之，而将其另调整置于卷二十二。说明文澜阁本《考证》源自清抄本《考证》。

（2）《简端录》。清抄本《考证》与文澜阁本《考证》均将其置于卷七十二，文渊阁本《考证》该卷无之，而将其调整置于卷十八，结合《总目》考察，文渊阁本《考证》将该书自子部小说类调整至经部五经总义类，这说明文澜阁本《考证》据清抄本《考证》誊录。

（3）《节孝集》。清抄本《考证》与文澜阁本《考证》均将其置于卷四十八，而卷四十八多为子部典籍。文渊阁本《考证》将该书调整移至卷七十八集部作品中，说明文澜阁本《考证》源自清抄本《考证》。

（4）《御定性理大全书》。清抄本《考证》与文澜阁本《考证》均将其置于卷七十一，结合《总目》，可知该卷均为子部类书类典籍，而文渊阁本《考证》将其调整至卷四十九，该卷均为子部儒家类书籍，说明文澜阁本《考证》源自清抄本《考证》。

（5）《仪礼经传通解》与《仪礼经传通解续》。清抄本《考证》与文澜阁本《考证》将《仪礼经传通解》置于卷九,将《仪礼经传通解续》置于卷十,而文渊阁本《考证》对两书位置进行了调整,将两书均置于卷十四。这说明,文澜阁本《考证》源自清抄本《考证》。

(三) 根据各版本《考证》收录校记的内容进行判断

从各版本《考证》所收录校记的内容进行判断,若文澜阁本《考证》沿袭清抄本《考证》之误,但文渊阁本《考证》不误,这将是文澜阁本《考证》抄自清抄本《考证》的最重要的证据。同时,清抄本《考证》上保留着一些馆臣所作校签或涂改,查文澜阁本《考证》皆与清抄本《考证》原文一致,未据校签或涂改校改,而文渊阁本《考证》却均已据校签或涂改进行了校改,此亦为文澜阁本《考证》源自清抄本《考证》原文的重要证据。下举数例。

(1) 文渊阁本《考证》卷七十一子目目录为《唐国史补》,清抄本《考证》与文澜阁本《考证》子目目录均为《唐国史谱》,检各本正文均为《唐国史补》,知"谱"字乃文澜阁本《考证》沿袭清抄本《考证》之误,此系文澜阁本《考证》底本为清抄本《考证》之铁证。

(2) 清抄本《考证》卷五十三第六页 a 前三行《野客丛书》卷十二:"'灰钉'条。《代王元茂檄》,原本'代'讹'伐',又'元茂'二字互倒,并据《樊南集》及《文苑英华》改。"馆臣加校签曰:"据《唐书》及《李商隐集注》并作'王茂元',此误改作'王元茂',宜删。卷五十三,六页前三行。"文澜阁本《考证》完全依据清抄本《考证》原本,未据校签改动,而文渊阁本《考证》则全据清抄本《考证》校签改,删去"又'元茂'二字互倒"句。说明文澜阁本《考证》底本为清抄本《考证》而非文渊阁本《考证》。

(3) 清抄本《考证》卷十四第四十五页 a《钦定礼记义疏》"又'执法令奉圭璋,使诸侯不怨、兵库不起者'"。馆臣将"库"字圈划掉。文澜阁本《考证》未改,仍作"库"。文渊阁本《考证》与殿本《考证》均改作"革"。说明文澜阁本《考证》底本为清抄本《考证》。

（4）卷四十九第五十一页 a《韩非子》"《说难》篇。……又'疆以其所不能为止，以其所不能已'，按：'疆'字、'止'字……"馆臣将两个"疆"字均涂掉。文澜阁本《考证》未改，仍作"疆"。文渊阁本《考证》与殿本《考证》均将两处"疆"均改作"强"。说明文澜阁本《考证》底本为清抄本《考证》。

（5）卷五十八第四十一页 a《太平御览》"'盈川之言信矣'，刊本'言'下衍'不'字，据《唐书》改"。馆臣圈划掉"改"。文渊阁本《考证》与殿本《考证》均已改作"删"字。文澜阁本《考证》未改，仍作"改"字。说明文澜阁本《考证》底本为清抄本《考证》。

（6）清抄本《考证》卷七十一第二十八页 a 前三行《贾氏谭录》"《原序》公馆多暇，偶成编缀，凡六条。案：此书所记不止六条，疑序文有脱讹。又《原序》一篇，《永乐大典》失载，今据《说郛》增"。原有"疑序文"三字，馆臣划掉。文澜阁本《考证》未改，文渊阁本《考证》与殿本《考证》均改为"序文疑"，说明文澜阁本《考证》底本为清抄本《考证》而非文渊阁本《考证》。

（7）清抄本《考证》卷七十八第十五页 a 前九行《郧溪集》卷二十四"《老树》'窟穴尽发露，夔羊皆远屏'，原本'羊'讹'罜'，据《鲁语》'木石之怪曰夔、蝄蜽，土之怪曰坟羊'改"。馆臣将"坟"字偏旁"土"圈划掉。文渊阁本《考证》与殿本《考证》均将"坟"字改作"羵"，文澜阁本《考证》完全依据清抄本《考证》原本，仍作"坟"字，未加改动。说明文澜阁本《考证》底本为清抄本《考证》。

（8）卷七十八第二十九页 a《欧阳文粹》"《上范司谏书》'此又非，更可以待乎七年也？'刊本'更'讹'一'，据《全诗》改"。馆臣圈划掉"诗"字。文渊阁本《考证》与殿本《考证》均改"诗"作"集"字。文澜阁本《考证》未改，仍作"诗"。说明文澜阁本《考证》底本为清抄本《考证》。

（9）清抄本《考证》卷七十八第三十九页 b 后六行《东坡全集》卷

九:"中秋见月寄子瞻,刊本'瞻'讹'由',据施注本改。"对两个"瞻"字与一个"由"字,馆臣均圈划掉。查文渊阁本《考证》与殿本《考证》均已改作"中秋见月寄子由,刊本'由'讹'瞻',据施注本改",但文澜阁本《考证》未作改动,完全依从清抄本《考证》原文。这说明,文澜阁本《考证》底本为清抄本《考证》而非文渊阁本《考证》。

(10)卷七十八第四十八页 a《东坡全集》"《论纲稍欠折利害状》:'馈运不继,以贻天下之大祸。'按:'贻',《唐宋文醇》作'胎',与此异"。馆臣将"作"字后的"胎"字圈划掉。文渊阁本《考证》与殿本《考证》均改作"启"。文澜阁本《考证》未改。说明文澜阁本《考证》底本为清抄本《考证》。

(11)清抄本《考证》卷七十九第十二页 b 后一行《栾城集》卷十六"《安厚卿枢密母大人挽词》",馆臣将"挽"字圈划掉。文渊阁本《考证》与殿本《考证》均将"挽"改作"輓",文澜阁本《考证》完全依据清抄本《考证》原本,仍作"挽"字,未加改动。说明文澜阁本《考证》底本为清抄本《考证》。

上述证据充分说明,文澜阁本《考证》缮录底本为清抄本《考证》而非文渊阁本《考证》。在南三阁《四库全书》绝大多数惨遭毁损的情况下,文澜阁本《考证》原抄十五卷尚完好地保存着其原始面貌,对于我们探究《考证》的版本源流以及文澜阁《四库全书》的编纂历史至关重要。

那么文澜阁本《考证》缮录底本会不会是清抄本《考证》的副本呢?我们认为,誊录清抄本《考证》一百卷是一项巨大的工程,以四库馆誊录文渊阁本《考证》一百卷即需要四名誊录各自承担二十五卷左右的工作量,四库馆不必、也无法腾出如此多的人力重新誊抄一部完全一致的版本,文澜阁本《考证》缮录底本只能是现存清抄本《考证》而非其副本。

　　值得注意的是,由于文澜阁本《考证》无专门机构与人员进行校理,故其绝大部分据清抄本《考证》一字不改地原文照录,导致其沿袭了清抄本《考证》的一些错误。但在特殊的情况下,文澜阁本《考证》办理馆臣有时也在底本出个别校签,对内容进行校改。如清抄本《考证》卷五十三第四十五页 a 前九行《嬾真子》卷四"紫慎微条",馆臣于卷五十三第四十四页 b 末行粘贴校签曰:"'柴'讹'紫',卷五十三,四十五页前九行。"查文渊阁本《考证》未改,仍为"紫"。而文澜阁本《考证》与殿本《考证》均据校签已改为"柴"。文澜阁本《考证》誊录时间早于殿本《考证》时间,故该校签最晚在文澜阁本《考证》誊录时已加。

四、文澜阁本《考证》原抄残卷之价值与不足

　　倘若忽视了四库阁本《考证》以及其与清抄本《考证》之间的差异,仅以"文渊阁本《考证》"代替"四库本《考证》"的版本面貌,或者以清抄本《考证》代替"文渊阁本《考证》"的面貌,得出结论难免以偏概全。我们认为文澜阁本《考证》原抄残卷具有重要的文献价值。

　　1. 对研究《考证》的版本源流问题至关重要

　　文澜阁本《考证》是厘清《考证》版本源流的关键环节。通过上文对文澜阁本《考证》原抄十五卷与清抄本《考证》、文渊阁本《考证》的对勘,我们发现文澜阁本《考证》与文渊阁本《考证》有很大差异,文澜阁本《考证》的缮录底本为清抄本《考证》而非文渊阁本《考证》。这说明,尽管文渊阁本《考证》对清抄本《考证》作了大量的改动和调整,但这些改动并未影响到文澜阁本《考证》,文澜阁本《考证》并没有选择文渊阁本《考证》作底本,仍然据清抄本《考证》进行缮录。文澜阁本《考证》与文渊阁本《考证》虽出同源,却有诸多差异,文澜阁本《考证》原抄残卷完好地保存着《考证》的早期面貌,是《考证》研究中不可或缺的关键版本。

2. 可还原《四库全书》及《考证》的纂修过程,客观评价馆臣的校勘工作

对文澜阁本《考证》原抄残卷的深入研究,有助于我们考察《四库全书》编纂过程中的若干细节,客观评价馆臣的校勘工作。试举两例。如《六艺纲目》。清抄本《考证》与文澜阁本《考证》卷二十均收《六艺纲目》《隶辨》《重修广韵》三种书,文渊阁本《考证》该卷仅收《隶辨》与《重修广韵》两种,却将《六艺纲目》置于卷二十二。文渊阁本《考证》调整《六艺纲目》位置的原因可据《总目》知悉。《总目》卷四二经部四二小学类三收录了《六艺纲目》①,专门论及《六艺纲目》位置调整之缘由:"案:六艺皆古之小学。而自《汉志》以后,小学一类惟收声音训诂之文,此书转无类可归。今附录于小学之末,存古义也。"由此可知文渊阁本《考证》与《总目》关系密切,文渊阁本《考证》根据《总目》对书籍位置进行调整,而文澜阁本《考证》却并未吸收文渊阁本《考证》的成果,仍据清抄本《考证》缮录。再如《小心斋劄记》。清抄本《考证》与文澜阁本《考证》卷四十九均收《小心斋劄记》一书,由于《总目》将其归入子部儒家类存目,故文渊阁本《考证》亦将该书校记撤出。文澜阁本《考证》并未据文渊阁本《考证》撤出该书校记。这说明,文澜阁本《考证》誊录时,没有吸收文渊阁本《考证》办理者的新成果,依然用未经修改的清抄本《考证》作缮录底本,对《考证》一书的编纂,馆臣纯粹应付差事为编而编,并非是对书籍反复进行精审的校勘以求接近书籍原貌。

3. 可据文澜阁本《考证》补正他本《考证》之阙误

文澜阁本《考证》可补文渊阁本《考证》之阙。试举两例。第一,以《青山集》为例。文渊阁本《考证》卷七十九目录在《济南集》后紧接

---

① (清)永瑢等:《四库全书总目》,第369—370页。

《书墁集》,查清抄本《考证》与文澜阁本《考证》卷七十九目录,两书中间为《青山集》。细审文澜阁本《考证》卷七十九正文,《济南集》与《书墁集》两书校记页分别为第三十三页、第三十五页,其页数并不相连,可以肯定,中间撤出了第三十四页。据清抄本《考证》与文澜阁本《考证》可知,该撤出页为《青山集》校记页。这说明,文渊阁本《考证》据底本抄好之后,由于某种原因直接将《青山集》校记页撤出,其他页之页数未及重改,仅将该卷《考证》目录页删去《青山集》并重新抄录。文澜阁本《考证》正可补文渊阁本《考证》之阙。

第二,以《小心斋札记》为例。清抄本《考证》卷四十九第三十五页 a“‘或问世之狭薄程朱’条。‘天地固有常矣’,刊本‘地’说‘下’。又‘凿隧而入井’,刊本‘而入’二字互倒,并据《庄子》改”。馆臣将“说”字圈划掉。该条校记出自《小心斋札记》。因《小心斋札记》被《总目》列入存目书,故文渊阁本《考证》删该书校记。而文澜阁本《考证》仍保留该书校记,据馆臣校签将“说”字改作“讹”,作“‘天地固有常矣’,刊本‘地’说‘下’”。校改非常准确。此为文澜阁本《考证》可补文渊阁本《考证》之阙例。

文澜阁本《考证》可正文渊阁本《考证》之误。以《述异记》为例。清抄本《考证》子目目录与正文、文澜阁本《考证》子目目录与正文皆作《述异记》。文渊阁本《考证》子目目录与正文皆作《述异志》。查文渊阁《全书》与《总目》,该书当作《述异记》。文渊阁本《考证》作《述异志》,误,可据文澜阁本《考证》正之。

文澜阁本《考证》可正清抄本《考证》之误。如清抄本《考证》卷七十二子目目录处误将《佛祖历代通载》一书著录为《历代佛祖通载》,此处倒文可据文澜阁本《考证》正之。

4. 为《四库全书》阁本的研究提供一个典型例证

目前学界对阁本与底本、阁本与阁本的关系问题上存在许多盲

点,如现存《四库全书》各阁本面貌为何有差异?《四库全书》各阁本
所据是否为同一底本?而《考证》是研究这些问题的一个绝佳的典型
例证。文澜阁本《考证》与文渊阁本《考证》出现差异是源于两者成书
过程不同,两者虽同源自清抄本《考证》,但文渊阁本《考证》进行了大
量的改动,文澜阁本《考证》几乎据清抄本《考证》原文照录。对文澜
阁本《考证》原抄残卷的深入研究为《四库全书》阁本的研究提供了一
个新视角。

　　当然,文澜阁本《考证》原抄残卷也有许多不足。最为明显的是,
其誊录时有讹误。如文澜阁本《考证》卷十四《陈氏礼记集说补正》误
作《春氏礼记集说补正》;卷四十九《思辨录辑要》脱“辑要”二字;《三
鱼堂賸言》误“鱼”为“余”;卷五十三误《坦斋通编》作《坦斋通论》;卷
六十二误《古今姓氏书辩证》作《古今姓氏书辨证》;卷七十一《东斋纪
事》一书,书名行与正文行中间空出一行,乃誊录漏抄撰者及其时代;
卷七十一子目目录误《程史》为《程史》。再如,清抄本《考证》卷七十
二《夷坚志》“完颜亮词条:‘坐视银蟾出海’,原本‘银蟾’讹‘蟾宫’,
‘海’讹‘现’,并据《程史》改”,文澜阁本《考证》将《程史》误作《程史》。
如此种种,足见文澜阁本《考证》原抄誊录粗疏。

　　瑕不掩瑜,文澜阁本《考证》原抄残卷有十分重要的文献价值,值
得进一步研究和利用。

第三节　殿本《考证》考

一、殿本《考证》校勘者考析

　　殿本《考证》每卷目录后均题恭校者姓名,格式作“臣某某恭校”。

总目录后为"臣吴裕德恭校",卷一目录末为"臣王锡奎恭校",卷二目录末为"臣玉保恭校",卷三目录末为"臣吴璥恭校"等。

为清晰起见,现将各馆臣所校《考证》卷数情况列表如下(见表2-2)。

表2-2　馆臣校勘武英殿《考证》情况一览表

序号	参与《考证》校勘馆臣(所校卷数)	校勘《考证》卷次
1	吴裕德	总目录
2	王锡奎(七)	卷一、卷三十二、卷三十四、卷三十五、卷五十八、卷六十九、卷七十
3	玉保(二)	卷二、卷四十
4	吴璥(八)	卷三、卷四、卷三十六、卷四十四、卷四十五、卷七十一、卷七十二、卷九十六
5	祝堃(七)	卷五、卷二十九、卷三十一、卷六十五、卷八十四、卷八十五、卷八十六
6	吴廷选(十)	卷六、卷十五、卷四十一、卷四十六、卷五十五、卷五十六、卷七十八、卷九十四、卷九十五、卷九十八
7	马启泰(九)	卷七、卷二十一、卷二十二、卷三十七、卷三十九、卷六十六、卷六十七、卷九十一、卷九十二
8	朱攸(四)	卷八、卷二十三、卷四十二、卷五十四
9	章宗瀛(四)	卷九、卷二十五、卷二十六、卷三十八
10	吴鼎雯(七)	卷十、卷十九、卷二十、卷五十九、卷六十、卷七十三、卷一百
11	缪晋(三)	卷十一、卷十四、卷十八

序号	参与《考证》校勘馆臣（所校卷数）	校勘《考证》卷次
12	文宁（十二）	卷十二、卷十三、卷四十七、卷四十八、卷五十七、卷八十、卷八十二、卷八十三、卷八十九、卷九十三、卷九十七、卷九十九
13	俞廷抡（七）	卷十六、卷二十七、卷二十八、卷五十一、卷五十二、卷六十八、卷七十九
14	崔景仪（二）	卷十七、卷二十四
15	蒋攸铦（八）	卷三十、卷三十三、卷四十三、卷四十九、卷五十、卷八十一、卷八十八、卷九十
16	彭元珫（二）	卷五十三、卷七十四
17	陈嗣龙（八）	卷六十一、卷六十二、卷六十三、卷六十四、卷七十五、卷七十六、卷七十七、卷八十七

据上表，共计十七位馆臣参与了殿本《考证》的校勘。该项校勘工作呈现出如下特点：

1. 校勘馆臣分批加入

通过对各馆臣校勘殿本《考证》卷次进行推测，卷一至卷一百并非全部依次分配到这十七位馆臣手中，而是部分卷数只集中分配给了某几位馆臣。这说明，诸馆臣加入殿本《考证》校勘工作并非同时，有先有后，分批次加入该校勘工作。按其加入《考证》校勘工作先后，我们发现除吴裕德之外的十六位馆臣共分四批分别加入。① 第一批，即最初参与校勘者仅十三位，分别为王锡奎、玉保、吴璥、祝堃、吴廷选、马启泰、朱攸、章宗瀛、吴鼎雯、缪晋、文宁、俞廷抡、崔景仪。他们依次校勘殿本《考证》的卷一至卷十七，每人校完手头任务后，又各自领取接下的卷次,这十三位馆臣一直校勘到卷二十九。② 第二批,蒋攸铦。当祝堃领取卷二十九后,蒋攸铦方才加入校勘工作,负责校勘卷三十。③ 第三批,彭元玪。当俞廷抡领取卷五十二后,彭元玪方才加入,负责校勘卷五十三。④ 第四批,陈嗣龙。陈嗣龙最后加入校勘队伍,当吴鼎雯领取卷六十后,陈嗣龙方才加入,负责校勘卷六十一。吴裕德加入《考证》校勘工作的具体时间尚难确定,其负责校勘《考证》总目录,据《档案》记载可推知其加入时间不会过早。

2. 按校勘进度随校随分

最初对该书校勘进行分工时,第一批参与的十三位馆臣每人一卷(极少数一人两卷),校毕再接续领取。自卷十九之后,馆臣再领取任务时大多一次两卷。说明在校勘之初,馆臣并未对《考证》全书进行准确全面分工,而是随校随分,各员尝试校勘,各自把握校勘进度,校完手头一卷再领取接续一、两卷,如此进行。校勘至卷六十一时,陈嗣龙新加入,一次即领取了六十一、六十二、六十三、六十四这四卷,而陈嗣龙校毕再申领时,又一次领取了七十五、七十六、七十七这三卷,显然进度很快。

3. 校勘卷数多少不一

校勘卷数最多者文宁,共校勘十二卷,其次为吴廷选,校勘十卷,再次为马启泰,校勘九卷。而校勘最少者为吴裕德,仅校勘了总目录,其次为玉保、崔景仪、彭元玪,均只校勘了两卷。

4. 各馆臣校勘工作持续时间长短不一

从校勘《考证》内容跨度上看,王锡奎校勘了卷一,吴鼎雯校勘了最后一卷。吴璘、吴廷选校勘工作卷次跨度最大,持续时间最长,几乎参与了该书从头至尾的全部校勘。

这说明,校勘殿本《考证》是一个复杂的过程,中间经过了办理人员的不断调整和变动,是一项规模较大的工程。

二、《总目》职官表对武英殿《考证》校勘十七员的著录情况考析

校勘武英殿《考证》的十七位馆臣,仅有八位在《总目》职官表有记载,列表如下(见表2-3)。

表2-3 《总目》职官表对武英殿《考证》
校勘八员著录情况一览表

浙本《总目》职官表	文澜阁《总目》职官表(丁抄)	殿本《总目》职官表
武英殿提调官:翰林院检讨臣**彭元玳**	武英殿提调官:翰林院检讨臣**彭元玳**	提调官:翰林院检讨臣**彭元玳**
武英殿提调官:翰林院编修臣:**吴裕德**	武英殿提调官:翰林院编修臣:**吴裕德**	提调官:翰林院编修臣**吴裕德**
校勘永乐大典纂修兼分校官:翰林院编修臣**吴鼎雯**	校勘永乐大典纂修兼分校官:翰林院编修臣**吴鼎雯**	纂修官:翰林院编修臣**吴鼎雯**
校勘永乐大典纂修兼分校官:翰林院庶吉士臣**祝堃**	校勘永乐大典纂修兼分校官:翰林院庶吉士臣**祝堃**	纂修官:翰林院庶吉士臣**祝堃**
缮书处分校官:翰林院编修臣**朱攸**	缮书处分校官:翰林院编修臣**朱攸**	分校官:翰林院编修臣**朱攸**
		分校官:翰林院编修臣**吴锡麟**
缮书处分校官:翰林院编修臣**马启泰**	缮书处分校官:翰林院编修臣**马启泰**	分校官:翰林院编修臣**马启泰**
缮书处分校官:翰林院庶吉士臣**俞廷抡**	缮书处分校官:翰林院庶吉士臣**俞廷抡**	分校官:翰林院庶吉士臣**俞廷抡**

据上表,《总目》职官表所载八名馆臣中,来自翰林院四库馆者有两人,分别为吴鼎雯、祝堃,来自武英殿四库馆者有彭元珫、吴裕德、朱攸、吴锡麟、马启泰、俞廷抡六人。其中彭元珫既是武英殿提调官,又是翰林院检讨;吴裕德既是武英殿提调官,又是翰林院编修;朱攸、马启泰既是武英殿缮书处分校官,又是翰林院编修;俞廷抡既是武英殿缮书处分校官,又是翰林院庶吉士。这说明,翰林院四库馆与武英殿四库馆两个机构的馆臣由于任务与职责的变更,人员亦不断进行调整与变动。

三、清抄本《考证》校签、涂改时间与殿本《考证》校勘时间考辨

清抄本《考证》上诸多校签、涂改是为了武英殿排印,故清抄本《考证》校签、涂改的时间与殿本《考证》校勘时间一致。尤其清抄本《考证》上有五处校签称"马启泰签",而殿本《考证》各卷均题校对者姓名,卷九十、卷九十一恰是马启泰,可以断定殿本《考证》署名馆臣即是清抄本《考证》的校改者,可从殿本《考证》的馆臣署名推测清抄本《考证》校改时间。琚小飞据各馆臣任职时间得出结论:清抄本《考证》校签、涂改时间上限当是乾隆四十七年(1782)七月十九日以后,时间下限为乾隆五十二年十二月初九日,即清抄本《考证》校签及修改当完成于乾隆四十七年七月十九日至乾隆五十二年十二月初九日之间。但琚文又言"清抄本《考证》中的校签及涂改的完成不会早于乾隆五十二年十二月初九日",即校签及墨笔修改"最终完成至少应在乾隆五十二年十二月初九日吴裕德、彭元珫任职武英殿后"。①那么清抄本《考证》校勘时间下限究竟是乾隆五十二年十二月初九日

---

① 琚小飞:《清代内府抄本〈四库全书考证〉考论》,《文献》2017 年第 5 期。

之前，还是该时间之后？显然琚文对清抄本《考证》校勘的时间下限判断自相矛盾。

对清抄本《考证》校签、涂改的起止时间与殿本《考证》校勘起止时间的判定应合乎以下两个标准：① 该时间段为这十七位馆臣集体参与《考证》校勘的时间，此期间诸馆臣无其他工作安排；② 馆臣授予官职的时间与其从事某项工作的时间，这两者有时并非完全同步，故不能仅用其所授官职的时间来作为判断其办理某事项时间的唯一依据。

遍检《档案》，可得出结论：清抄本《考证》校签、涂改的起止时间与殿本《考证》校勘起止时间当为乾隆五十年二月初九日至乾隆五十二年五月二十三日之间。下详述之。

1. 先看时间上限

《档案》载《谕内阁四库全书告成翰苑各员着按考试等第分别升降革罚》①是考察殿本《考证》校勘时间上限最重要的一条材料，其曰："乾隆五十年（1785）二月初九月内阁奉上谕：朕因修《四库全书》，未免从权优用。兹书既告成，理应循名责实，以清翰苑。是以于乾清宫考试，而切题者不一二见，祇按其文字优劣，分为四等。"四等人员分别为一等两人，二等三十五人，三等五十人，四等三十二人，不入等者四人。其中一等有吴璥，二等有祝堃、吴鼎雯、玉保，三等有俞廷抡、陈嗣龙、章宗瀛、缪晋、朱攸，四等有马启泰、彭元玙，以上共计十一人。据《档案》，该考试后，"编修吴璥著升授侍讲学士，侍讲玉保著升授侍讲学士；其二等之未经升用者，俱著记名，遇有应升缺出提奏；其考列三等之编修章宗瀛、朱攸等所有在馆议叙升用之处，俱著注销，仍各罚俸半年；至考列四等之检讨彭元玙，所有在馆议叙升用之处，俱著注销，仍各罚俸一年；其未经降改之编修马启泰，著罚俸二年"。

---

① 中国第一历史档案馆：《纂修四库全书档案》，第 1859 页。

再结合殿本《考证》中所署名的十七位馆臣,我们发现,在《四库全书》告成后,以上这十一位在乾隆五十年二月初九日参加考试按等第升降革罚之馆臣全部参与了殿本《考证》的校勘工作,故乾隆五十年二月初九日当是殿本《考证》校勘的时间上限。

殿本《考证》署名馆臣十七人,除上述十一人外,尚有吴裕德、王锡奎、吴廷选、文宁、崔景仪、蒋攸铦六人,其中王锡奎、吴廷选、文宁、崔景仪、蒋攸铦五人均为乾隆甲辰进士,即乾隆四十九年(1784)进士。具体如下。王锡奎,江南华亭人,甲辰进士,湖北老官。① 乾隆五十年二月二十四日,王锡奎作为四库全书缮签处九员之一,除每日至武英殿专缮四库全书书签,且复兼办《五经》及《通志堂经解》,详细写校,踊跃奋勉,均无遗误,故其作为庶吉士,被奏请照承办《简明目录》之庶吉士祝堃免其散馆之例,准予授职。② 文宁,侍讲学士,满洲正红旗人,甲辰进士。③ 吴廷选,江南荆溪人,甲辰进士。④ 崔景仪,编修,山西永济人,甲辰进士。⑤ 蒋攸铦,编修,汉军镶蓝旗人,甲辰进士。⑥ 此五人虽未参加乾隆五十年二月初九日考试,但其作为同年进士,亦与参加考试的十一位馆臣一同参与到殿本《考证》校勘工作。上文通过对殿本《考证》署名人员校勘卷数考察,王锡奎、吴廷选、文宁、崔景仪作为第一批校勘《考证》的人员,其校勘开始时间当与第一批中其他校勘者相同,均应始于乾隆五十年二月初九日。蒋攸铦年谱载其在乾隆五十年充武英殿协修官⑦,这个时间亦与乾隆五十年二月初九

---

① (清)法式善:《清秘述闻》卷八,清嘉庆四年(1799)刻本。
② 中国第一历史档案馆:《纂修四库全书档案》,第1867页。
③ (清)法式善:《清秘述闻》卷十六,清嘉庆四年(1799)刻本。
④ (清)法式善:《清秘述闻》卷八,清嘉庆四年(1799)刻本。
⑤ (清)法式善:《清秘述闻》卷八,清嘉庆四年(1799)刻本。
⑥ (清)法式善:《清秘述闻》卷八,清嘉庆四年(1799)刻本。
⑦ (清)蒋攸铦:《绳枻斋年谱》,《近代中国史料丛刊》第二十辑第191册,文海出版社,1966年,第12页。

日这个殿本《考证》校勘的时间上限结论相吻合。

值得注意的是吴裕德,其负责《考证》总目录的校勘。其加入《考证》校勘的具体时间《档案》未明确记载,但《档案》提及了关于吴裕德的三件史实,这三个时间点对判断其加入《考证》校勘时间有启发。① 乾隆五十年(1785)正月二十三日。"吴裕德,由编修于四十六年奏充。头分告成,议叙应升之处列名在前。该员行走既久,办事尤勤,现在奏派校阅续办三分《全书》,因丁忧不敢仰邀议叙。"①即吴氏于乾隆五十年正月二十三日被派令办理南三阁,因丁忧未果。② 乾隆五十二年三月十九日。"四库全书处进呈续缮三分书,李清所撰《诸史同异录》书内,称我朝世祖章皇帝与明崇祯四事相同,妄诞不经,阅之殊堪骇异。……其承办续三分书之侍读恭泰、编修吴裕德虽系提调兼司总校,但率任书手误写,均难辞咎。所有办《四库全书》之皇子、大臣,及总纂纪昀、孙士毅、陆锡熊,总校陆费墀、恭泰、吴裕德,从前覆校许烺,俱著交部分别严加议处。"②即乾隆五十二年三月十九日其因办理南三阁书中违碍事受罚。③ 乾隆五十二年五月二十三日。吴裕德被派令复校文渊阁。③ 综上,吴裕德参与校勘《考证》总目录的时间段当在乾隆五十二年三月十九日至乾隆五十二年五月二十三日之间,其时《考证》校勘工作已接近尾声。

2. 再看时间下限

据《档案》载(乾隆五十二年五月二十三日)《质郡王永瑢等奏现办覆校文渊文源两阁书籍事宜折》:"……奉旨校勘文渊、文源两阁书籍,业将酌定章程,恭折具奏在案。现据各该衙门将派出看书人员开

① 中国第一历史档案馆:《纂修四库全书档案》,第 1850 页。
② 中国第一历史档案馆:《纂修四库全书档案》,第 1992 页。
③ 中国第一历史档案馆:《纂修四库全书档案》,第 2011 页。

送前来,臣等遵旨将在城、在园各员,酌为分派。"①另据该条《档案》所附两份清单②,可知本次被派去复校文渊、文源两阁的馆臣共有以下十一位:在城校勘文渊阁者五人,分别为朱攸、吴裕德、马启泰、俞廷抡、吴廷选五人;在园校勘文源阁者六人,分别为陈嗣龙、祝坕、崔景仪、蒋攸铦、玉保、彭元珫。就校勘殿本《考证》的十七名馆臣而言,自乾隆五十二年(1787)五月二十三日,已有十一人被派令复校文渊、文源阁书籍。这证明,至乾隆五十二年五月二十三日,十七名馆臣已将殿本《考证》校勘完毕,而其中十一人此时已有复校文渊、文源两阁书籍的新任务。再查该十一人在殿本《考证》中之署名卷次,卷次最末者为吴廷选,其负责最末卷为《考证》卷九十八,《考证》共百卷,说明至乾隆五十二年五月二十三日,殿本《考证》已基本校勘完毕。故乾隆五十二年五月二十三日是清抄本《考证》校签、涂改与殿本《考证》校勘完毕的时间下限。

琚文认为清抄本《考证》的校签及涂改完成"不早于乾隆五十二年十二月初九日",即此为其时间下限,证据是《档案》载该日因章宗瀛告假、缪晋丁忧,而吴裕德、彭元珫方充补章宗瀛、缪晋所遗纂修二缺③,故琚文认为殿本《考证》署名吴裕德、彭元珫二者时间及二人参与武英殿校书必定在乾隆五十二年(1787)十二月初九日之后。我们认为这个结论不能成立。馆臣授予官职的时间未必与其所从事某项工作的时间完全一致,故仅仅用其所授官职的时间来作为判断其办理某事项时间的唯一依据,并不合乎史实。我们认为,清抄本《考证》校签、涂改与殿本《考证》校勘这两项工作在乾隆五十二年十二月初九日这个时间点之前早已完成,具体而言是在乾隆五十二年五月二十三日前均已完成。

更能支持以上结论的理由是,在乾隆五十二年(1787)五月二十三日至乾隆五十二年十二月初九日之间,已有诸多参与《考证》校勘的馆臣忙于文渊、文源或南三阁书籍的复勘工作,这足以证明清抄本《考证》校签、涂改与殿本《考证》校勘工作在乾隆五十二年五月二十三日业已完成。以下列举支持以上结论的八点证据。

①《档案》载《江南道监察御史莫瞻菉奏请于武英殿重校三分书籍折》:"(乾隆五十二年七月初六日)……俟文渊阁校改完竣,即饬令该校对等在武英殿重将三分书悉心覆校。除照两阁签改原档查对挖改外,其别项错讹,亦令逐一更正,并各回避原校之书,以防回护。再于现派办书熟手内酌选多员,分司查阅。……至收发书册,挖补填字,即饬原馆提调玉保等八员经理。"①说明乾隆五十二年(1787)七月初六日,玉保已参与重校南三阁书籍,而其校勘《考证》一事已完毕。

②《档案》载《兵部尚书彭元瑞奏请回避彭元珫阅看列衔之书折》:"(乾隆五十二年七月二十七日)臣奉派详校文渊阁《全书》,总核签档,谨竭愚办理,将次告竣以后,接办三分书。查三分书,前经奏明交翰林吴裕德、彭元珫专看提要,计三分十万余册,半系臣弟彭元珫阅看列衔之书。"②说明乾隆五十二年(1787)七月二十七日吴裕德、彭元珫专负责南三阁书籍之提要。

③《档案》载《质郡王永瑢等奏查明〈四库全书〉遗失有印底本请将提调等分别议处折》:"(乾隆五十二年七月三十日)……为查明《四库全书》遗失有印底本,恭折参奏事。窃臣等奉旨清查《全书》底本,当经派出各员分别有印无印,或全或缺,据实登记,并调取各项册档,详加核对。……及至续办三分《全书》时,复移交刘坤、苏保、玉保、罗

① 中国第一历史档案馆:《纂修四库全书档案》,第 2038 页。
② 中国第一历史档案馆:《纂修四库全书档案》,第 2052 页。

修源、吴敬舆、恭泰、胡荣、徐鉴八员分部经管。……至续办三分书提调八员内……苏保、玉保、胡荣各遗失三种……应请交部分别议处。"①说明乾隆五十二年(1787)七月三十日,玉保等员正忙于办理南三阁《全书》遗失有印底本之事件,而其参与校勘《考证》一事已完毕。

④《档案》载《谕内阁签出〈读画录〉等书违碍字句之详校官着交部议叙》:"乾隆五十二年八月十一日内阁奉上谕:现在覆勘文渊等阁所藏《四库全书》,据详校官祝堃签出周亮工《读画录》、吴其贞《书画记》内有违碍猥亵之处,已照签撤改矣。……所有详校之胡高望、吉梦熊、阮葵生、祝堃俱著交部议叙。"②说明在乾隆五十二年(1787)八月十一日,祝堃负责复校文渊阁书籍,不再校勘《考证》,而其所校《考证》最后一卷为卷八十六,可证在乾隆五十二年八月十一日,校勘《考证》一事已完毕。

⑤《档案》载《谕陆费墀革任之处着注册等议处事》:"(乾隆五十二年八月二十二日)又议遗失有印书籍之原充四库馆提调陆费墀等照例革任降调罚俸一疏,奉谕旨:……彭元珫俱著降一级调用,吴裕德、周兴岱、关槐俱著销去加一级,免其降调;……玉保著销去纪录一次,俱免其罚俸。"③说明吴裕德、彭元珫、玉保办理南三阁书籍时均因遗失有印底本受到处罚,此时三人已完成《考证》校勘工作。

⑥《档案》载《谕签出违碍错误之详校官胡高望等俱着纪录一次》:"(乾隆五十二年九月二十七日)又议覆勘《四库全书》签出违碍错误之详校官、内阁学士胡高望等照例纪录一疏,奉谕旨:胡高望、吉梦熊、阮葵生、祝堃俱著纪录一次。"④亦说明此时祝堃忙于复校文

① 中国第一历史档案馆:《纂修四库全书档案》,第 2053 页。
② 中国第一历史档案馆:《纂修四库全书档案》,第 2057 页。
③ 中国第一历史档案馆:《纂修四库全书档案》,第 2059 页。
④ 中国第一历史档案馆:《纂修四库全书档案》,第 2062 页。

渊阁书籍,而非校勘《考证》事宜。

⑦《档案》载《军机大臣奏遵旨查明文渊文源阁详校各员等拟赏缎定名单进呈片》:"(乾隆五十二年十月初九日)……文渊、文源两阁详校各员,从未曾充当四库馆总阅、总纂、总校、分校等官及校对清文者,每人拟赏缎一疋。谨开写名单进呈。……拟赏详校《四库全书》各员名单:……编修陈嗣龙……崔景仪……蒋攸铦……以上一百七十员。"①说明乾隆五十二年(1787)十月初九日,陈嗣龙、崔景仪、蒋攸铦在进行文渊、文源两阁复校工作,而蒋攸铦负责《考证》卷九十的校勘工作,亦证明此前《考证》的校勘工作已全部完成。

⑧《档案》载《质郡王永瑢奏酌议详校三分书携归私宅校勘办法折》:"(乾隆五十二年十月二十八日)据御史祝德麟条奏,详校三分《全书》请准该员等携归私宅,昼夜校勘,一切收发章程交总理大臣详悉妥议具奏。……至详校官签出应改、应补之书,由核签处核定提调等转交原办之校对收拾换写,办妥后即交原派之提调吴裕德、彭元珫及武英殿派出各员查明用宝,以昭慎重。"②说明自乾隆五十二年(1787)十一月十五日,吴裕德、彭元珫开始忙于详校南三阁书籍携归私宅校勘事项的管理,亦证明校勘《考证》工作已完毕。

上述材料充分说明,乾隆五十二年(1787)五月二十三日,参与清抄本《考证》校勘的十一位馆臣已被派令覆校文渊、文源二阁书籍,证明清抄本《考证》校签及涂改工作已经完成。乾隆五十二年五月二十三日至乾隆五十二年十二月初九日之间,吴裕德、彭元珫、玉保、祝堃、陈嗣龙、崔景仪、蒋攸铦等人都忙于文渊、文源或南三阁书籍的覆勘工作,而《考证》校勘工作早已完成。故清抄本《考证》校签、涂改的时间下限与殿本《考证》校勘时间下限均为乾隆五十二年五月二十三

---

① 中国第一历史档案馆:《纂修四库全书档案》,第 2071 页。
② 中国第一历史档案馆:《纂修四库全书档案》,第 2084 页。

日而非乾隆五十二年十二月初九日。

我们遍检《档案》,钩稽、比对校勘《考证》的十七位馆臣的全部材料,发现在乾隆五十年二月初九日前(即北四阁《四库全书》告成,举行了一场考试前),诸位馆臣办理各阁《全书》《永乐大典》本的事迹非常齐全。同时在乾隆五十二年(1787)五月二十三日派令大批馆臣复校文渊、文源两阁书籍这件事之后,诸位馆臣所从事的工作记载亦十分详尽。惟乾隆五十年二月初九日至乾隆五十二年五月二十三日这段时间,长达两年零三个月,对这十七位馆臣的工作无详细说明,我们有理由认为,这段时间,是这十七位馆臣集中校勘《考证》的时间。

综上,我们得出结论,清抄本《考证》校签、涂改时间与殿本《考证》校勘时间上下限均分别为:乾隆五十年(1785)二月初九日至乾隆五十二年五月二十三日。(见图2-4)最后看有关于《考证》编成时间的两条记载。①《钦定四库全书考证》一百卷,乾隆四十八年奉敕编。① ②《钦定四库全书考证》一部,是编以《全书》《荟要》内分签考订之处奉敕编次成书,凡一百卷,五十四年校刊。② 说明乾隆四十八年已有一个版本的《考证》编次完毕,而殿本《考证》校勘时间在乾隆四十八年与乾隆五十四年之间,这个结论与我们上文考辨的殿本《考证》校勘时间在乾隆五十年二月初九日与乾隆五十二年五月二十三日完全相吻合的。关于《考证》的成书时间,尚有《书目答问》③《郑堂读书记》④所言乾隆四十一年的说法,这些说法仅依据乾隆四十一年上谕,是为《考证》开始编制时间,而并非《考证》最终完成时间,故并不可靠。

---

① (清) 刘锦藻:《清续文献通考》卷二百七十,民国景十通本。
② (清) 庆桂:《国朝宫史续编》卷九十三,清嘉庆十一年(1806)内府抄本。
③ (清) 张之洞:《书目答问》子部,清光绪间刻本。
④ (清) 周中孚:《郑堂读书记》卷五十五,民国《吴兴丛书》本。

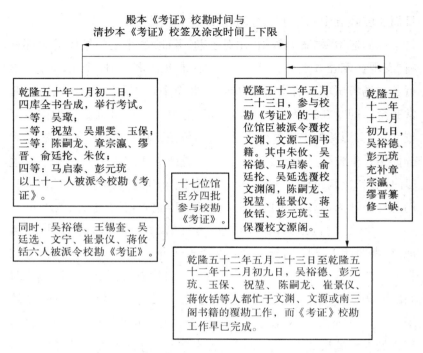

图 2-4　清抄本《考证》校签及涂改时间与殿本
《考证》校勘时间关系示意图

第四节　文澜阁本《考证》缮录时间与文渊
阁本《考证》校勘时间先后考

　　通过第二节考知文澜阁本《考证》缮录时间在乾隆五十年(1785)
正月二十三日至乾隆五十二年二月二十五日之间,通过第三节考见
殿本《考证》的校办时间为乾隆五十年二月初九日至乾隆五十二年五
月二十三日,两者时间有交叉,那么文澜阁本《考证》与殿本《考证》何

者完成在前呢？我们可以发现解决这一问题的关键是吴裕德,吴裕德既作为总校官校勘了文澜阁本《考证》,又参与校勘了殿本《考证》总目录。吴裕德参与校勘殿本《考证》总目录的时间在乾隆五十二年三月十九日至乾隆五十二年五月二十三日之间,时间在其校勘文澜阁本《考证》之后,故文澜阁本《考证》缮录时间早于殿本《考证》校办时间。

以下讨论文澜阁本《考证》缮录时间与文渊阁本《考证》校改时间先后问题。文澜阁《四库全书》编纂时间在文渊阁《四库全书》之后,那么文澜阁本《考证》誊录时间是否也晚于文渊阁本《考证》呢？我们通过研究发现,文澜阁本《考证》缮录时间早于文渊阁本《考证》校勘时间。以下详论之。

对于清抄本《考证》上校签或涂改,文澜阁本《考证》全据清抄本《考证》原文而未加改动,说明在文澜阁本《考证》誊录时,清抄本《考证》上尚未留下涂改痕迹,且绝大多数校签尚未粘贴。文渊阁本《考证》与殿本《考证》均据校签改,说明文渊阁本《考证》校勘时,在清抄本《考证》上进行了大量的涂改,且加了部分校签,即清抄本《考证》上这些校签或涂改至晚在校勘文渊阁本《考证》时已加。这充分证明文澜阁本《考证》誊录时间早于文渊阁本《考证》校勘时间。下举十例。

① 清抄本《考证》卷十四第四十五页 a《钦定礼记义疏》:"又'执法令奉圭璋,使诸侯不怨、兵库不起者'。"馆臣将"库"字圈划掉。文澜阁本《考证》未改,仍作"库"。文渊阁本《考证》与殿本《考证》均改作"革"。该涂改至晚在校勘文渊阁本《考证》时已加,文澜阁本《考证》在此之前已完成。

② 清抄本《考证》卷五十三第六页 a《野客丛书》:"'灰钉'条。《代王元茂檄》,原本'代'讹'伐',又'元茂'二字互倒,并据《樊南集》

及《文苑英华》改。"馆臣加校签曰:"据《唐书》及《李商隐集注》并作'王茂元',此误改作'王元茂',宜删。卷五十三,六页前三行。"文澜阁本《考证》未据校签改动。文渊阁本《考证》据校签进行了改动,删去"又'元茂'二字互倒"句,并将《樊南集》改作"李商隐集"。殿本《考证》不仅删去"又'元茂'二字互倒"句,将《樊南集》改作"李商隐集",并且径直将"王元茂"改为"王茂元"。文澜阁本《考证》未改,而文渊阁本《考证》与殿本《考证》均据校签改,该校签至晚在校勘文渊阁本《考证》时已加,文澜阁本《考证》在此之前已完成。

　　③ 清抄本《考证》卷五十八第四十一页 a《太平御览》:"'盈川之言信矣',刊本'言'下衍'不'字,据《唐书》改。"馆臣圈划掉"改"字。文渊阁本《考证》与殿本《考证》均已改作"删"字。文澜阁本《考证》未改,仍作"改"字。该涂改至晚在校勘文渊阁本《考证》时已加,文澜阁本《考证》在此之前已完成。

　　④ 清抄本《考证》卷七十一第二十八页 a《贾氏谭录》:"《原序》公馆多暇,偶成编缀,凡六条。案:此书所记不止六条,疑序文有脱讹。又《原序》一篇,《永乐大典》失载,今据《说郛》增。"馆臣圈划掉"疑序文"三字。文渊阁本《考证》与殿本《考证》均将"疑序文"三字改作"序文疑"。文澜阁本《考证》未改。该涂改至晚在校勘文渊阁本《考证》时已加,文澜阁本《考证》在此之前已完成。

　　⑤ 清抄本《考证》卷七十八第十五页 a《郧溪集》:"《老树》'窟穴尽发露,夔羊皆远屏',原本'羊'讹'辇',据《鲁语》'木石之怪曰夔、蛧蜽,土之怪曰坟羊'改。"馆臣圈划掉"坟"字偏旁。文渊阁本《考证》与殿本《考证》均将此字改作"羵"。文澜阁本《考证》未改,仍作"坟"。该涂改至晚在校勘文渊阁本《考证》时已加,文澜阁本《考证》在此之前已完成。

　　⑥ 清抄本《考证》卷七十八第二十九页 a《欧阳文粹》:"《上范司

谏书》'此又非,更可以待乎七年也?'刊本'更'讹'一',据《全诗》改。"
馆臣圈划掉"诗"字。文渊阁本《考证》与殿本《考证》均改"诗"作"集"
字。文澜阁本《考证》未改,仍作"诗"。该涂改至晚在校勘文渊阁本
《考证》时已加,文澜阁本《考证》在此之前已完成。

⑦ 清抄本《考证》卷七十八第三十九页 b《东坡全集》:"中秋见月
寄子瞻。刊本'瞻'讹'由',据施注本改。"馆臣圈划掉两个"瞻"字与
一个"由"字。文渊阁本《考证》与殿本《考证》均将两个"瞻"字与一个
"由"字分别改作两个"由"字与一个"瞻"字。文澜阁本《考证》未改。
该涂改至晚在校勘文渊阁本《考证》时已加,文澜阁本《考证》在此之
前已完成。

⑧ 清抄本《考证》卷七十八第四十八页 b《东坡全集》:"《论纲稍
欠折利害状》:'馈运不继,以贻天下之大祸。'按:'贻',《唐宋文醇》作
'胎',与此异。"馆臣将"作"字后的"胎"字圈划掉。文渊阁本《考证》
与殿本《考证》均改作"启"。文澜阁本《考证》未改。该涂改至晚在校
勘文渊阁本《考证》时已加,文澜阁本《考证》在此之前已完成。

⑨ 清抄本《考证》卷七十九第十二页 b《栾城集》:"《安厚卿枢密
母大人挽词》",馆臣将"挽"字圈划掉。文渊阁本《考证》与殿本《考
证》均将"挽"改作"輓",文澜阁本《考证》未改,仍作"挽"。该涂改
至晚在校勘文渊阁本《考证》时已加,文澜阁本《考证》在此之前已
完成。

⑩ 清抄本《考证》卷四十九第五十一页 a《韩非子》:"《说难》
篇。……又'疆以其所不能为止,以其所不能已',按:'疆'字、'止'
字……"馆臣将两个"疆"字均涂掉。文澜阁本《考证》未改,仍作
"疆"。文渊阁本《考证》与殿本《考证》均将两处"疆"均改作"强"。
该涂改至晚在校勘文渊阁本《考证》时已加,文澜阁本《考证》在此之
前已完成。

综上,可以得出结论:文澜阁本《考证》缮录时间最早,文渊阁本《考证》校勘时间在其次,殿本《考证》校勘时间居于最末。结合前文结论,文澜阁本《考证》誊录时间在乾隆五十年(1785)正月二十三日至五十二年二月二十五日之间,殿本《考证》校办时间为乾隆五十年二月初九日至五十二年五月二十三日。其中最早与最晚的开始时间相差不到二十天,结束时间相差约三个月。中间还有一个文渊阁本《考证》的校勘,时间差当更小。由此看来,三者几乎是同时进行的,很难截然划分先后;尤其是南三阁《四库全书》办理场所(主要在东华门外云神庙、风神庙二处一体办理)与文渊阁本、殿本不在一处,在同一时间里依据同一底本在不同的地方先后缮录或校勘,可能性不大,可以推断,现存清抄本《考证》外,还有一部据其上校签修改过的誊清稿本存在。文澜阁本《考证》据清抄本《考证》原本誊录,而文渊阁本《考证》与殿本《考证》均依据了修改后的清抄本《考证》誊清稿本。其先后排序如下图(图 2-5)。

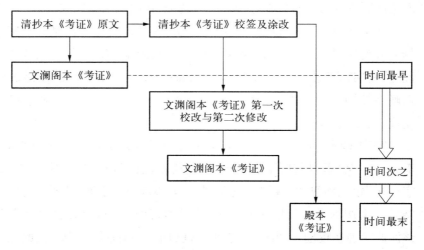

图 2-5　各本《考证》缮录、校勘时间排序示意图

小　结

一、各版本《考证》面貌不同,文渊阁本《考证》对清抄本《考证》做了诸多调整与变动,故清抄本《考证》面貌不能代表文渊阁本《考证》面貌。文渊阁本《考证》对清抄本《考证》校记的调整和改动可分为两种情况,一种为有意识地改动,包括删除单种书籍校记、调整单种书籍校记的类别和位置两种情况,另一种为无意识地脱漏单种书籍校记。其原因复杂多样,要具体分析。

二、《四库全书》编纂过程复杂,《考证》的编纂同《总目》及《全书》的编纂密不可分,要避免孤立地就《考证》论《考证》,而要充分借助《总目》与文渊阁《全书》的编纂对文渊阁本《考证》的影响进行探讨。而文渊阁本《考证》对清抄本《考证》调整和改动的依据正是《总目》和文渊阁《全书》。

三、《考证》的编纂是一个客观的、动态调整的历史过程,而非静止的、单一的面貌,我们必须以变化的眼光看待这个过程,才能更客观地认识《考证》各个版本的差异及文渊阁本《考证》对清抄本《考证》的调整和改动。

四、文澜阁本《考证》一百卷中有十五卷为馆臣原抄,具有重要的文献价值。通过对文澜阁本《考证》原抄残卷的考辨,发现文澜阁本《考证》的缮录底本为清抄本《考证》而非文渊阁本《考证》。

五、文澜阁本《考证》缮录时间上下限为乾隆五十年正月二十三日至乾隆五十二年二月二十五日之间。其覆校时间在乾隆五十二年十月初九日以后。

六、殿本《考证》校勘工作共十七位馆臣参加,其校勘工作并非同时进行，而是有先有后，分批次加入；各员按校勘进度领取校勘任务；各员所校勘卷数不一，参与校勘时间长短不一。

七、清抄本《考证》校签、涂改的起止时间与殿本《考证》校勘起止时间当为乾隆五十年二月初九日至乾隆五十二年五月二十三日之间。

八、文澜阁本《考证》缮录时间最早，文渊阁本《考证》校勘时间在其次，殿本《考证》校勘时间居于最末。

第三章 《四库全书考证》纂修机构与办理人员

对《考证》纂修机构与办理人员情况，学界目前尚未进行专题研究。但张升《四库四书馆研究》中对翰林院、武英殿的办书流程，纂修官、分校官、总校官等校勘人员的具体职责等，对本书多有启发。本章就此问题展开讨论。

第一节 各版本《考证》办理机构、办理人员考

各版本《考证》面貌不同，办理时间不同，其办理机构和办理人员亦不相同，故在讨论《考证》办理过程中，需要对各版本《考证》办理情况分别考察，不能一概而论。根据各版本《考证》办理的实际情况，可将其对应办理机构与办理人员情况整理如下（见表3-1）。

一、各版本《考证》的办理机构

（一）清抄本《考证》与文渊阁本《考证》专门的办理机构是考证处

清抄本《考证》和文渊阁本《考证》是由专门的《考证》编纂机构"考证处"汇纂成书的。考证处，专门办理黄签考证，又称黄签考证处。

表 3-1　各版本《考证》办理机构与办理人员情况一览表

各版本《考证》	办 理 机 构	办 理 人 员
清抄本《考证》	考证处	**纂辑官**：候补国子监司业王太岳、候补国子监司业曹锡宝； **原纂官**：中允衔翰林院编修王燕绪、翰林院编修衔朱钤、翰林院庶吉士仓圣脉、翰林院检讨何思钧、进士现任江苏长洲县知县杨懋珩、进士现任广西平南县知县缪琪。
文渊阁本《考证》	考证处	纂修官候补司业王太岳/曹锡宝/誊录拔贡生张山菊 纂修官候补司业王太岳/曹锡宝/誊录拔贡生周爱莲 纂修官候补司业王太岳/曹锡宝/誊录拔贡生刘衡诏 纂修官候补司业王太岳/曹锡宝/誊录拔贡生李普元
文澜阁本《考证》	无专门校办机构，与其他文澜阁《全书》一起在东华门外云神庙、风神庙一体办理	总校官编修吴裕德/江南道监察御史刘坤/校对监生刘淇 详校官侍读学士法式善
殿本《考证》	无专门校办机构，在武英殿西北浴德堂进行校勘	**纂辑官**：候补司业王太岳、候补司业曹锡宝； **原纂官**：中允衔编修王燕绪、编修衔朱钤、检讨何思钧、庶吉士仓圣脉、知县杨懋珩、知县缪琪。
		校勘十七员：吴裕德、王锡奎、玉保、吴璥、祝堃、吴廷选、马启泰、朱攸、章宗瀛、吴鼎雯、缪晋、文宁、俞廷抡、崔景仪、蒋攸铦、彭元玙、陈嗣龙。

考证处与"总目处"并列,同属于四库馆。据《档案》(乾隆四十七年七月十九日):"其办理《考证》之纂修王太岳、曹锡宝,亦已于本年正月内蒙恩擢授司业。……至派办总目处誊录二十二名、供事八名,考证处誊录七名、供事四名,及向办《总目》、续办《简明目录》之查校誊录一名、供事七名,均系自备斧资效力行走。"①据《四库全书馆研究》,总目处隶属于翰林院四库馆(又称作四库全书馆、办理四库全书处、四库全书处),而考证处隶属于武英殿四库馆。② 考证处的规模不及总目处,除纂修官王太岳、曹锡宝外,仅有誊录七名、供事四名。清抄本《考证》与文渊阁本《考证》均由考证处校办。关于七名誊录者材料,目前仅能查出四名。文渊阁本《考证》共百卷,每卷卷首均列有誊录者姓名,共列出张山菊、周爱莲、刘衡诏、李普元四人。

(二) 文澜阁本《考证》无专门的办理机构,其校办是与其他文澜阁《全书》置于一起的

清抄本《考证》署名。清抄本《考证》在"总目"后均开列纂修人员名单,共八人,分别为:"纂辑官:候补国子监司业臣王太岳、候补国子监司业臣曹锡宝;原纂官:中允衔翰林院编修臣王燕绪、翰林院编修衔臣朱钤、翰林院庶吉士臣仓圣脉、翰林院检讨臣何思钧、进士现任江苏长洲县知县臣杨懋珣、进士现任广西平南县知县臣缪琪。"

文渊阁本《考证》署名。文渊阁本《考证》未在"总目"后列该八员名衔,而是将各卷纂修官、誊录者散于各卷卷首分别著录,且仅有王太岳、曹锡宝名衔,而无王燕绪等六员。文渊阁本《考证》各卷所开列纂校人员分别为:"纂修官候补司业臣王太岳/臣曹锡宝/誊录拔贡生臣张山菊""纂修官候补司业臣王太岳/臣曹锡宝/誊录拔贡生臣周爱莲""纂修官候补司业臣王太岳/臣曹锡宝/誊录拔贡生臣刘衡诏""纂

---

① 中国第一历史档案馆:《纂修四库全书档案》,上海古籍出版社,1997年,第1604页。
② 张升:《四库全书馆研究》,北京师范大学出版社,2012年,第43页。

修官候补司业臣王太岳/臣曹锡宝/誊录拔贡生臣李普元",即每卷卷首除开列本卷誊录人员姓名外,均列出"纂修官候补司业臣王太岳、臣曹锡宝"。这说明,王太岳、曹锡宝是编纂清抄本《考证》和文渊阁本《考证》的核心人员。值得注意的是,文渊阁《全书》一般在该书卷首著录本卷总校官、校对官、誊录者名衔,如文渊阁《大复集》在卷三首列"总校官进士臣缪琪/校对官中书臣袁文邵/誊录监生臣刘国永"。而文渊阁本《考证》不合乎此署名惯例,其在卷首著录纂修官、誊录者名衔。文渊阁本《考证》又将清抄本《考证》中"纂辑官"改为"纂修官",这点与文渊阁《全书》一般书籍署名方式一致,并且合乎清抄本《考证》与文渊阁本《考证》校办的实际情况。

文澜阁本《考证》的办理人员、署名格式与清抄本《考证》、文渊阁本《考证》均不同,文澜阁本《考证》的校办是跟其他文澜阁《全书》置于一起,并无单独的机构和人员专门办理。具体表现在以下两点。

第一,先看文澜阁本《考证》办理人员。文澜阁本《考证》原抄十五卷共提及办理馆臣吴裕德、刘坤、刘淇、法式善四人,已完全无王太岳、曹锡宝等馆臣的署名,充分说明文澜阁本《考证》的办理已由南三阁办理馆臣吴裕德、刘坤等人负责,而与王太岳、曹锡宝等人无关。吴裕德、刘坤、刘淇、法式善四人,多见诸《档案》及《总目》卷首所载乾隆四十七年(1782)七月任事诸臣衔名。但这四人却非办理清抄本《考证》与文渊阁本《考证》者。吴裕德,其系顺天府大兴县人,乾隆四十三年二甲二十四名进士。乾隆四十六年由翰林院编修充武英殿提调官①,办理南三阁时任提调官兼司总校官之职②。吴裕德在校办文澜阁本《考证》的同时兼办其他文澜阁书籍,证据是现存文澜阁本《白云樵唱集》《柏斋集》《沧溟集》《翠渠摘稿》《存家诗稿》《大复集》等集

---

① 中国第一历史档案馆:《纂修四库全书档案》,第 1849 页。
② 中国第一历史档案馆:《纂修四库全书档案》,第 1992 页。

原抄卷均列"总校官编修吴裕德"①,而文澜阁本《枫山集》原抄卷二更是列出了共同办理文澜阁本《考证》的"总校官编修臣吴裕德、校对监生刘淇"两人。这说明,文澜阁本《考证》的办理并没有专门的办理机构和专门办理人员,其系总校官吴裕德任文澜阁《全书》总校时,将文澜阁本《考证》与其他文澜阁《全书》一并办理。

第二,再看文澜阁本《考证》署名格式。文澜阁本《考证》卷六十二、七十九、八十、九十五均系馆臣原抄,此四卷卷末均题"总校官编修臣吴裕德/江南道监察御史臣刘坤/校对监生臣刘淇",这种署名格式与文澜阁《全书》署名惯例完全一致。文澜阁《全书》每册卷后副叶均墨笔楷书列三行仅题总校官与校对者名衔,而非纂修官、誊录者名衔,如文澜阁本《春秋地名考略》卷八末"总校官编修臣吴裕德/户部主事臣苏保/校对监生臣王绶长",文澜阁本《大复集》卷三末著录"总校官编修臣吴裕德/编修臣胡荣/校对监生臣谢扬镇"。从文澜阁本《考证》合乎文澜阁《全书》署名的惯例看,文澜阁本《考证》的校办也是跟其他文澜阁《全书》置于一起,并无单独的机构和人员独自办理。

(三)殿本《考证》亦无专门的办理机构,其校勘场所主要在武英殿西北浴德堂

殿本《考证》每卷均著录校勘者,共计十七员:吴裕德、王锡奎、玉保、吴璥、祝堃、吴廷选、马启泰、朱攸、章宗瀛、吴鼎雯、缪晋、文宁、俞廷抡、崔景仪、蒋攸铦、彭元玞、陈嗣龙。其校勘主要场所在武英殿

---

① 文澜阁本《白云樵唱集》卷二、三、四;《柏斋集》卷七、十一;《沧溟集》卷三、六、八、十一、十三、二十六;《翠渠摘稿》卷一、三、四、五、六;《存家诗稿》卷二、五;《大复集》卷三、十三、十八均列"总校官编修吴裕德",这些卷首有"古稀天子之宝",卷末有"乾隆御览之宝"印章,均系文澜阁本《四库全书》原抄。这一结论与《浙江图书馆古籍善本书目》所附《文澜阁四库全书版况一览表》所载各书情况完全吻合。

西北浴德堂。以下详考之。

清抄本《考证》有两处校签提及了浴德堂,这是殿本《考证》校勘的具体地点。一处为卷四十七第一页 b 目录后馆臣加校签曰:"刻本三卷,黄本三卷,俱详加校对外,样子一本查收,与来人一字。浴德堂照。相如拾片。"一处为卷五十七目录页有馆臣校签曰:"送来《考证》三本,务祈案班期校出交馆为祷。王、胡二位老先生照,浴德堂公具,十一日。"据《四库全书答问》载:"浴德堂,在武英殿西北,屋三间,以白色炼瓦造成,人声回应,划然有声。堂为词臣校书之所,旧称为修书处。"①即浴德堂为乾隆时修书之地址,这与《日下旧闻考》所载"浴德堂即旧所称修书处"②完全一致。《国朝宫史》载:"熙和门之西为武英殿,规制如文华。门前御河环绕石桥三,殿前后二重皆贮书籍。凡钦定命刻诸书,俱于殿左右直房校刻、装潢。西有浴德堂,为词臣校书直次,设总裁统之。"③而《国朝宫史续编》说得更清楚:"熙和门之西为武英殿,制如文华。殿门前御河环绕,跨石梁三,护以石栏。殿广五楹,后为敬思殿,皆贮书籍。东庑曰凝道殿,西庑曰焕章殿,左右廊房六十三楹。凡钦定刊布诸书,俱于此校刻、装潢。简命王大臣管理提调纂修以翰詹官充。乾隆三十九年高宗纯皇帝命创制聚珍版排印群书。东北为恒寿斋,西北为浴德堂,皆词臣校书直次。殿垣之北,南向为方略馆,为军机章京直宿处,再折而北,东向为回子学、缅子学,又北为冰窖,为造办处。"④《宸垣识略》亦载:"武英殿在熙和门西南,向崇阶九级,环绕御河,跨石桥三。前为门三间,内殿宇前后二重,皆贮书版。北为浴德堂,即修书处。"⑤可见,浴德堂位于武英殿西

---

① 任松如:《四库全书答问》,上海科学技术文献出版社,2016 年,第 56 页。
② (清)于敏中:《日下旧闻考》卷十三,清文渊阁《四库全书》本。
③ 《国朝宫史》卷十二,清文渊阁《四库全书》本。
④ (清)庆桂:《国朝宫史续编》卷五十三,清嘉庆十一年(1806)内府抄本。
⑤ (清)吴长元辑:《宸垣识略》卷二,清乾隆池北草堂刻本。

北,为馆臣修书、校书之所,而清抄本《考证》上校签即馆臣在浴德堂为校勘殿本《考证》时所加。

二、清抄本《考证》纂修八员衔名考

清抄本《考证》开列纂辑官王太岳、曹锡宝及原纂官王燕绪、朱钤、何思钧、仓圣脉、杨懋珩、缪琪六员,我们称为《考证》纂修八员。殿本《考证》亦在"总目"后沿袭了清抄本《考证》开列了该八员名单,但仓圣脉与何思钧顺序有差别,各员职衔更为简单:"纂辑官:候补司业臣王太岳、候补司业臣曹锡宝;原纂官:中允衔编修臣王燕绪、编修衔臣朱钤、检讨臣何思钧、庶吉士臣仓圣脉、知县杨懋珩、知县缪琪。"该八人在《总目》职官表中是如何著录的呢?

关于浙本《总目》,张升所用为海南出版社 1999 年版《四库全书总目提要》[①],学界又常用 1965 年中华书局王伯祥标点本《四库全书总目》[②],而据崔富章考辨,浙本《总目》有初印、后印之别,现存浙江图书馆浙本《总目》系后印本,即嘉庆间印本。浙本的底本为文澜阁本《四库全书》中写本《总目》[③],原抄本尚存二十七卷,补丁抄[④]。杭州出版社在 2015 年影印《文澜阁四库全书》时将文澜阁本《总目》加以影印,《文澜阁四库全书提要汇编》亦影印文澜阁本《总目》。我们使用浙本《总目》职官表时,即将丁氏补抄文澜阁本《总目》中职官表与浙本《总目》职官表予以对照,辑得相关信息列表如下(见表 3-2)。

---

① 张升:《四库全书馆研究》,第 354 页。
② (清)永瑢等:《四库全书总目》,中华书局,1965 年。
③ 崔富章:《〈四库全书总目〉版本考辨》,《文史》第 35 辑。
④ 《文澜阁四库全书版况一览表》载:"《总目》二百卷:原抄卷六十四、六十五、五十九至七十一、七十八至八十、一百二十五、一百四十、一百四十八至一百五十三、一百五十六、一百五十七、一百六十二至一百六十五、一百八十三、一百八十五、一百八十六、一百九十五、一百九十六,补丁抄。"《浙江图书馆古籍善本书目》,浙江教育出版社,2002 年,第 968 页。

表 3－2　清抄本《考证》纂修八员衔名对照表

《考证》办理人员姓名	清抄本《考证》	殿本《考证》	浙本《总目》职官表	文澜阁本《总目》职官表（丁抄）	殿本《总目》职官表
王太岳	纂辑官：候补国子监司业	纂辑官：候补司业	黄签考证纂修官：候补国子监司业	黄签考证纂修官：候补国子监司业	编次黄签考证官：候补国子监司业
曹锡宝	纂辑官：候补国子监司业	纂辑官：候补司业	黄签考证纂修官：候补国子监司业	黄签考证纂修官：候补国子监司业	编次黄签考证官：候补国子监司业
王燕绪	原纂官：中允衔翰林院编修	原纂官：中允衔编修	缮书处总校官：中允衔翰林院编修	缮书处总校官：中允衔翰林院编修	覆校官：中允衔翰林院编修
朱　钤	原纂官：翰林院编修衔	原纂官：编修衔	缮书处总校官：翰林院编修衔	缮书处总校官：翰林院编修衔	覆校官：翰林院编修
何思钧	原纂官：翰林院检讨	原纂官：检讨	缮书处总校官：翰林院检讨	缮书处总校官：翰林院检讨	覆校官：翰林院检讨
仓圣脉	原纂官：翰林院庶吉士	原纂官：庶吉士	翰林院庶吉士衔	翰林院庶吉士衔	覆校官：翰林院庶吉士衔
杨懋珦	原纂官：进士现任江苏长洲县知县	原纂官：知县			
缪　琪	原纂官：进士现任广西平南县知县	原纂官：知县			

据上表可知：（1）黄签考证处与缮书处是两个不同的机构，两者均从属于武英殿四库馆系统。而黄签考证处又从属于缮书处。在《考证》一书办理中，这两个机构合作，由缮书处对《考证》工作予以协助。[1]

（2）黄签考证处的核心人员为王太岳、曹锡宝。浙本《总目》职官表称两人为黄签考证纂修官，殿本《总目》职官表称之为编次黄签考证官，主要负责将纂修官等用黄签粘贴于原书之上的有关考证文字汇编起来，形成后来的《考证》[2]。这一工作，其性质只为汇编，与纂修官所做的考证、拟写提要等工作不同，而且他们的工作地点在武英殿，属于武英殿系统，而不属于翰林院的纂修系统。因此，殿本《总目》改称"编次黄签考证官"，将其排除在纂修官之外，指称比浙本《总目》黄签考证纂修官更准确。[3]

（3）再看缮书处六员。王燕绪、朱钤、何思钧、仓圣脉，浙本《总目》称为缮书处总校官，殿本《总目》称覆校官。《总目》职官表与清抄本《考证》职官表相比，何思钧与仓圣脉署名先后不同，且仓圣脉官职不同，仓圣脉由"翰林院庶吉士"调整为"翰林院庶吉士衔"。朱钤的官职亦发生了变化，由"翰林院编修衔"变为"翰林院编修"。杨懋珩、缪琪为考证处临时借调人员，浙本《总目》、殿本《总目》均未著录。

以下对清抄本《考证》纂修八员进行详细考述。

第二节　清抄本《考证》纂辑官考辨

清抄本《考证》纂辑官主要有王太岳、曹锡宝，文渊阁本《考证》改

---

① 张升：《四库全书馆研究》，第 118 页。
② 中国第一历史档案馆：《纂修四库全书档案》，第 537 页。
③ 张升：《四库全书馆研究》，第 119 页。

称为"纂修官",殿本《考证》仍称之为"纂辑官"。以下对二员在四库馆的行迹分别作详细考辨。

一、王太岳

王太岳,字基平①,又字介子,号若山、芥子②,直隶定兴人,乾隆七年(1742)壬戌科进士③,乾隆八年庶吉士授检讨,曾任乾隆十六年辛未科会试与乾隆十九年甲戌科会试考官④,官至湖南按察使、云南布政使⑤、国子监司业⑥。王昶所撰王太岳《行状》对其生平事迹记载最详:"公以乾隆六年辛酉举于乡,明年壬戌成进士,改庶吉士。十年,授翰林院检讨。十五年,充日讲起居注官。十八年,充江南乡试副考官。十九年,授侍讲转侍读,充会试同考官。二十年七月,补甘肃平庆道。二十三年调西安督粮道。三十三年擢湖南按察使。三十六年调云南按察使。三十七年,擢布政使。是年以审拟逃兵宽纵落职。四十二年,命在《四库全书》馆为总纂官。四十三年,仍授检讨。四十七年,擢国子监司业。后三年而终,年六十有四。"⑦《清史稿》有传。⑧

王太岳在四库馆之行迹,《档案》记载最集中、可靠。钩稽《档案》及各种资料中对王太岳的记载,列举如下(见表3-3)。

----

① (清)端方:《壬寅销夏录》不分卷,稿本。
② (清)刘锦藻:《清续文献通考》卷二百七十六经籍考二十,民国景十通本。
③ (清)鄂尔泰:《词林典故》卷八,清文渊阁四库全书本;(清)法式善:《清秘述闻》卷六,清嘉庆四年(1799)刻本。
④ (清)法式善:《清秘述闻》卷十五"同考官类三",清嘉庆四年(1799)刻本。该书载:"乾隆十六年辛未科会试:检讨王太岳,字介子,直隶定兴人,壬戌进士。""乾隆十九年甲戌科会试:侍讲王太岳,字介子,直隶定兴人,壬戌进士。"
⑤ (清)端方:《壬寅销夏录》不分卷,稿本。
⑥ (清)陶樑:《国朝畿辅诗传》卷三十五,清道光十九年(1839)红豆树馆刻本。
⑦ (清)陶樑:《国朝畿辅诗传》卷三十五,清道光十九年(1839)红豆树馆刻本。
⑧ (民国)赵尔巽:《清史稿》列传二百七十二,民国十七年(1928)清史馆本。

表3-3 王太岳四库馆行迹一览表

序号	时 间	事 件	出 处
1	乾隆三十八年十月初一日	布政使王太岳详据各道府厅州县呈送采择遗书。	《档案》159 页《云南巡抚李湖奏滇省向鲜著作仅得书四种呈进折》
2	乾隆四十二年三月十二日	王太岳着加恩在四库全书处总纂上行走。	《档案》575 页《谕内阁王太岳着在四库全书处总纂上行走》
3	乾隆四十二年五月二十一日	惟查有前经奉旨派在四库馆总纂之王太岳,该处《全书提要》将次办完,现无接手专办之事……以上四员学问素优,考核细心,仰恳圣恩,令该员等承办《明史·本纪》,俾得悉心编校,臣等可稍收指臂之益。至其书仍请一并交方略馆誊写收发,俟辨成卷数,即与各书轮进,以归画一。	《档案》619 页《四库全书馆总裁英廉等奏请派王太岳等编校〈明史·本纪〉折》
4	乾隆四十二年十月二十九日	"恩赐四库全书馆哈密瓜联句,恭纪一百五十四韵。谨序:乾隆四十有二年十月二十九日,命以哈密瓜颁赐四库全书馆诸臣,异数也。……'欢欣共唱喁,誓将釐亥豕',原任云南布政使臣王太岳。"	《纪文达公遗集》诗集卷八①
5	乾隆四十三年二月二十九日	原任布政使王太岳,在四库全书处行走已届一年,着加恩授为翰林院检讨。	《档案》786 页《谕内阁在四库全书处行走之王太岳着授为翰林院检讨》

---

① (清)纪昀:《纪文达公遗集》诗集卷八"御览诗",清嘉庆十七年(1812)纪树声刻本。

序号	时　间	事　　　件	出　　处
6	乾隆四十三年五月十七日	检讨王太岳因前在云南布政使任内办理裁营军械，并不详请覆估一案，已照部议降调，但念其现在四库馆行走，尚属勤勉，着加恩改为革职留任。	《档案》830 页《谕内阁检讨王太岳在四库馆行走勤勉着加恩改为革职留任》
7	乾隆四十六年二月十九日	此次所进《总目提要》，并王太岳、曹锡宝所办黄签考证，将来书成时，俱着列于《四库全书》之首。	《档案》1294 页《谕〈总目提要〉并黄签考证书成时俱著列于〈四库全书〉之首》
8	乾隆四十七年正月二十九日	其办理《四库全书》黄签之王太岳、曹锡宝，着加恩以国子监司业升用。王太岳俟服阕之日，再行拟补。以示《全书》告成，加惠儒林至意。	《档案》1458 页《谕孙士毅着补授太常寺少卿等议叙事》
9	乾隆四十七年正月二十九日	据新授太常寺少卿孙士毅、赞善韦谦恒、候补国子监司业王太岳、曹锡宝等呈请据情代奏，恭谢天恩，理合将原呈一并进呈。	《档案》1459 页《军机大臣奏孙士毅等呈请据情谢恩片》
10	乾隆四十七年二月初二日	曹锡宝、王太岳均升授国子监司业，其编修吴省兰等记名，遇缺升用，以示优奖。	(清) 庆桂撰《国朝宫史续编》卷四十三，清嘉庆十一年(1806)内府抄本
11	乾隆四十七年七月十九日	又《四库全书考证》，亦据纂修官王太岳、曹锡宝等汇总排纂，编成一百卷，装作十函，理合一并进呈。	《档案》1602 页《质郡王永瑢等奏〈四库全书简明目录〉等书告竣呈览请旨陈设刊行折》

续 表

序号	时 间	事 件	出 处
12	乾隆四十七年七月十九日	其办理《考证》之纂修王太岳、曹锡宝,亦已于本年正月内蒙恩擢授司业。	《档案》1604 页《质郡王永瑢等奏刘权之协同校办〈简明目录〉可否遇缺补用片》
13	乾隆五十一年六月十三日	军机大臣和珅致总裁函:又王太岳等所办《全书考证》,曾否刻板?如尚未动工,即用聚珍板排印。相应寄知二位大人,遵照将小板《通鉴辑览》于何日刷印齐全,又《全书考证》作何办理之处,即行扎覆,以备垂询。不必专折具奏。	《档案》1942 页《军机大臣和珅为奉旨垂询〈通鉴辑览〉〈全书考证〉刻板刷印事致四库馆总裁函》

  据上,乾隆四十二年(1777)三月,王太岳在总纂上行走。乾隆四十二年至四十三年,任总纂。其主要任务是作为编次黄签考证官①,编纂《考证》。清纪昀撰《纪文达公遗集》诗集卷八"御览诗"②载乾隆四十二年十月二十九日,馆臣受赐哈密瓜、献韵联句时之座次当与其所在机构与其职级有关,查曹锡宝、王太岳、王燕绪三人被置于最末,可知其编次黄签考证处规模不大,在四库馆中常被置于最末。《考证》完竣,王太岳擢授国子监司业。

  王太岳性好朋友,与同年邵君齐焘、郑君虎文尤善,寓书往复,率以文章道义相劘切,每别必涕泣不自已,盖笃于行谊如此。其言经兼

---

① 《四库馆馆臣表》称"编次黄签考证官",浙本《总目》职名表作"黄签考证纂修官"。《四库馆馆臣表》,见张升:《四库全书馆研究》,第 382 页。
② (清)纪昀:《纪文达公遗集》诗集卷八"御览诗",清嘉庆十七年(1812)纪树声刻本。

训诂，论道学兼取陆王诗文。① 其曾与邵齐焘论作文之事，《邵齐焘》篇称："定兴王太岳好为此体，见齐焘作，绝惊叹，遂终身辍笔焉。"②并与刘星炜、吴锡麟、曾燠、吴蕚等人合撰《邵荀慈先生事略》。③

王太岳笃志于经世之务，其所至必爬梳剔抉，据今考古，咨民疾苦而讨论之。在平庆及西安皆有惠政。尤留心于水利，著《泾渠志》三卷。曹锡宝《书王芥子前辈〈泾渠志〉后诗》对其评价甚高。④ 国图藏王太岳所撰《泾渠志》二卷，书号00625。该书七行十八字，小字双行同，白口，四周双边，单鱼尾。该书"皆足勒为成法，垂诸久远"⑤。《清经世文编》卷一百十四，保存其《泾渠志论》与《泾渠志后序》两篇。⑥ 及其于云南悯铜政之弊，旁搜博讯，指利害所由来，以求补救之术。⑦《清经世文编》卷五十二保存着王太岳《铜政议》篇。⑧ 是以滇之官吏至今莫不诵习其书⑨，足见其书影响之大。

王太岳以弱冠入词林，海内交推其文学，撰《青虚山房集》。该集遗稿先由其同年曹锡宝删定，后经门人王昶写定，以授太岳女夫吉君付梓。《著砚楼读书记》载："（该稿本）即兰泉先生写定之稿，凡诗四卷、词一卷、文五卷。其诗纵横跳荡，颇得力於初唐。词则刻意摹苏、辛，不假琱饰，未免刻鹄之诮耳。其为文精炼有法度……集中有乡先辈王惕甫先生评点处，弥足为斯书珍重焉。乙卯孟冬，贾人携示兹帙，悬值颇昂，意在不收。起潜姊丈以为可留，遂作缘归诸合众图书

---

① （清）陶樑：《国朝畿辅诗传》卷三十五，清道光十九年（1839）红豆树馆刻本。
② （清）钱林：《文献征存录》卷七，清咸丰八年（1858）有嘉树轩刻本。
③ （清）李元度辑：《国朝先正事略》卷四十二，清同治间刻本。
④ （清）陶樑：《国朝畿辅诗传》卷三十五，清道光十九年（1839）红豆树馆刻本。
⑤ （清）缪荃孙：《艺风堂文集》卷五载《阳江舜河水利俯览序》，清光绪二十六年（1900）刻本。
⑥ （清）贺长龄编：《清经世文编》，清光绪十二年（1886）思补楼重校本。
⑦ （清）陶樑：《国朝畿辅诗传》卷三十五，清道光十九年（1839）红豆树馆刻本。
⑧ （清）贺长龄编：《清经世文编》，清光绪十二年（1886）思补楼重校本。
⑨ （清）陶樑：《国朝畿辅诗传》卷三十五，清道光十九年（1839）红豆树馆刻本。

馆,物得其所,堪为斯书称幸矣。"①合众图书馆为张元济、叶景葵在上海创办,建国后更名为上海历史文献图书馆,后并为上海图书馆,该稿本十卷今归于上海图书馆,因有王昶校语,非常珍贵。中国社科院文学藏其华亭沈恕三宿斋抄本。

国图现藏其《青虚山房集》光绪十九年(1893)定兴鹿传霖刻本,10行22字,白口,四周单边,单鱼尾。前有鹿传霖、王芑孙序。内蒙古图书馆藏《青虚山房集》十一卷,与国图藏本同版,4册。日本东京大学东洋文化研究所与日本京都大学人文科学研究所各藏《青虚山房集》十一卷,均系光绪十九年刻本,但日本京都大学本为6册。就该书卷数,《八千卷楼书目》著录其为十一卷,鹿氏刊本②,与现存各本卷数相同。但《国朝畿辅诗传》却载《青虚山房集》为二十四卷③,与传本卷数不同。王昶为太岳撰《行状》,云有《芥子先生集》二十四卷,此仅十一卷,殆系删本。诗文自魏晋迄于唐之杜韩柳,皆能拟其形容而契其意旨。生平笃志于经世之学,中遭罢斥,功业未遂,诗文之传又若存若亡。光绪中邑,后学鹿传霖假得钞本刻之,乃显于世。④

王太岳自谦"平生为文,拙于下语,而属思尤迟"⑤,王芑孙称其"矜慎致功于修词,字字句句未敢容易"。同邑后学鹿传霖赞其"在乾隆初年有声",其集"沈深澹雅,钩元造微。诗之源出于陶而杜、韩、王、孟以至香山、玉溪皆仿之。文之体近于柳而实由唐宋八家,以上溯乎史汉。至其骈俪之文,安雅冲粹,无钩章棘句之形,而情味婉笃,事理曲畅,流为尺书小简,生峭高迈,雅近羲献"⑥。尤其值得注意的

① 潘景郑:《著砚楼读书记》,辽宁教育出版社,2002年,第536页。
② (清)丁仁:《八千卷楼书目》卷十七集部,民国本。
③ (清)陶樑:《国朝畿辅诗传》卷三十五,清道光十九年(1839)红豆树馆刻本。
④ (清)刘锦藻:《清续文献通考》卷二百七十六经籍考二十,民国景十通本。
⑤ (清)王太岳:《青虚山房集》卷三《与顾廷尉书》,清光绪十九年(1893)定兴鹿传霖刊本。
⑥ (清)王太岳:《青虚山房集》卷首鹿传霖、王芑孙序,清光绪十九年(1893)定兴鹿传霖刊本。

是,《青虚山房集》中收录了大量王太岳与时人交往的书信,非常值得进一步研究。

北大藏王太岳撰《王芥子西城小筑诗》不分卷,为清抄本。前有刘墉序言:"定兴王芥子前辈与予最善,特苦外官时不得朝夕过从。戊戌岁自订其诗,欲以问世,以草稿属予点定。集中杭董浦志诸□皆所素好,今已下世,而玉甕应诏诗又与予同日赋者,读毕,感怀今昔不能已。已识数语而归之。石庵刘墉。"接有同治十三年(1874)曹教曾识语:"甲戌(同治十三年)元月购得此册。读毕,夺字触句皆是,以意校之,十不能得其一二。嗣后得鹿刻《青虚山房集》,定兴影印,惜所录诗不多,亦间有讹字。此外惟湖海诗□尚未及校。"该抄本上批注校改文字极多,当是年曹教曾以《青虚山房集》刻本对校该抄本《王芥子西城小筑诗》,值得进一步研究。

国图现存王太岳撰《玉甕诗刻》拓片(见图 3-1),一张,13 cm×34 cm,其原刻立于北京市西城区北海围城玉甕亭西北角亭柱西南面,非常珍贵。其文曰:"轩后昔膺期,皇祗致灵液。卜云圣者符,利见丹邱璧。仙坛纪宝甕,云气恍可识。人代阅伊姚,求思渺难得。无言求不得,兹焉见遗则。不惟福物同,所贵同明德。请征金元旧,天琛

图 3-1 王太岳撰《玉甕诗刻》拓片,国图藏

祕鸾掖。当其顾盼雄,万象供挥斥。德薄不能有,流传判今昔。庸知造作殊,祗为明圣役。小臣拜稽首:我皇枨声实,譬彼衢尊酌。兼之王度式,道化济黄虞,鸿辉被金石。检讨臣王太岳。"

二、曹锡宝

曹锡宝(1719—1792),字鸿书,一字剑亭,江南上海人。乾隆初以举人考,授内阁中书充军机处章京。乾隆二十二年(1757)成进士改庶吉士。乾隆三十一年散馆,改刑部主事,迁员外郎、中督学山西。乾隆四十年授山东督粮道,刚方正直,执法不挠,庚政廉平,振兴风雅,后下部议。乾隆帝巡山东,召见,命来京以部属用,以大学士阿桂奏令入四库全书馆自效。书成,以国子监司业升用,居三年上,以锡宝补司业无期,特授陕西道监察御史。乾隆五十一年,曹锡宝劾奏大学士和珅家人刘全衣服、车马、房屋踰制,因有知者漏言,毁其迹,勘查不得,部议镌三级,改为革职留任[①],乾隆五十七年壬子九月卒于官,年七十四。[②] 越八年,和珅下狱死,仁宗睿皇帝追念其功,赠副都御史。[③]《清史稿》有传。[④]

国图藏《曹剑亭先生年谱》一卷,清光绪二十三年(1897)铅印本,一册。日本东京大学东洋文化研究所藏《曹剑亭先生自撰年谱》,系用清光绪二十三年排印本影印。

现国图藏《重建上海县学碑记》拓片一张,167 cm×78 cm,原碑刻立于上海市。碑文为乾隆三十三年(1768)清劳宗发撰写,曹锡宝正书并篆额,穆大展镌。时曹锡宝为"赐进士出身刑部福建清吏司主

---

① (清)成瓘:《(道光)济南府志》卷三十七,清道光二十年(1840)刻本。
② (清)钱保塘编:《历代名人生卒录》卷八,民国宁钱氏清风室刊本。
③ (清)成瓘:《(道光)济南府志》卷三十七,清道光二十年(1840)刻本。
④ (民国)赵尔巽:《清史稿》列传一百九,民国十七年(1928)清史馆本。

事前翰林院庶吉士内阁中书军机处行走邑人"。

关于曹锡宝在四库全书馆之行迹,最主要的工作是作为"编次黄签考证官①"从事《考证》的编纂,《档案》对此记载最详,全部钩稽并列举如下(见表 3-4)。

表 3-4　曹锡宝四库馆行迹一览表

序号	时　间	事　　件	出　处
1	乾隆三十七年十一月初九日	俟卷帙稍充,即查开书目,恭折奏明,听候伤取外,合先将办理缘由,会同山西学臣曹锡宝合词遵旨先行覆奏。	《档案》10 页《山西巡抚三宝奏购访遗书情形折》
2	乾隆四十二年八月十八日	曹锡宝着在四库全书馆行走。	《档案》681 页《谕曹锡宝着在四库全书馆行走》
3	乾隆四十二年九月初八日	至此项书籍,拟在方略馆就近办理。所需编纂及译汉人员,拟派……翰林院编修宋铣、平恕、候补部员曹锡宝为汉纂修官……书名着定为《满洲源流考》。	《档案》718 页《军机大臣阿桂等奏遵旨纂办满洲源流情形折》
4	乾隆四十二年十月二十九日	"恩赐四库全书馆哈密瓜联句,恭纪一百五十四韵。谨序:乾隆四十有二年十月二十九日,命以哈密瓜颁赐四库全书馆诸臣,异数也。……'效颂但皇荂,感激惟铭刻。'候补部员臣曹锡宝。"	《纪文达公遗集》诗集卷八②

---

① 浙本《总目》职名表作"黄签考证纂修官",见(清)永瑢等:《四库全书总目》,第 13 页中栏。
② (清)纪昀:《纪文达公遗集》诗集卷八"御览诗",清嘉庆十七年(1812)纪树声刻本。

续 表

序号	时　间	事　件	出　处
5	乾隆四十六年二月十九日	此次所进《总目提要》，并王太岳、曹锡宝所办黄签考证，将来书成时，俱着列于《四库全书》之首。	《档案》1294 页《谕〈总目提要〉并黄签考证书成时俱着列于〈四库全书〉之首》
6	乾隆四十七年正月二十九日	其办理《四库全书》黄签之王太岳、曹锡宝，着加恩以国子监司业升用。	《档案》1458 页《谕孙士毅着补授太常寺少卿等议叙事》
7	乾隆四十七年正月二十九日	据新授太常寺少卿孙士毅、赞善韦谦恒、候补国子监司业王太岳、曹锡宝等呈请据情代奏，恭谢天恩，理合将原呈一并进呈。	《档案》1459 页《军机大臣奏孙士毅等呈请据情谢恩片》
8	乾隆四十七年二月初二日	拟赏议叙未经引见人员名单：内阁学士纪昀，光禄寺卿陆锡熊，少詹事陆费墀，司业曹锡宝，中允衔王燕绪，检讨何思钧，庶吉士仓圣脉。	《档案》1462 页《军机大臣等奏遵旨拟赏〈四库全书〉议叙人员及未经引见名单片》
9	乾隆四十七年七月十九日	《四库全书考证》，亦据纂修官王太岳、曹锡宝等汇总排纂，编成一百卷，装作十函，理合一并进呈。	《档案》1602 页《质郡王永瑢等奏〈四库全书简明目录〉等书告竣呈览请旨陈设刊行折》
10	乾隆四十七年七月十九日	其办理《考证》之纂修王太岳、曹锡宝，亦已于本年正月内蒙恩擢授司业。	《档案》1604 页《质郡王永瑢等奏刘权之协同校办〈简明目录〉可否遇缺补用片》

序号	时　间	事　　件	出　处
11	乾隆五十二年五月二十三日	御史二十二员：……曹锡宝等被派往覆校文渊文源两阁书籍。	《档案》2010页《质郡王永瑢等奏现办覆校文渊文源两阁书籍事宜折》

据上，曹锡宝乾隆四十一年，为阿桂等举荐入馆。乾隆四十二至四十七年任黄签考证纂修官。曾兼《满洲源流考》纂修。

第三节　清抄本《考证》原纂官考辨

清抄本《考证》在"总目"后除开列纂辑官王太岳、曹锡宝二员外，尚列原纂官六员，分别为：中允衔翰林院编修臣王燕绪、翰林院编修衔臣朱钤、翰林院庶吉士臣仓圣脉、翰林院检讨臣何思钧、进士现任江苏长洲县知县臣杨懋珌、进士现任广西平南县知县臣缪琪。殿本《考证》亦在"总目"后开列了该八员名单，但仓圣脉与何思钧顺序有差别，各员职衔更为简单："纂辑官：候补司业臣王太岳、候补司业臣曹锡宝；原纂官：中允衔编修臣王燕绪、编修衔臣朱钤、检讨臣何思钧、庶吉士臣仓圣脉、知县杨懋珌、知县缪琪。"文渊阁本《考证》仅列纂修官王太岳、曹锡宝及各卷誊录者，而未列该其他六员名衔。文渊阁本《考证》因目录与卷一均非原抄，已无法判断其是否保留该八员名衔，但据现存文澜阁本《考证》原十五卷的署名及文渊阁本《考证》署名情况推断，文澜阁本《考证》在"总目"后当未列出该八员名衔。由此可知，王燕绪、朱钤、仓圣脉、何思钧、杨懋珌、缪琪六位原纂官是纂修清抄本《考证》的重要人员。

清抄本《考证》六名原纂官在四库馆之行迹,《档案》记载最为翔实,现钩稽出有关资料,全录于下(见表3－5)。

表3－5 《档案》所载清抄本《考证》六名
原纂官四库馆行迹一览表

序号	时 间	事 件	出 处
1	乾隆三十八年闰三月十一日	内府旧储书籍卷帙浩博,现有之纂修三十员,仅敷校办《永乐大典》,其余各种书册并须参考分稽,需员办理。……选得赞善王燕绪……十员,令其作为纂修,分派办理。	《档案》74页《办理四库全书处奏遵旨酌议排纂〈四库全书〉应行事宜折》
2	乾隆四十年十二月十二日	武英殿修书处补庶吉士何思钧充补纂修,并兼《荟要》分校。	《档案》490页《武英殿修书处为充补纂修事致内阁典籍厅移会》
3	乾隆四十三年四月初九日	本年正月至三月止,四库馆进过《全书》二次,散片一次,武英殿进过《荟要》二次。总校缪琪记过三次,应交部察议。总校王燕绪、杨懋珩各记过二次,总校何思钧记过一次,均未应交部,应毋庸议。	《档案》811页《军机大臣奏遵旨查明一至三月所进书籍错误次数请将阿哥总裁等交部察议片》
4	乾隆四十三年四月二十九日	其庶吉士仓圣脉、何思钧,俱着以部属用。	《档案》819页《谕内阁此次散馆庶吉士戴心亨等着分别授职其改部各员内原办书者仍兼馆行走》
5	乾隆四十三年五月初六日	本年散馆汉书庶吉士仓圣脉、何思钧,前已有旨,以部属用,着加恩俱留馆,再教习三年,同新科庶吉士一体散馆。	《档案》819页《谕以部属用散馆庶吉士梁上国等着再留馆三年》

序号	时　间	事　件	出　处
6	乾隆四十三年七月初四日	四库馆进过《全书》二次、散片三次,武英殿进过《荟要》三次。总校缪琪记过七次,王燕绪记过六次,朱钤、仓圣脉各记过三次,应将缪琪、王燕绪、朱钤、仓圣脉一并交部察议。总校何思钧记过二次,杨懋珩记过一次,均未应交部,应毋庸讲。	《档案》859页《军机大臣奏遵旨查明四至闰六月所进书籍错误次数请将总裁等交部察议片》
7	乾隆四十三年八月	应将总校官记过七次之归班进士缪琪,记过六次之原任中允王燕绪,记过三次之中书朱钤、庶吉士仓圣脉,均照疏忽罚俸三个〔月〕例,罚俸三个月。缪琪系归班进士,应于得官日罚俸三个月。王燕绪已经革职,在四库馆效力行走,其罚俸之处应行注册。	《档案》876页《都察院为知照四库馆总裁等官奉旨罚俸事致典籍厅移会》
8	乾隆四十三年十月初七日	自七月起至九月止,四库馆进过《全书》十六次、《荟要》五次。……总校缪琪记过十四次,何思钧、朱钤各记过四次,王燕绪记过三次……应将缪琪、何思钧、朱钤、王燕绪一并交部察议。仓圣脉记过二次,杨懋珩记过一次,未应交部,应毋庸议。	《档案》928页《军机大臣奏查明七至九月所进书籍错误次数请将总裁等交部察议片》
9	乾隆四十三年十二月	总校官归班进士缪琪、庶吉士何思钧、中书朱钤、原任中允王燕绪,均照疏忽罚俸三个月例,各罚俸三个月。查缪琪系归班进士,应于得官日罚俸三个月。王燕绪已经革职,在四库馆效力行走,其罚俸之处仍行注册。	《档案》968页《户部为知照四库馆总裁等罚俸事致典籍厅移会》

续 表

序号	时 间	事 件	出 处
10	乾隆四十四年正月十六日	自十月起至十二月止,四库馆进过《全书》二次、《荟要》二次。……总校仓圣脉、何思钧各记过三次……应请一并交部察议。其余总校王燕绪记过一次、缪琪记过二次……均未应交部,应毋庸议。	《档案》988 页《军机大臣奏查明十至十二月所进书籍错误次数请将总裁等交部察议片》
11	乾隆四十四年四月初五日	兹自本年正月起至三月止,四库馆进过《全书》二次、《荟要》二次。总校仓圣脉记过五次,王燕绪记过三次……应请旨交吏部照例察议。总校朱钤,记过一次,未应交部,应毋庸议。	《档案》1018 页《军机大臣奏查明正月至三月所进书籍错误次数请将总校等交部察议片》
12	乾隆四十四年五月二十五日	四库全书处奏,所有办理《四库全书》依限完竣之革职中允王燕绪,庶吉士仓圣脉、何思钧,中书朱钤,进士杨懋珩、缪琪等,可否准其议叙一疏,奉谕旨:王燕绪着加恩授为翰林院编修,仓圣脉、何思钧着照该员甲第授职,朱钤着赏给庶吉士,杨懋珩、缪琪俱着以知县即用。	《档案》1055 页《谕王燕绪着加恩授为翰林院编修仓圣脉等分别议叙》
13	乾隆四十四年七月初五日	自四月起至六月止,四库馆进过《全书》七次、《荟要》五次。……总校王燕绪记过四次……应一并交部察议。朱钤记过一次,未应交部,应毋庸议。	《档案》1062 页《军机大臣奏奉旨查明四至六月所进书籍错误次数请将总裁等交部察议片》
14	乾隆四十四年八月初八日	王燕绪着罚俸三个月。	《档案》1090 页《谕校阅〈全书〉错误之倪承宽等着分别罚俸或销去纪录》

序号	时　间	事　件	出　处
15	乾隆四十四年十月初十日	自七月起至九月止,四库馆进过《全书》六次、《荟要》二次。总校杨懋珩记过九次,朱钤记过三次,应交部察议。总校缪琪记过二次,何思钧、王燕绪记过一次,均未应交部,应毋庸议。	《档案》1111页《军机大臣奏查明七至九月所进书籍错误次数请将总裁等交部察议片》
16	乾隆四十五年正月初三日	自十月起至十二月止,四库馆进过《全书》二次、《荟要》三次。总校杨懋珩记过七次,朱钤记过六次,仓圣脉、缪琪、何思钧各记过四次,应一并交部分别察议。总校王燕绪记过一次,未应交部,应毋庸议。	《档案》1145页《军机大臣奏查明十至十二月所进书籍错误次数请将总裁等交部察议片》
17	乾隆四十五年四月二十三日	自本年正月起至三月止,四库馆进过《全书》二十二次。总校杨懋珩记过二十次,缪琪记过十七次,王燕绪记过十六次,朱钤记过十四次,仓圣脉记过五次,何思钧记过四次……应交该部照例分别察议。	《档案》1160页《军机大臣奏查明正月至三月所进书籍错误次数请将总裁等交部察议片》
18	乾隆四十五年六月十一日	王燕绪、仓圣脉俱着罚俸三个月,何思钧俱着销去纪录一次,免其罚俸。	《档案》1171页《谕校书错误之总裁程景伊王杰等着分别罚俸》
19	乾隆四十五年七月二十四日	自四月起至六月止,四库馆进过《全书》十六次。总校杨懋珩记过六十次,仓圣脉、王燕绪各记过三十九次,朱钤记过三十八次,缪琪记过三十次,何思钧记过十二次,均应交内务府、都察院、吏部照例分别察议。	《档案》1183页《军机大臣奏查明四月至六月所进书籍错误次数请将总裁等交部察议片》

序号	时 间	事 件	出 处
20	乾隆四十五年九月初四日	自四月起至六月所进《全书》……总校之归班进士今补江苏桃源县知县杨懋珩，编修仓圣脉、王燕绪，归班进士朱钤，缪琪，检讨何思钧等，均有记过，照例分别罚俸抵销……仓圣脉、王燕绪俱着罚俸三个月。检讨何思钧，罚俸三个月之处，俱着记于纪录抵销。	《档案》1202 页《谕校书错误之皇十一子永瑆等着分别罚俸》
21	乾隆四十五年十月十一日	自本年七月起至九月止，四库馆进过《全书》十四次。总校何思钧记过三十一次，杨懋珩记过二十七次，王燕绪记过二十五次，仓圣脉记过十九次，朱钤记过十七次，缪琪记过十一次，应交吏部、都察院照例分别察议。	《档案》1219 页《军机大臣奏查明七至九月所进书籍错误次数请将总裁等交部察议片》
22	乾隆四十五年十月十六日	昨发下《四库全书》沈炼《青霞集》八本，内蒙皇上指出空格未填者，共数十签。总校仓圣脉未经看出者共一百四十二处。将未经看出至一百四十二处之总校仓圣脉交部严加议处。	《档案》1221 页《军机大臣阿桂等奏请将总裁曹文埴等交部议处片》
23	乾隆四十五年十一月二十七日	四库馆进过书籍十四次，总校编修王燕绪等均已记过，例应分别罚俸。……王燕绪着于补官日罚俸三个月。何思钧俱着销去纪录一次，免其罚俸；仓圣脉罚俸三个月之处，着注于纪录抵销。	《档案》1233 页《谕校书错误之总裁总阅等着分别罚俸》
24	乾隆四十五年十一月二十七日	《四库全书》沈炼《青霞集》八本，其疏漏错误未经看出之总校编修仓圣脉应照例降调不准抵销。……仓圣脉着降二级调用。	《档案》1234 页《谕未看出〈青霞集〉空格未填之仓圣脉等着降级调用》

序号	时　间	事　件	出　处
25	乾隆四十六年正月十七日	自十月起至十二月止，进过《全书》四次，《永乐大典》一次。总校朱钤记过八十七次，杨懋珩记过八十五次，缪琪记过五十三次，仓圣脉记过三十四次，王燕绪、何思钧各记过三十一次，应交吏部、都察院照例分别察议。	《档案》1252 页《军机大臣奏查明十至十二月所进书籍错误次数请将总裁等交部察议片》
26	乾隆四十六年四月十五日	本年正月起至三月止，进过《全书》九次。总校何思钧记过五十三次，王燕绪记过三十九次，杨懋珩、朱钤各记过三十五次，仓圣脉记过十四次，缪琪记过七次，应交吏部，照例分别察议。	《档案》1329 页《军机大臣奏查核正月至三月所进书籍错误次数请将总裁等交部察议片》
27	乾隆四十六年四月二十二日	自十月起至十二月止，进过《全书》四次，《永乐大典》一次。总校朱钤记过八十七次，缪琪记过五十三次，仓圣脉记过三十四次，王燕绪、何思钧各记过三十一次。……记过八十七次之总校归班进士朱钤，记过八十五次之归班进士今授江苏桃源县知县杨懋珩，记过五十三次之归班进士今授广西平南县知县缪琪，记过三十四次之编修仓圣脉，记过三十一次之编修王燕绪、检讨何思钧，均照例罚俸三个月。王燕绪、何思钧已患病调理，朱钤系候补之员，仓圣脉已经降调，均应于补官日罚俸三个月。仓圣脉有纪录二次，有前议罚俸三个月注抵在案，今议罚俸三个月，连前共罚俸六个月，各销去纪录一次，抵罚俸六个月，均免其罚俸。何思钧罚俸三个月之处，俱着注于纪录抵销。	《档案》1343 页《户部为知照四库馆总裁等官分别议罚事致典籍厅移会》

序号	时　间	事　件	出　处
28	乾隆四十六年五月二十五日	王燕绪俱着于补官日罚俸三个月。何思钧俱着销去纪录一次，免其罚俸。	《档案》1356 页《谕皇八子永璇等着分别罚俸或销去纪录抵销》
29	乾隆四十六年七月十六日	今自四月起至六月止，进过《全书》十四次。总校何思钧记过一百五十三次，朱钤记过一百四十二次，王燕绪记过九十一次，缪琪记过九十次，杨懋珩记过八十五次，仓圣脉记过五十九次，应交吏部、都察院，照例分别察议。	《档案》1381 页《军机大臣奏查明四月至六月所进书籍错误次数请将总裁等交部察议片》
30	乾隆四十六年九月初六日	自四月起至六月……何思钧、王燕绪着于补官日罚俸三个月。	《档案》1388 页《谕校书错误之皇八子永璇等俱着分别罚俸或注于纪录抵销》
31	乾隆四十六年十月十八日	今自七月起至九月止，进过《全书》六次。总校朱钤记过四十一次，何思钧记过十八次，杨懋珩记过十七次，王燕绪记过十次，缪琪记过一次。应交吏部、都察院，照例分别察议。	《档案》1419 页《军机大臣福隆安等奏查明七月至九月总裁等校书记过次数应交部察议折》
32	乾隆四十六年十一月二十二日	总校检讨何思钧、编修王燕绪，均照例分别抵罚。……何思钧、王燕绪患病调理，着于补官日罚俸三个月。	《档案》1445 页《谕校书错误之总裁稽璜等着分别罚俸或于纪录抵销》
33	乾隆四十七年正月十一日	奏缮校《四库全书》第一分完竣，应将总校编修原任中允王燕绪请旨赏给中允职衔，总校庶吉士散馆归班中书朱钤请旨赏给编修职衔，总校疏忽部议降调原任编修仓圣脉请旨赏给庶吉士，总校检讨何思钧请旨准其加二级。	《档案》1458 页《〈四库全书〉总裁等奏请准议叙缮校第一分书籍各员折奉旨依议》

序号	时　间	事　　件	出　处
34	乾隆四十七年正月二十九日	新授中允衔王燕绪等呈请代奏，恭谢天恩。	《档案》1460 页《军机大臣奏王燕绪等呈请代奏谢恩片》
35	乾隆四十七年二月初二日	拟赏议叙未经引见人员名单：内阁学士纪昀、光禄寺卿陆锡熊、少詹事陆费墀、司业曹锡宝、中允衔王燕绪、检讨何思钧、庶吉士仓圣脉，以上七员，每员墨刻一本、如意一柄、八丝大缎二疋、砚一方、笔一匣、墨一匣、绢笺十张。	《档案》1462 页《军机大臣等奏遵旨拟赏〈四库全书〉议叙人员及未经引见名单片》
36	乾隆四十七年二月二十日	所有上年十月起至十二月止，进过《全书》六次、《永乐大典》一次。总校王燕绪记过二百八十六次，朱钤记过一百三十一次，何思钧记过一百二十四次，仓圣脉记过八十九次，杨懋珨记过四十四次，缪琪记过三十四次，应交吏部、都察院照例分别察议。	《档案》1468 页《军机大臣奏查明上年十至十二月所进书籍错误次数请将总裁等交部察议片》
37	乾隆四十七年二月	乾隆四十六年十二月初五日准吏部咨称，四库全书馆自七月起至九月止，进过《全书》六次。应将记过四十一次之总校归班进士朱钤，记过十八次之检讨何思钧，记过十七次之归班进士今授江苏桃源县知县杨懋珨，记过一次之编修王燕绪，记过三次之归班进士今授广西平南县知县缪琪，均照例罚俸三个月。查何思钧、王燕绪已患病调理，均应于补官日罚俸三个月。	《档案》1541 页《户部为知照四库馆总裁等官分别议罚事致典籍厅移会》

序号	时　间	事　件	出　处
38	乾隆四十七年四月二十四日	所有本年正月起至三月止,进过《全书》八次,《永乐大典》一次。总校朱钤记过八十六次,缪琪记过八十一次,何思钧记过五十五次,仓圣脉记过三十九次,王燕绪记过三十一次,杨懋珩记过二十次,应交吏部、都察院照例分别察议。	《档案》1558 页《军机大臣奏查明正月至三月所进书籍错误次数请将总裁等交部察议片》
39	乾隆四十七年四月二十四日	记过二百八十六次之总校编修今赏给中允衔王燕绪,记过一百三十一次之归班进士今赏给编修衔朱钤,记过一百二十四次之检讨何思钧,记过八十九次之编修已经降调今赏给庶吉士仓圣脉,记过四十四次之归班进士今授江苏长洲县知县杨懋珩,记过三十四次之归班进士今授广西平南县知县缪琪,均照例罚俸三个月。王燕绪患病调理,朱钤系候补之员,均应于补官日罚俸三个月。	《档案》1564 页《吏部为知照四库全书馆记过人员罚俸事致典籍厅移会》
40	乾隆四十七年七月初十日	查四库全书馆本年正月起至三月止,进过《全书》八次,《永乐大典》一次。记过八十六之总校归班进士今赏给编修衔朱钤,记过八十一次之归班进士今授广西平南县知县缪琪,记过五十五次之检讨何思钧,记过三十九次之庶吉士仓圣脉,记过三十一次之编修今赏给中允衔王燕绪,均照例罚俸三个月。朱钤丁忧,何思钧患病调理,应于补官日罚俸三个月。	《档案》1593 页《吏部为知照四库全书馆正月至三月记过人员罚俸事致典籍厅移会》

序号	时　间	事　　件	出　处
41	乾隆四十七年八月初十日	今自四月起至六月止,续进过第二分《全书》七次。朱钤记过八十二次,王燕绪记过八十次,仓圣脉记过五十七次,何思钧记过五十二次,杨懋珩记过二十二次,缪琪记过十次,应交吏部、都察院照例分别察议。	《档案》1608页《军机大臣奏查核四至六月所进书籍错误次数请将总校等交部察议片》
42	乾隆四十七年十月初五日	记过八十二次之归班进士今赏给编修衔朱钤,记过八十次之编修今赏给中允衔王燕绪,记过五十七次之降调编修今赏给庶吉士仓圣脉,记过五十二次之检讨何思钧,记过二十二次之归班进士今授江苏长洲县知县杨懋珩,记过十次之归班进士今授广西平南县知县缪琪,均着罚俸三个月。朱钤、缪晋俱经丁忧,仓圣脉、何思钧已患病调理,均着于补官日罚俸三个月。	《档案》1643页《户部为知照四库全书馆四月至六月记过人员罚俸事致典籍厅移会》
43	乾隆四十七年十月二十九日	总校官陆费墀、王燕绪,俱着交部分别议处。	《档案》1667页《谕内阁毛奇龄〈词话〉内谬妄字句交馆改正并将书内列名总纂等议处》
44	乾隆四十七年十一月初一日	本年五月十二日以前,所进书籍错误次数业经按季查核,其五月十八日以后,行在呈进节次发下错误之书,遵旨归秋季办理。今自五月十八日起至九月底止,呈进过第二分《全书》十一次共计一万六千五百册,总校官王燕绪记	《档案》1670页《军机大臣奏查核五月至九月所进书籍错误次数请将总校等交部察议片》

序号	时　间	事　　件	出　处
		过九百二次，朱钤记过八百二十八次，仓圣脉记过一百九十次，何思钧记过一百七十四次，缪琪记过十九次，俱请交部照例察议。	
45	乾隆四十七年十一月二十八日	王燕绪俱着降一级，留任。	《档案》1686 页《吏部为知照办理〈词话〉错谬之总纂官纪昀等处分事致典籍厅移会》
46	乾隆四十七年十一月二十八日	盛京文溯阁陈设《四库全书》缮校全竣。于各总校内专派中允衔王燕绪、编修衔朱钤二员总司校勘。	《档案》1688 页《多罗质郡王永瑢奏第二分应缮〈全书〉缮校全竣折》
47	乾隆四十七年十一月二十八日	今据四库馆奏第二分存贮文溯阁《全书》业经办理完竣，理合将总校王燕绪、朱钤遵旨提奏。	《档案》1689 页《军机大臣奏文溯阁〈全书〉完竣遵旨将总校王燕绪等提奏片》
48	乾隆四十七年十一月二十八日	第二分《四库全书》校缮完竣，办理尚属迅速，其承办之总校王燕绪，着加恩于服阕后，遇有中允缺出即行补用；朱钤着即授职编修。	《档案》1689 页《谕第二分〈全书〉校缮完竣总校王燕绪等着加恩授职》
49	乾隆四十八年二月二十八日	所有乾隆四十七年秋季进过书籍错误业于上年十一月初二日查核交部，其上年冬季进过第二分《全书》七次。总校官朱钤记过八百八十五次，王燕绪记过七百八十四次。俱请交部照例察议。	《档案》1711 页《军机大臣奏查核上年冬季所进第二分〈全书〉错误次数请将提调等官交部察议片》

序号	时　间	事　　件	出　处
50	乾隆四十八年四月十五日	记过八百八十五次之总校编修朱钤,记过七百八十四次之编修今奉旨以中允补用之王燕绪,均照例罚俸三个月。王燕绪丁忧,应于补官日罚俸三个月。朱钤罚俸三个月之处,俱着注于纪录抵销。	《档案》1722 页《吏部为知照四库馆人员遵旨分别罚俸事致典籍厅移会》
51	乾隆四十八年五月十一日	本年春季进过第三分《全书》七次,总校官何思钧记过七百二十三次,仓圣脉记过二百三十次,请交部照例察议。	《档案》1728 页《军机大臣奏查核春季所进第三分〈全书〉错误记过次数请将提调等官交部察议片》
52	乾隆四十八年六月十八日	四库馆进呈《骈字类编》草木部内,"桃"字门应另列一行,方接写正文,乃书内卷首竟将此行落去。总校仓圣脉于此等错误未经看出,殊属草率,着将该总校加倍记过。	《档案》1732 页《军机大臣为奉旨〈骈字类编〉内桃字一行补入事致八阿哥等函》
53	乾隆四十八年八月初二日	其夏季所进第三分《全书》错误之处,总校官何思钧记过一千一百十四次,仓圣脉记过四百二十四次,缪晋记过六次,俱请交部,照例察议。	《档案》1736 页《军机大臣奏查核夏季所进第三分〈全书〉错误记过次数请将提调等官交部察议片》
54	乾隆四十八年十一月二十九日	秋季所进第三分《全书》错误之处,查有总校何思钧记过八百七十六次,仓圣脉记过三百二十次,缪晋记过十六次,俱请交部照例察议。	《档案》1754 页《军机大臣奏稽核秋季所进第三分〈全书〉错误记过次数请将总校等官交部察议片》

续　表

序号	时　间	事　件	出　处
55	乾隆四十八年十二月二十日	四库全书馆本年秋季所进第三分《全书》错误之处，应将记过八百七十六次之总校官检讨何思钧，记过三百二十次之庶吉士仓圣脉，均照例罚俸三个月。查何思钧、仓圣脉已患病调理，均应于补官日罚俸三个月。缪晋有纪录三次，有前议罚俸三个月注抵在案，今议罚俸三个月，连前共罚俸六个月，应各销去纪录一次，抵罚俸六个月，均免其罚俸。	《档案》1761 页《吏部为知照四库全书馆记过人员罚俸事致典籍厅移会》
56	乾隆四十九年闰三月二十二日	冬季所进第三分《全书》错误之处，总校仓圣脉记过一百五十次，应请交部照例察议。	《档案》1769 页《军机大臣和珅等奏稽核冬季所进第三分〈全书〉记过次数请将提调等交议折》
57	乾隆四十九年八月十四日	所有四十九年分夏季所进第四分《全书》错误之处，总校朱铃记过一百八十六次，王燕绪记过六十六次。所有四库全书馆并三通馆记过各员，均应交部照例察议。	《档案》1792 页《军机大臣和珅等奏查核四库馆暨三通馆错误记过各员交部察议片》
58	乾隆四十九年九月十八日	王燕绪着于补官日罚俸三个月。朱铃着销去纪录一次，免其罚俸。	《档案》1800 页《谕办理〈四库全书〉错误记过之潘庭筠等着分别罚俸》
59	乾隆四十九年十一月十五日	所有四十九年分秋季所进第四分《全书》错误之处，总校王燕绪记过二百四十八次，朱铃记过一百四十四次，俱应交部照例察议。	《档案》1811 页《军机大臣奏秋季所造第四分〈全书〉错误记过次数请将总校等官交部议处片》

续　表

序号	时　间	事　件	出　处
60	乾隆四十九年十一月二十七日	所有四十九年分夏季所进第四分《全书》，朱钤着销去纪录一次，免其罚俸。编修王燕绪等补官日罚俸之处，仍咨吏部俟补官之日知照过部，以便查扣可也。	《档案》1823页《户部为知照四库馆三通馆记过人员罚俸事致典籍厅移会》
61	乾隆五十年正月二十三日	今第四分《全书》，于上年十一月二十五日缮校全竣，恭折奏闻，仰蒙恩旨，赏给议叙。 王燕绪，由原任中允奏充。四十四年蒙恩赏给编修。四十六年赏给中允衔，遇应升之缺列名在前。四十七年实授中允，仍开列在前。前后共校过头、二、四分书二万一千余册。查该员系开列讲读在前之员，应请遇有讲读缺出，即行补用。 朱钤，由进士、中书奏充。四十四年蒙恩赏给庶吉士，因散馆归班，仍在馆行走。四十六年赏给编修衔，四十七年实授编修。前后共校过头、二、四分书二万一千余册。兹请以应升之处列名在前。 何思钧，由庶吉士奏充。四十四年蒙恩授职检讨，四十六年议叙加二级。前后共校过头、二、三分书一万四千余册。兹请以应升之处列名在前。 仓圣脉，由庶吉士奏充。四十四年蒙恩授职编修。因校勘疏忽部议降调，仍在馆行走，四十六年赏给庶吉士。前后共校过头、二、三分书一万四千余册。兹请旨实授编修。	《档案》1849页《多罗质郡王永瑢等奏遵旨议叙四库馆各项人员折》

续 表

序号	时 间	事 件	出 处
62	乾隆五十年二月二十日	所有四十九年分秋季所进第四分《全书》错误之处,王燕绪、朱钤着于补官日罚俸三个月。	《档案》1865 页《户部为知照四库馆上年秋季记过人员罚俸事致典籍厅移会》
63	乾隆五十二年二月	王燕绪俱着以原衔署文渊阁校理。	《档案》1988 页《翰林院典簿厅为知照奉旨庄通敏等充文渊阁校理事致内阁典籍厅移会》
64	乾隆五十二年五月二十三日	覆校文渊阁《全书》,有翰詹五十员,其中之一为侍讲王燕绪。	《档案》2010 页《质郡王永瑢等奏现办覆校文渊文源两阁书籍事宜折》
65	乾隆五十二年八月初三日	议办理《四库全书》遗漏空页未填之总校官翰林院侍讲王燕绪等照例罚俸。	《档案》2056 页《谕陆费墀着销去加一级等议处事》
66	乾隆五十二年八月二十日	王燕绪等校对之书,讹脱错谬,请将王燕绪降三级调用。……王燕绪屡经获咎后,复赏给编修,办理总校,得邀优叙,洊升侍讲。伊等既蒙恩迁擢,自应倍加感奋,悉心校办。今四库书籍缮写潦草,讹脱错谬违误之处,不可枚举。……王燕绪所得处分,俱由自取。	《档案》2058 页《谕内阁陆费墀王燕绪所得处分俱由自取》
67	乾隆五十二年八月二十二日	议未经校出《通鉴辑览》缮写错谬之总校官翰林院侍讲王燕绪着降三级调用。	《档案》2059 页《谕陆费墀革任之处着注册等议处事》

序号	时　间	事　　件	出　处
68	乾隆五十二年八月	查此次校阅《御批通鉴辑览》卷六十五内,签出通卷字迹潦草、讹错脱落,全无文理,共二百三十七处。相应将未经校出之总校王燕绪交部严加议处,并罚令前来热河校阅文津阁及盛京文溯阁书。仍将此书全部交总校王燕绪,罚令另行赔写。	《档案》2060 页《吏部为知照大学士和珅参奏王燕绪等人事致稽察房移会》
69	乾隆五十二年十月十八日	文渊、文源、文津三阁记出错误,应往热河看书人员名单:王燕绪、何思钧、仓圣脉、杨懋珧、朱钤等。	《档案》2074 页《军机大臣和珅等奏遵旨将罚校看书及外任各员分别议罚片》
70	乾隆五十二年十月二十四日	王燕绪已到热河覆校文津阁《全书》。	《档案》2081 页《礼部尚书纪昀奏请将文渊阁翻译册档移送热河一分等事折》
71	乾隆五十二年十一月二十一日	奉旨罚来热河看书各员,惟朱钤等四员至今将满一月,尚俱未到。	《档案》2094 页《礼部尚书纪昀奏参朱钤等四员尚未到热河校书折》
72	乾隆五十二年十一月二十一日	着吏部查明朱钤等四员因何未到热河看书分别从重议处。	《档案》2095 页《谕内阁着吏部查明朱钤等四员因何未到热河看书分别从重议处》

序号	时 间	事 件	出 处
73	乾隆五十二年十二月初二日	所有此案办书错误降调之翰林等官,内王燕绪准其捐复员外郎。	《档案》2105 页《谕内阁办书错误降调官员王燕绪等准其捐复仍准办书处行走》
74	乾隆五十五年九月十六日	原办文溯阁《全书》疏漏之总纂、提调、总校、分校罚令总校书籍各员名单:总校王燕绪,原任侍读,降调后准捐复员外郎;朱钤,原任编修;仓圣脉,原任编修;何思钧,原任检讨;杨懋珩,广西知县;分校缪晋,编修。	《档案》2192 页《军机大臣阿桂等奏遵议陆锡熊详校文溯阁书籍折》
75	乾隆五十五年九月十七日	原办文溯阁《全书》之王燕绪,因校办草率,讹谬甚多,故罚其校勘《荟要》。因全卷脱写严重者未经校出,故总校王燕绪着交部从重议处。	《档案》2197 页《谕着派八阿哥等总司原办文溯阁〈全书〉各员校勘纂缮〈荟要〉等书》
76	乾隆五十七年五月十三日	纪昀奏覆勘文津阁书籍完竣,现在热河勘出遗漏各条之校勘者,仓圣脉、何思钧已经罚令勘书,毋庸再议,其未经勘书之各员有王燕绪、朱钤等,应请交部,照册开各条,分别议处。	《档案》2305 页《军机大臣阿桂等奏遵旨核议纪昀覆勘文津阁书籍各情折》

一、王燕绪

为清晰起见,将王燕绪在四库馆之行迹整理如下(见表 3-6)。

表 3－6　王燕绪四库馆行迹一览表

事件序次	时间	进呈《全书》的次数	王燕绪从事的具体工作	王燕绪错误数量	所受的惩罚或奖励	进呈《荟要》或《大典》的次数
1	乾隆三十八年闰三月十一日		赞善王燕绪作为纂修,分派办理内府书籍			
2	乾隆四十三年四月初九日	2次(本年一月至三月)	文渊阁《全书》总校	2次	未应交部,应再庸议。	四库馆进呈散片1次、武英殿进呈《荟要》2次。
3	乾隆四十三年七月初四日/乾隆四十三年八月	2次(四至闰六月)	文渊阁《全书》总校	6次	应交部察议。记过六次之原任中允王燕绪罚俸三个月。王燕绪原任中允已经革职,在四库馆之效力行走,其罚俸之处应行注册。	四库馆进呈散片3次、武英殿进呈《荟要》3次。
4	乾隆四十三年十月初七日/乾隆四十三年十二月	16次(七至九月)	文渊阁《全书》总校	3次	应交部察议。原任中允王燕绪罚俸三个月。王燕绪已经革职,在四库馆效力行走,其罚俸之处应行注册。	四库馆进呈《荟要》5次。

续 表

事件序次	时 间	进呈《全书》的次数	王燕绪从事的具体工作	王燕绪错误数量	所受的惩罚或奖励	进呈《荟要》或《大典》的次数
5	乾隆四十四年正月十六日	2次（十至十二月）	文渊阁《全书》总校	1次	未应交部，应毋庸议。	四库馆进呈《荟要》2次。
6	乾隆四十四年四月初五日	2次（本年正月至三月）	文渊阁《全书》总校	3次	应著旨交吏部照例察议。	四库馆进呈《荟要》2次。
7	乾隆四十四年五月二十五日		办理《四库全书》依限完竣之革职中允		革职中允王燕绪加恩授为翰林院编修。	
8	乾隆四十四年七月初五日／乾隆四十四年八月初八日	7次（四至六月）	文渊阁《全书》总校	4次	应部察议。王燕绪着罚俸三个月。	四库馆进呈《荟要》5次。
9	乾隆四十四年十月初十日	6次（七至九月）	文渊阁《全书》总校	1次	未应交部，应毋庸议。	四库馆进呈《荟要》2次。
10	乾隆四十五年正月初三日	2次（十至十二月）	文渊阁《全书》总校	1次	未应交部，应毋庸议。	四库馆进呈《荟要》3次。

续　表

事件序次	时　间	进呈《全书》的次数	王燕绪从事的具体工作	王燕绪错误数量	所受的惩罚或奖励	进呈《荟要》或《大典》的次数
11	乾隆四十五年四月二十三日/乾隆四十五年六月十一日	22次（本年正月至三月）	文渊阁《全书》总校	16次	应交该部照例分别察议。王燕绪著罚俸三个月。	
12	乾隆四十五年七月二十四日/乾隆四十五年九月初四日	16次（四至六月）	文渊阁《全书》总校、编修	39次	应交部察议。王燕绪著罚俸三个月。	
13	乾隆四十五年十月十一日/乾隆四十五年十一月二十七日	14次（七至九月）	文渊阁《全书》总校、编修	25次	应交部察议。王燕绪著罚俸三个月。	
14	乾隆四十六年正月十七日/乾隆四十六年四月二十二日	4次（十至十二月）	文渊阁《全书》总校、编修	31次	应交部察议。王燕绪已患病调理，应于补官日照例罚俸三个月。	《永乐大典》1次。
15	乾隆四十六年四月十五日	9次（本年正月起至三月）	文渊阁《全书》总校	39次	应交部察议。	

续 表

事件序次	时 间	进呈《全书》的次数	王燕绪从事的具体工作	王燕绪错误数量	所受的惩罚或奖励	进呈《荟要》或《大典》的次数
16	乾隆四十六年五月二十五日		文渊阁《全书》总校		王燕绪俱着于补官日罚俸三个月。	
17	乾隆四十六年七月十六日/乾隆四十六年九月初六日/乾隆四十六年十一月二十二日	14次（四至六月）	文渊阁《全书》总校	91次	应交部察议。王燕绪着于补官日罚俸三个月。王燕绪患病调理，应于补官日罚俸三个月。	
18	乾隆四十六年十月十八日/乾隆四十七年二月	6次（七至九月）	文渊阁《全书》总校	10次	应交部察议。查问思钧，王燕绪已患病调理，均应于补官日罚俸三个月。	
19	乾隆四十七年正月十一日/乾隆四十七年正月二十九日	第一分《全书》缮校完竣	文渊阁《全书》总校、编修，原任中允		应将总校编修原任中允王燕绪着赏给中允职衔。新授中允王燕绪等呈请代奏，恭谢天恩。	

续 表

事件序次	时 间	进呈《全书》的次数	王燕绪从事的具体工作	王燕绪错误数量	所受的惩罚或奖励	进呈《荟要》或《大典》的次数
20	乾隆四十七年二月二十日/乾隆四十七年四月二十四日	6次（上年十至十二月）	文渊阁《全书》总校,编修今赏给中允衔	286次	应交部察议。王燕绪患病调理,应于补官日罚俸三个月。	《永乐大典》1次。
21	乾隆四十七年四月二十四日/乾隆四十七年七月初十日	8次（本年正月至三月）	文渊阁《全书》总校,编修今赏给中允衔	31次	应交部察议。王燕绪照例罚俸三个月。	《永乐大典》1次。
22	乾隆四十七年八月初十日/乾隆四十七年十月初五日	7次（第二分《全书》,四月至六月）	文渊阁《全书》总校	80次	应交部察议。王燕绪着罚俸三个月。	
23	乾隆四十七年十一月初一日	11次（秋季第二分进呈《全书》,五月十八日至九月底）	文渊阁《全书》总校	902次	应交部察议。	

续表

事件序次	时间	进呈《全书》的次数	王燕绪从事的具体工作	王燕绪错误数量	所受的惩罚或奖励	进呈《荟要》或《大典》《全书》的次数
24	乾隆四十七年十一月二十八日		办理《词话》错谬		王燕绪俱着降一级，留任。	
25	乾隆四十七年十一月二十八日	盛京文溯阁陈设第二分《全书》缮校全竣。	于各总校内专派中允衔王燕绪、编修衔朱钤二员总司校勘。			
26	乾隆四十七年十一月二十八日		文溯阁《全书》总校		总校王燕绪，着加恩于服阕后，遇有中允缺出即行补用。	
27	乾隆四十八年二月二十八日/乾隆四十八年四月十五日	7次（上年冬季进呈第二分《全书》）	文溯阁《全书》总校、编修，以中允补用	784次	应交部察议。王燕绪照例罚俸三个月，因丁忧，应于补官日罚俸三个月。	
28	乾隆四十九年八月十四日/乾隆四十九年九月十八日	本年夏季进呈第四分《全书》	文津阁《全书》总校	66次	应交部察议。王燕绪着于补官日罚俸三个月。	

续　表

事件序次	时　间	进呈《全书》的次数	王燕绪从事的具体工作	王燕绪误错数量	所受的惩罚或奖励	进呈《荟要》或《大典》的次数
29	乾隆四十九年十一月十五日/乾隆五十年二月二十日	乾隆四十九年秋季所进《第四分全书》	文津阁《全书》总校	284次	应交部察议。王燕绪着于补官日罚俸三个月。	
30	乾隆五十年正月二十三日	第四分《全书》,于乾隆四十九年十一月二十五日缮校全竣	王燕绪,由原任中允奏充。四十四年蒙恩赏给编修。四十六年赏给之缺列名在前,遇应升之缺列名在前。四十七年实授中允,仍开列在前。前后共校过头、二、四分书二万一千余册。		查该员系开列讲读在前之员,应请遇有讲读缺出,即行补用。	
31	乾隆五十二年二月		王燕绪俱着以原衔署文渊阁校理			
32	乾隆五十二年五月二十三日		覆校文渊阁《全书》,有翰詹五十员,其中之一为侍讲王燕绪			

续 表

事件序次	时 间	进呈《全书》的次数	王燕绪从事的具体工作	王燕绪错误数量	所受的惩罚或奖励	进呈《荟要》或《大典》的次数
33	乾隆五十二年八月初三日	办理《四库全书》遗漏空页未填	总校官翰林院侍讲王燕绪		照例罚俸。	
34	乾隆五十二年八月二十日/乾隆五十二年八月二十二日/乾隆五十二年八月	校对之书，讹脱错谬。未经总校出《通鉴辑览》缮写错谬	总校官翰林院侍讲王燕绪。王燕绪曾经获咎，复赏给编修、办理总叙，得邀优叙，洊升侍讲	237处	降三级调用。并罚令前来热河校阅文津阁及盛京文溯阁书。仍将此书全部交总校王燕绪，罚令另行赔写。	
35	乾隆五十二年十月十八日/乾隆五十二年十月二十四日		王燕绪已到热河覆校文津阁《全书》			
36	乾隆五十二年十二月初二日		降调官员		王燕绪准其捐复员外郎，仍准小书处行走。	
37	乾隆五十五年九月十六日		原办文溯阁《全书》疏漏之总校		原任侍读、降调后准捐员外郎。	

续 表

事件 序次	时 间	进呈《全书》 的次数	王燕绪从事的 具体工作	王燕绪错 误数量	所受的惩罚或奖励	进呈《荟要》或 《大典》的次数
38	乾隆五十五年 九月十七日		校勘《荟要》	对《荟要》 中全卷脱 写严重者， 未经校出	总校王燕绪着交部从 重议处，以示惩儆。	
39	乾隆五十七年 五月十三日		纪昀奏覆勘文津阁 书籍完竣，其未经 勘书之各员有王燕 绪等		应请交部，照册开列各 条，分别议处。	

据上述材料,可得出以下几点结论:

（一）可考察王燕绪在四库馆工作之具体细节,如工作内容及调整、工作程序、工作进度、工作质量及奖惩状况等。具体如下:

1. 曾任四库馆纂修官,但未入《总目》职名表"纂修官"

据《档案》(乾隆三十八年闰三月十一日),《四库》刚开馆时,从各处调取来的纂修官仅够供办理《大典》签辑的工作,只好又调取了王燕绪等人任分纂官。这些后来调取的纂修官主要负责内府本与采进本的校办。而这些纂修官中,王燕绪等未被列入浙本《总目》职名表与殿本《总目》职名表"纂修官"一职。①

王燕绪未被《总目》职官表列为"纂修官"之原因,是因为《总目》职官表编成时王燕绪已调整了工作内容和职务。浙本《总目》职官表编制时间为乾隆四十七年七月,殿本《总目》职官表编制时间为乾隆六十年之后,此时王燕绪供职于武英殿四库馆②,而非翰林院四库馆。翰林院四库馆称负责校阅书籍的馆臣为"纂修官",而武英殿缮书处称作"缮书处总校官"或"覆校官"。为与翰林院四库馆"纂修官"加以区别,浙本《总目》职官表开列王燕绪衔名作"缮书处总校官",殿本《总目》职官表称其作"覆校官"。

2. 校办文渊阁《全书》

据《档案》(乾隆四十三年四月初九日)载,自乾隆四十三年正月,王燕绪担任四库馆总校官,负责校勘文渊阁《全书》。乾隆四十四年蒙恩赏给编修。乾隆四十六年赏给中允衔。乾隆四十六年十二月,第一分《全书》缮校完竣③。乾隆四十七年正月十一日,实授中允。期间《全书》进呈 138 次,王燕绪被记过 589 次,尤其在文渊阁《全书》办

---

① 张升:《四库全书馆研究》,第 123 页。
② 张升:《四库全书馆研究》,第 368 页。
③ 中国第一历史档案馆:《纂修四库全书档案》,第 1446 页。

理最末阶段,王燕绪被记过次数激增,被多次罚俸。

3. 校办文溯阁《全书》并总司其校勘

第一分《全书》完竣后,王燕绪随即担任第二分《全书》的总校官。乾隆四十七年(1782)十一月二十八日,该分《全书》缮校完竣,陈设于盛京文溯阁,由中允衔王燕绪与编修衔朱钤二员总司校勘。《档案》载第二分《全书》进呈25次,王燕绪被记过1 766次,被多次罚俸,并降一级留任。这也说明了为追求速度,第二分《全书》的编纂质量远远不及第一分《全书》。

4. 校办文津阁《全书》

自乾隆四十九年(1784)夏季开始,王燕绪担任第四分《全书》总校,直至乾隆四十九年十一月二十五日第四分《全书》缮校完竣。期间王燕绪被记过350次,并被多次罚俸。

5. 覆校文渊阁《全书》

乾隆五十二年五月二十三日,侍讲王燕绪作为翰詹五十员之一,负责覆校文渊阁《全书》。据《壬寅消夏录》记载,王燕绪在乾隆五十二年七月七日仍在文渊阁校书[①],当是《档案》对王燕绪覆校文渊阁《全书》这一史实的佐证。

6. 覆校文津阁《全书》

乾隆五十二年十月十八日,王燕绪到热河覆校文津阁《全书》。同年十月二十四日,其已实到并承担工作。

7. 校办《荟要》

《荟要》经校对官初校之后,难免还有错误脱漏之处,为使各书能臻于尽善尽美境地,又设总校(亦称覆校)官,将初校完成之书,再加细致考校。而候补中允王燕绪即为总校官之一。[②]《荟要》图书经过初校、

---

① (清)端方:《壬寅消夏录》不分卷,稿本。
② 吴哲夫:《四库全书荟要纂修考》,台北"故宫博物院",1976年,第23页。

覆校后,便送武英殿庋置。后来高宗批阅时,发现书中尚有错误,因此又简派十五人,分别负责将《全书》再检阅一次,并在详校之后,将衔名以黄色浮签贴于书前之护书页,原任侍讲王燕绪即为详校官之一。①

8. 详校文溯阁《全书》

乾隆五十五年(1790)九月十六日,罚令王燕绪总校文溯阁《全书》。

9. 被派覆勘文津阁《全书》,但未经勘书

乾隆五十七年五月十三日,纪昀奏覆勘文津阁书籍完竣,王燕绪未经勘书,应请校部议处。

(二)各阁《全书》工作进度、进呈时间、缮校质量考核频率及奖惩时间均有差别。

第一分《全书》,缮校质量衡量与奖惩措施是,将指出错误记过之处,按季度每三月查核一次,其总裁错至三次,分校、覆校错至两次者,均着交部察议。其余未及次数者,着加恩宽免,毋庸于下次积算。现存《档案》资料完好地保存了每一条记录,为进一步考察诸馆臣在四库馆的工作细节提供了可靠的依据。

第二分《全书》编纂时,即改变了考核时间节点。《档案》(乾隆四十七年十一月初一日)载:乾隆四十七年五月十二日以前,所进书籍错误次数业经按季查核,本年四月至六月已经进呈了文溯阁《全书》七次②即按该制度执行。五月十八日以后,行在呈进节次发下错误之书,遵旨归秋季办理。故自五月十八日起至九月底止,呈进过第二分《全书》十一次。

(三)可准确考察《荟要》《全书》及《大典》本书籍等各项工作办理时间、工作进度及编纂细节。

如乾隆四十三年七月初四日,武英殿进呈过《荟要》三次③;乾隆

---

① 吴哲夫:《四库全书荟要纂修考》,第 24 页。

② 中国第一历史档案馆:《纂修四库全书档案》,第 1609 页。

③ 中国第一历史档案馆:《纂修四库全书档案》,第 859 页。

四十三年十月初七日,四库馆进呈《荟要》五次①。这说明,《荟要》的编纂机构经历过从武英殿到四库馆的调整,而调整时间当在乾隆四十三年七月初四日至乾隆四十三年十月初七日之间。吴哲夫先生认为《荟要》从武英殿归并到四库馆的时间是乾隆四十四年初期的说法②是不准确的,我们认为至晚在乾隆四十四年十月初七日,《荟要》编纂就已由武英殿转到四库馆。

这些材料亦为文渊阁《全书》与《荟要》办理有一段时间是重合的这一结论提供了有力的佐证。③

二、朱钤

朱钤曾任荟要处分校、复校。乾隆四十七年(1782)七月前丁忧离馆。前后共校过头、二、四分《全书》二万一千余册。浙本《总目》职名表称其作"缮书处总校官"。

据《档案》可考察朱钤在四库馆工作之具体细节,如工作内容及调整、工作程序、工作进度、工作质量及奖惩状况等。具体如下:

1. 任荟要处分校、总校

《荟要》各书由誊录人员缮录完成后,缴到修书处,由收掌人员点收后,又送到校对人员手上,加以校对,负责校对人员,是为校对官或分校官。朱钤,由进士、中书奏充。④ 中书朱钤为荟要处分校官之一。⑤ 之后编修朱钤又担任过荟要处总校官(覆校官)。⑥

---

① 中国第一历史档案馆:《纂修四库全书档案》,第 928 页。

② 吴哲夫:《四库全书荟要纂修考》,第 11 页。

③ 刘远游:《〈四库全书〉卷首提要的原文与撤换》,《复旦学报(社会科学版)》1991 年第 2 期。

④ 中国第一历史档案馆:《纂修四库全书档案》,第 1850 页。

⑤ 吴哲夫:《四库全书荟要纂修考》,第 22 页。

⑥ 吴哲夫:《四库全书荟要纂修考》,第 23 页。

2. 校办文渊阁《全书》

朱钤担任四库馆总校官,负责校勘文渊阁《全书》。乾隆四十三年(1778)七月初四日,四库馆进呈《全书》2 次,朱钤被记过 3 次,被罚俸三个月。乾隆四十三年十月初七日,四库馆进呈《全书》16 次,朱钤被记过 4 次,被罚俸三个月。乾隆四十四年四月初五日,四库馆进呈《全书》2 次,朱钤被记过 1 次,未交部议。乾隆四十四年五月二十五日,中书朱钤蒙恩赏给庶吉士,因散馆归班,仍在馆行走。乾隆四十四年七月初五日,四库馆进呈《全书》7 次,朱钤被记过 1 次,未应交部议。乾隆四十四年十月初十日,四库馆进呈《全书》6 次,朱钤被记过 3 次。乾隆四十五年正月初三日,四库馆进呈《全书》2 次,朱钤被记过 6 次。乾隆四十五年四月二十三日,四库馆进呈《全书》22 次,朱钤被记过 14 次。乾隆四十五年七月二十四日,四库馆进呈《全书》16 次,朱钤被记过 38 次。乾隆四十五年十月十一日,四库馆进呈《全书》14 次,朱钤被记过 17 次。乾隆四十六年正月十七日,四库馆进呈《全书》4 次,朱钤被记过 87 次,被罚俸三个月。乾隆四十六年四月十五日,四库馆进呈《全书》9 次,朱钤被记过 35 次。乾隆四十六年七月十六日,四库馆进呈《全书》14 次,朱钤被记过 142 次。乾隆四十六年十月十八日,四库馆进呈《全书》6 次,朱钤被记过 41 次,罚俸三个月。乾隆四十六年十月至十二月间,四库馆进呈《全书》6 次,朱钤被记过 131 次,其系候补之员,应于补官日罚俸三个月。乾隆四十七年正月至三月,四库馆进呈《全书》8 次,朱钤被记过 86 次,于补官日罚俸三个月。乾隆四十六年十二月,文渊阁《全书》缮校完竣。

期间《全书》进呈 134 次,朱钤被记过 609 次,并被多次罚俸。

3. 校办文溯阁《全书》并总司其校勘

第一分《全书》完竣后,朱钤又担任第二分《全书》的总校官。至迟在乾隆四十七年七月初十日,朱钤因丁忧离馆。乾隆四十七年十一月二十八日,朱钤授职编修。同日,文溯阁《全书》缮校完竣,朱钤与王燕绪总司该分《全书》校勘。《档案》载第二分《全书》进呈 25 次,朱钤被记过 1 795 次,并被多次罚俸。从馆臣记过单看,第二分《全书》缮校速度大大加快,但编纂质量远远不及第一分《全书》。

4. 校办文津阁《全书》

自乾隆四十九年(1784)夏季至乾隆四十九年十一月二十五日第四分《全书》缮校完竣,朱钤担任第四分《全书》总校,期间朱钤被记过 330 次,并被多次罚俸。乾隆五十年正月二十三日,朱钤请以应升之处列名在前。

5. 被派覆校文津阁《全书》,但始终未到任

乾隆五十二年十月十八日,朱钤被派往到热河覆校文津阁《全书》。乾隆五十二年十一月二十一日,奉旨罚来热河看书各员,惟朱钤等四员至今将满一月,尚俱未到,被从重议处。

6. 详校文溯阁《全书》

乾隆五十五年九月十六日,罚令编修朱钤总校文溯阁《全书》。

7. 被派覆勘文津阁《全书》,但未经勘书

乾隆五十七年五月十三日,纪昀奏覆勘文津阁书籍完竣,朱钤未经勘书,应请校部议处。

三、仓圣脉

仓圣脉,由庶吉士奏充。乾隆四十三年四月二十九日,内阁散馆庶吉士仓圣脉着以部属用。同年五月初六日,散馆庶吉士仓圣脉着再留馆三年。乾隆五十年正月二十三日,仓圣脉实授编修。浙本《总目》职名表称其作"缮书处总校官"。其参与的具体工作如下。

1. 校办文渊阁《全书》

仓圣脉担任总校,负责校办文渊阁《全书》时间晚于王燕绪。期

间,共被记过 315 次。具体记过情况如下。

乾隆四十三年(1778)七月初四日,四库馆进呈《全书》(四月至闰六月)2 次,仓圣脉被记过 3 次,罚俸三个月。乾隆四十三年十月初七日,四库馆进呈《全书》(七月至九月)16 次,仓圣脉被记过 2 次,未应交部。乾隆四十四年正月十六日,四库馆进呈《全书》(十月至十二月)2 次,仓圣脉被记过 3 次。乾隆四十四年四月初五日,四库馆进呈《全书》(本年正月至三月)2 次,仓圣脉被记过 5 次,罚俸三个月。乾隆四十四年五月二十五日,仓圣脉着照其甲第授职编修。乾隆四十五年正月初三日,四库馆进呈《全书》(上年十月至十二月)2 次,仓圣脉被记过 4 次。乾隆四十五年四月二十三日,四库馆进呈《全书》(本年正月至三月)22 次,仓圣脉被记过 5 次。乾隆四十五年七月二十四日,四库馆进呈《全书》(本年四月至六月)16 次,仓圣脉被记过 39 次,罚俸三个月。乾隆四十五年十月十一日,四库馆进呈《全书》(七月至九月)14 次,仓圣脉被记过 19 次,罚俸三个月之处,着注于纪录抵消。乾隆四十五年十一月二十七日,《四库全书》沈炼《青霞集》八本,总校编修仓圣脉因未经看出其疏漏错误达一百四十二处,故着降二级调用。乾隆四十六年正月十七日,四库馆进呈《全书》(上年十月至十二月)4 次,仓圣脉被记过 34 次,因已经降调,于补官日罚俸三个月。乾隆四十六年四月十五日,四库馆进呈《全书》(本年正月至三月)9 次,仓圣脉被记过 14 次。乾隆四十六年七月十六日,四库馆进呈《全书》(四月至六月)14 次,仓圣脉被记过 59 次。乾隆四十七年初,四库馆进呈仍为第一分《全书》,十月至十二月进呈《全书》6 次,仓圣脉被记过 89 次,罚俸三个月;正月至三月进呈《全书》8 次,仓圣脉被记过 39 次,罚俸三个月。

文渊阁《全书》缮校完竣,总校疏忽部议降调原任编修仓圣脉赏给庶吉士。

2. 校办文溯阁《全书》

仓圣脉任文溯阁《全书》总校官,参与校办该分《全书》。乾隆四十七年(1782)八月初十日,四库馆进呈第二分《全书》(四月至六月)7次,仓圣脉被记过57次,因患病调理,着于补官日罚俸三个月。乾隆四十七年十一月初一日,四库馆进呈《全书》(五月至九月)11次,仓圣脉被记过190次。期间仓圣脉共被记过247次。

3. 校办文源阁《全书》

仓圣脉任文源阁《全书》总校官,被记过共计1 124次,具体情况如下。乾隆四十八年五月十一日,四库馆进过第三分《全书》7次,仓圣脉被记过230次,交部察议。乾隆四十八年八月初二日,仓圣脉被记过424次。乾隆四十八年十一月二十九日,仓圣脉被记过320次,因已患病调理,均应于补官日罚俸三个月。乾隆四十九年闰三月二十二日,仓圣脉被记过150次。

4. 覆校文津阁《全书》

乾隆五十二年(1787)十月十八日,仓圣脉被派往热河覆校文津阁《全书》。乾隆五十七年五月十三日,纪昀奏覆勘文津阁书籍完竣,因仓圣脉已经罚令覆勘文津阁《全书》,毋庸再议。

5. 详校文溯阁《全书》

乾隆五十五年九月十六日,罚令编修仓圣脉总校文溯阁《全书》。

四、何思钧

何思钧,前后共校过头、二、三分《全书》一万四千余册。曾任荟要处分校。在四库馆中先后任誊录、分校官、总校官。浙本《总目》职名表称其作"缮书处总校官",殿本《总目》职官表称之作"覆校官"。

具体行迹如下。

1. 任荟要处分校

乾隆四十年（1775）十二月十二日，武英殿修书处补庶吉士何思钧充补纂修，并兼《荟要》分校。乾隆四十三年四月初九日，武英殿进过《荟要》2次，总校何思钧被记过1次，未应交部，应毋庸议。乾隆四十三年四月二十九日，内阁散馆庶吉士何思钧着以部属用。同年五月初六日，散馆庶吉士何思钧着再留馆三年。乾隆四十三年七月初四日，武英殿进过《荟要》3次，总校何思钧被记过2次，未应交部，应毋庸讲。乾隆四十三年十月初七日，四库馆进过《荟要》5次，总校何思钧被记过4次，罚俸三个月。乾隆四十四年正月十六日，四库馆进过《荟要》2次，何思钧被记过3次。乾隆四十四年五月二十五日，所有办理《四库全书》依限完竣之馆臣分别议叙，何思钧着照该员甲第授职。乾隆四十四年十月初十日，四库馆进过《荟要》2次，何思钧被记过1次，未应交部，应毋庸议。乾隆四十四年十月起至十二月间，四库馆进过《荟要》3次，何思钧被记过4次。《荟要总目》首册中附有乾隆四十四年十二月廿五日开载的诸臣职名录，其中校对官有"翰林院庶吉士今授检讨：何思钧"。[①]

何思钧校办《荟要》期间，共被记过15次，多次免于部议，说明其工作态度极其负责，校勘质量极高。

2. 校办文渊阁《全书》

乾隆四十五年正月，何思钧开始参与校办文渊阁《全书》，担任总校官。《档案》记载乾隆四十五年正月至三月间，四库馆进呈《全书》22次，何思钧被记过4次。乾隆四十五年六月十一日，何思钧俱着销去纪录1次，免其罚俸。乾隆四十五年七月二十四日，四库馆进呈《全书》16次，何思钧被记过12次，罚俸三个月之处，俱着记于纪录抵

① 吴哲夫：《四库全书荟要纂修考》，第8页。

销。乾隆四十五年十月十一日,何思钧被记过 31 次。乾隆四十五年十一月二十七日,何思钧俱着销去纪录 1 次,免其罚俸。乾隆四十六年正月十七日,四库馆进呈《全书》4 次,何思钧被记过 31 次。乾隆四十六年四月十五日,四库馆进呈《全书》9 次,何思钧被记过 53 次。乾隆四十六年四月二十二日,因患病调理,应于补官日罚俸三个月,其有纪录 1 次,今议罚俸三个月,应注于纪录,合计抵销。乾隆四十六年五月二十五日,何思钧俱着销去纪录 1 次,免其罚俸。乾隆四十六年七月十六日,四库馆进呈《全书》14 次,何思钧被记过 153 次,着于补官日罚俸三个月。乾隆四十六年十月十八日,四库馆进呈《全书》6 次,何思钧被记过 18 次。乾隆四十六年十一月二十二日,何思钧患病调理,着于补官日罚俸三个月。乾隆四十六年十月至十二月间,进呈《全书》6 次,何思钧被记过 124 次,罚俸三个月。乾隆四十六年缮校第一分《全书》完竣,何思钧议叙加二级。

相较办理《荟要》时的高质量校勘,何思钧在办理文渊阁《全书》时,被记过次数越来越多,达到 426 次,但因其记录(即发现书中错误能予以纠正)较多,故所受惩罚极少。同时,与王燕绪、朱钤、仓圣脉校办文渊阁《全书》的质量相比,何思钧被记过次数明显少很多,可谓质量上乘。

3. 校办文溯阁《全书》

何思钧参与校办文溯阁《全书》之史实如下:乾隆四十七年(1782)正月至三月,四库馆进过《全书》8 次,何思钧被记过 55 次。乾隆四十七年七月初十日,何思钧患病调理,应于补官日罚俸三个月。乾隆四十七年四月至六月,四库馆进呈第二分《全书》7 次,何思钧被记过 52 次。乾隆四十七年十月初五日,何思钧因患病调理,应于补官日罚俸三个月。乾隆四十七年五月十八日起至九月底止,呈进过第二分《全书》11 次,何思钧被记过 174 次。综上,何思钧校办文溯阁《全书》期间,共被记过 281 次。

4. 校办文源阁《全书》

何思钧担任文源阁《全书》总校,被记过次数激增,达到 3 006 次之多,说明其校办《全书》质量急剧下降。具体史实列举如下。乾隆四十八年(1783)五月十一日,合计本年春季进过第三分《全书》7 次,总校官何思钧被记过 723 次;乾隆四十八年八月初二日,夏季所进第三分《全书》错误之处,总校官何思钧被记过 1 114 次。乾隆四十八年十一月二十四日,何思钧被罚俸三个月。乾隆四十八年十一月二十九日,秋季所进第三分《全书》错误之处,何思钧被记过 876 次,此次被记过次数何思钧居首位,远超仓圣脉等其他总校。乾隆四十八年十二月二十日,何思钧因患病调理,应于补官日罚俸三个月。乾隆四十八年冬季所进第三分《全书》错误之处,何思钧被记过 293 次。

乾隆四十九年十一月二十五日,第四分《全书》缮校全竣,乾隆五十年正月二十三日,何思钧请以应升之处列名在前。

5. 覆校文津阁《全书》

乾隆五十二年十月十八日,何思钧被派往热河覆校文津阁《全书》。乾隆五十七年五月十三日,纪昀奏覆勘文津阁书籍完竣,因何思钧已经罚令覆勘文津阁《全书》,毋庸再议。

6. 详校文溯阁《全书》

乾隆五十五年九月十六日,罚令编修何思钧总校文溯阁《全书》。

综上,何思钧校办《荟要》时,态度极其认真,校勘质量非常高;在校办文渊阁《全书》时,质量把控亦较严格,仍属上乘;但在校办文溯阁《全书》、文源阁《全书》时,态度逐渐敷衍,错误数量猛增,甚至一度超过了王燕绪、仓圣脉等员,质量大大下降。

五、杨懋珩

杨懋珩，字缜甫，号桐石，又号芝山①，江西清江人，杨锡绂孙。少颖悟，读书数行下，双眸炯然，瞩目不瞬。十七通经史，二十一中庚寅乡试，乾隆三十六年（1771）进士，人多目以鼎魁，及唱胪以二甲归班。甲午开四库全书馆，入充总校官。书成，当议叙编修，有先事尼之者，乃仍赴吏部，谒选得江南桃源令②，时间当在乾隆四十六年四月二十二日之前③。论治河，为大学士阿桂所赏，调繁长洲，任长洲县知县④，时间当在乾隆四十七年七月初十日之前⑤。黜华崇俭，檄判他邑刑狱，多所平反，抚军深相倚仗，将荐擢，以忧归。服阕，补广西平乐令，时间当在乾隆五十五年九月十六日之前⑥。会安南黎阮二藩先后叩关，储偫供张，咄叱立办，制府方拟优叙，适为邻境事累牵连，落职九江。榷使阿林保迎至其署主牋奏，阅数载归，卒于家。懋珩天才秀逸，诗文杂作皆可传诵，书法苍劲，几与苏黄抗行。既不得翔步清华，即辗转一令，而犹不终其位，士论惜之。满洲阿林保撰墓志。⑦ 诗文集有《传砚堂诗稿》。⑧

其在四库馆供职具体史实如下。

---

① （清）曾燠辑：《江西诗征》补遗卷一，清嘉庆九年（1804）刻本。
② （清）潘懿修、朱孙诒：《（同治）清江县志》卷七《选举志》，清同治九年（1870）刻本。
③ 张升先生认为杨懋珩在清朝乾隆四十六年十一月前任知县（见其《四库全书馆研究》），此可推知更加准确的时间。在乾隆四十六年四月二十二日记过单上，杨懋珩已被称作"归班进士今授江苏桃源县知县"，故其任知县时间当为乾隆四十六年四月二十二日前。见中国第一历史档案馆：《纂修四库全书档案》，第 1345 页。
④ （清）冯桂芬：《（同治）苏州府志》卷五十六，清光绪九年（1804）刊本。
⑤ 中国第一历史档案馆：《纂修四库全书档案》，第 1596 页。
⑥ 中国第一历史档案馆：《纂修四库全书档案》，第 2196 页。
⑦ （清）潘懿修、朱孙诒：《（同治）清江县志》卷八《人物志》，清同治九年（1870）刻本。
⑧ （清）潘懿修、朱孙诒：《（同治）清江县志》卷九《艺文志》，清同治九年（1870）刻本。

1. 校勘文渊阁《全书》

乾隆四十三年(1778)四月初九日,四库馆进过《全书》2 次,总校杨懋珩被记过 2 次,未应交部,应毋庸议。

乾隆四十三年七月初四日,四库馆进过《全书》2 次,总校杨懋珩被记过 1 次,未应交部,应毋庸讲。

乾隆四十三年十月初七日,四库馆进过《全书》16 次,总校杨懋珩被记过 1 次,未应交部,应毋庸议。

乾隆四十四年四月初五日,四库馆进过《全书》2 次,总校杨懋珩被记过 1 次,未应交部,应毋庸议。

乾隆四十四年五月二十五日,所有办理《四库全书》依限完竣之员分别议叙,进士杨懋珩着以知县即用。

乾隆四十四年十月初十日,四库馆进过《全书》6 次,总校杨懋珩被记过 9 次。

乾隆四十四年十一月十七日,总校官归班进士杨懋珩照例罚俸。

乾隆四十五年正月初三日,四库馆进过《全书》2 次,杨懋珩被记过 7 次。

乾隆四十五年四月二十三日,四库馆进过《全书》22 次,总校杨懋珩被记过 20 次。

乾隆四十五年七月二十四日,四库馆进过《全书》16 次,总校杨懋珩被记过 60 次。

乾隆四十五年九月初四日,总校之归班进士今补江苏桃源县知县杨懋珩等人有记过,照例分别罚俸抵销。

乾隆四十五年十月十一日,四库馆进过《全书》14 次,总校杨懋珩被记过 27 次。

乾隆四十六年正月十七日,四库馆进过《全书》4 次,杨懋珩被记过 85 次。

乾隆四十六年四月十五日,四库馆进过《全书》9次,杨懋珩被记过35次。

乾隆四十六年四月二十二日,被记过85次之归班进士今授江苏桃源县知县杨懋珩,应照例罚俸。至前任总校今授江苏桃源县知县杨懋珩等罚俸各案,应移江南等司行文扣抵。

乾隆四十六年七月十六日,四库馆进呈《全书》14次,杨懋珩被记过85次。

乾隆四十六年十月十八日,四库馆进呈《全书》6次,杨懋珩被记过17次。

乾隆四十六年十一月二十二日,归班进士今授江南桃源县知县杨懋珩等罚俸,移付江南等司行文扣抵。

杨懋珩校办文渊阁《全书》期间,共被记过350次,相比其他馆臣数量极少,尤其是校办文渊阁《全书》之初,态度极其负责,工作质量极高,极少被记过。

2. 校勘文溯阁《全书》

乾隆四十七年二月二十日,进过《全书》6次,杨懋珩被记过44次。

乾隆四十七年二月,被记过17次之归班进士今授江苏桃源县知县杨懋珩,罚俸三个月。

乾隆四十七年四月二十四日,进过《全书》8次,杨懋珩被记过20次。同日,杨懋珩因上次被记过44次,被罚俸三个月。

乾隆四十七年七月初十日,被记过20次之归班进士今授江苏长洲县知县杨懋珩罚俸三个月。

乾隆四十七年八月初十日,续进过第二分《全书》7次,杨懋珩被记过22次。

乾隆四十七年十月初五日,被记过22次之归班进士今授江苏长洲县知县杨懋珩,罚俸三个月。

杨懋珩校办文溯阁《全书》期间共被记过 86 次,数量远远少于其他总校。

3. 覆校文津阁《全书》

乾隆五十二年十月十八日,杨懋珩被派往热河覆校文津阁《全书》。

4. 校勘文溯阁《全书》

乾隆五十五年九月十六日,罚令广西知县杨懋珩校勘文溯阁《全书》。乾隆五十五年九月二十三日,杨懋珩被罚俸一年。

综上,杨懋珩校办四库书籍态度认真,极其负责,校勘质量上乘,远远高于王燕绪、朱钤、仓圣脉、何思钧等总校官。

六、缪琪

缪琪,乾隆四十年(1775)乙未科进士①,其在四库馆供职具体史实如下。

1. 校勘文渊阁《全书》

乾隆四十三年四月初九日,四库馆进过《全书》2 次,总校缪琪被记过 3 次。

乾隆四十三年七月初四日,四库馆进过《全书》2 次,缪琪被记过 7 次。

乾隆四十三年八月,四库馆进过《全书》2 次,缪琪被记过 7 次,其系归班进士,应于得官日罚俸三个月。

乾隆四十三年十月初七日,四库馆进过《全书》16 次,总校缪琪被记过 14 次。

乾隆四十三年十二月,总校官归班进士缪琪应罚俸三个月,因其系归班进士,应于得官日罚俸三个月。

---

① (清)黄掌纶:《长芦盐法志》卷十七《人物》,清嘉庆间刻本;(清)徐宗亮:《(光绪)重修天津府志》卷十七,清光绪二十五年(1899)刻本。

乾隆四十四年正月十六日,四库馆进过《全书》2次,缪琪被记过2次,未应交部,应毋庸议。

乾隆四十四年五月二十五日,所有办理《四库全书》依限完竣之,缪琪着以知县即用。

乾隆四十四年七月初五日,四库馆进过《全书》7次,缪琪被记过1次,未应交部,应毋庸议。

乾隆四十四年十月初十日,四库馆进过《全书》6次,缪琪被记过2次,未应交部,应毋庸议。

乾隆四十五年正月初三日,四库馆进过《全书》2次,总校缪琪被记过4次。

乾隆四十五年四月二十三日,四库馆进过《全书》22次,缪琪被记过17次。

乾隆四十五年七月二十四日,四库馆进过《全书》16次,缪琪被记过30次。

乾隆四十五年九月初四日,归班进士缪琪有记过,照例罚俸抵销。

乾隆四十五年十月十一日,四库馆进过《全书》14次,缪琪被记过11次。

乾隆四十六年正月十七日,四库馆进过《全书》4次,缪琪被记过53次。

乾隆四十六年四月十五日,四库馆进过《全书》9次,缪琪被记过7次。

乾隆四十六年四月二十二日,被记过53次之归班进士今授广西平南县知县缪琪,应罚俸三个月。

乾隆四十六年七月十六日,四库馆进过《全书》14次,缪琪被记过90次。

乾隆四十六年十月十八日,四库馆进过《全书》6次,缪琪被记过1次。

乾隆四十六年十一月二十二日,被记过90次之归班进士今授广西平南县知县缪琪,应罚俸三个月,因有纪录1次,今议罚俸三个月,均应注于纪录,合计抵销。

乾隆四十七年二月二十日《档案》载,四库馆自上年十月至十二月,共进过《全书》6次,缪琪被记过34次。

综上,缪琪校办文渊阁《全书》期间,共被记过283次,校办质量尚属上乘。

2. 校办文溯阁《全书》

缪琪任文溯阁《全书》总校,参与校办该分《全书》,期间共被记过113次,错误数量极少,质量极高。具体史实如下。

乾隆四十七年二月,被记过3次之归班进士今授广西平南县知县缪琪,有前议罚俸三个月,注抵在案,今议罚俸三个月,连前共罚俸六个月,应销去纪录1次,抵罚俸六个月,故免其罚俸。

乾隆四十七年四月二十四日,四库馆进过《全书》8次,缪琪被记过81次。同日,被记过34次之归班进士今授广西平南县知县缪琪应罚俸三个月。

乾隆四十七年七月初十日,被记过81次之归班进士今授广西平南县知县缪琪,罚俸三个月。

乾隆四十七年八月初十日,续进过第二分《全书》7次,缪琪被记过10次。

乾隆四十七年十月初五日,被记过10次之归班进士今授广西平南县知县缪琪,罚俸三个月。

乾隆四十七年十一月初一日,呈进过第二分《全书》11次,缪琪被记过19次。

据上述,缪琪主要担任了文渊阁《全书》与文溯阁《全书》的总校官,其校办态度极其认真,校办质量很高,远远超过王燕绪、朱钤、仓圣脉等其他总校,极少被记过。

小　结

一、各版本《考证》的办理机构、办理人员均不同,要分别予以讨论。清抄本《考证》与文渊阁本《考证》专门的办理机构是考证处。《考证》的办理不同于一般四库书籍,未经分校、复校的原因并非由于底本校签已经进呈御览过,而是因为清抄本《考证》与文渊阁本《考证》办理是由专门的机构考证处完成的,其隶属于武英殿四库馆,有独特的办理程序与办理人员,而一般四库书籍由翰林院四库馆负责,两者办理程序迥然不同。

文澜阁本《考证》无专门的办理机构,其校办是与其他文澜阁《全书》置于一起的。殿本《考证》亦无专门的办理机构,其校勘场所主要在武英殿西北浴德堂。

二、本书对清抄本《考证》纂修八员之四库馆行迹进行了详细考辨,对各员在四库馆任职及校办书籍质量进行了客观评价。

三、本书查考出杨懋珩任江南桃源令、长洲县知县、广西知县的具体时间分别为乾隆四十六年(1781)四月二十二日之前、乾隆四十七年七月初十日之前、乾隆五十五年九月十六日之前。

第四章 《四库全书考证》与文渊阁《全书》卷末校记关系考

　　四库底本上馆臣校签与批注、《考证》、文渊阁《全书》卷末校记、《四库全书荟要》卷末校记、《四库全书馆校档》构成了现存四库馆臣校勘成果研究文献的几乎全部材料。其中馆臣最重要的校勘成果体现在四库底本上，《考证》一书、文渊阁《全书》卷末校记、《荟要》卷末校记、《四库全书馆校档》均源自底本，它们分别从底本校签与批注中择取了部分校记，按照各自不同格式分别进行加工、整理，以不同的形式保留了馆臣的校勘成果。本章专就《考证》一书与文渊阁《全书》卷末校记关系进行探讨。

　　《考证》校记汇集了馆臣校勘底本中所取得的校勘成果，按内容可分两类：第一类，有校勘结论，要求"增""删""改""补"。有些馆臣已指出校勘依据，有些未能说明依据，凡《考证》言"今改""今增"者，均系馆臣据己意改动者。第二类，无校勘结论，仅有按语。如《考证》所收《大全集》卷三《出郊抵东屯》："案：《槎轩集》本作《秋日寓东屯农舍》，与此异。"该条校记只列出异文。亦有仅指出疑问者，如《考证》卷七十七所载《文庄集》卷一校记："《祕书省著作佐郎知蜀州晋源县事张锡可太子右赞善大夫制》，按：《宋史·张锡传》其所历官阶与此制无一相似，且制词云'某等则除授不止一人'，疑题有脱误。"亦有仅指出某材料之价值者，如《考证》卷七十七所载《文庄集》卷一校记：

"《右谏议大夫参知政事鲁宗道可给事中制》,案:《宋史·鲁宗道传》自'拜谏议大夫参知政事'后,但云'再迁礼部侍郎',而无给事中之除。《仁宗本纪》及《宰辅表》亦皆不载,此制可补《宋史》之阙。"《考证》中多条校记若出自同一部书同一篇,则诸条校记用"又"字连接。

文渊阁《全书》部分书籍卷末有"考证"或"按语"之类的校记,同样是馆臣在编纂《全书》中取得的校勘成果,具有重要的研究价值。以《缘督集》为例。《缘督集》为《永乐大典》辑佚本,同时又参校了嘉靖本、万历本等刊本,是水平很高的校勘范例。在文渊阁本《缘督集》卷六末附录了"考证",其中一条为:"十一页前八行,'怪为寒所干',按:'干'字在'十四寒',今下三韵俱'十三元',且首二句义亦费解,似有讹舛,无本可校,仍存其旧。谨识。"这说明,《永乐大典》原文与刊本有异文,无其他确切版本依据证明者,馆臣仍据《大典》本原文誊录,将疑似讹误者记入校记,反映了馆臣辑佚时非常审慎、认真的态度。

又如,就文渊阁本《密庵集》卷末校记看,比《考证》一书所载《密庵集》校记更详尽、完整,我们可据其所载"三良"一例,明确得知文渊阁本《密庵集》未加改动之原因。文渊阁本《密庵集》卷一末附考证:"第四页前七行。《三良冢》。按:三良,子车氏三子:奄息、仲行、针虎也。今诗内说公孙古治田疆,应是'三士冢',《梁父吟》所谓'二桃杀三士也'。据《齐乘》,冢在青州临淄县南一里。《永乐大典》因'三良'字,遂编入'秦三良'条内,尤为舛讹,今题目姑仍其旧。"《考证》一书未载该末句《永乐大典》舛讹之语。文渊阁本《密庵集》正文未据改,仍为"三良冢",其原因在文渊阁本《密庵集》卷末附校记中已详细交代。以《密庵集》现存最早的版本洪武刻本看,馆臣考辨非常正确,但未下定语,故文渊阁本《密庵集》"三良"未改为"三士"。可见,文渊阁《全书》卷末所附校记有时比《考证》能提供更为详尽的信息。

那么《考证》一书校记与文渊阁《全书》卷末所附校记有何关系?

张升在《〈四库全书考证〉的成书及主要内容》一文中指出："《四库》本书末或卷末所附之考订与《考证》一书所收的考订均是来源于黄签，但两者所收有不同。换言之，《四库》本书末或卷末所附的考证，一般都不收入《考证》一书中。"该发现对我们研究《考证》校记与文渊阁《四库全书》卷末所附考订这两者之间的关系颇具启发意义。但是否《四库》本书末或卷末所附的考订，一般都不收入《考证》一书中？又为何出现《四库》本书末或卷末所附考订与《考证》一书不相重复的情况？其原因是否如其所推测的"编纂者有意避免《四库》本所附'考证'与《考证》所收的黄签重复"？①

为解答以上一系列问题，深入探讨文渊阁《全书》卷末附考订与《考证》一书之关系，我们将文渊阁《四库全书》中凡卷末附"考证"或"按语"之书籍全部找出，共计 85 种。这 85 种书籍，有 51 种被《考证》一书收录。文渊阁《全书》卷末所附校记，分"考证"与"按语"两种不同的情况，需要细加区分。以下将文渊阁《全书》卷末所附校记，逐一与《考证》所载校记细致比较，以更准确地挖掘两者之关系。

第一节 《考证》校记与文渊阁《全书》卷末附"按语"之关系

在文渊阁《全书》中卷末附"按语"之书籍共计 17 种，分别为：《诗传遗说》《御定康熙字典》《大事记通释》《朱子年谱考异》《古今考》《半轩集》《双溪集》《二希堂文集》《明文海》《历代诗话》《普济方》《初学记》《文章正宗》《稗编》《天中记》《御定渊鉴类函》《格致镜原》。此

---

① 张升：《〈四库全书考证〉的成书及其主要内容》，《史学史研究》2011 年第 1 期。

类"按语",或系改译人名之用,或为校改或说明文渊阁《全书》正文之用。该按语页另纸誊抄,均附于卷末,但版心形式与文渊阁《全书》卷末"考证"不同。"按语"页绝大多数版心为空,但也有极少数情况下,"按语"页版心上仅有"钦定四库全书"字样,而版心下书名、卷数、页数均为空,如文渊阁本《历代诗话》卷十八、卷二十末所附按语页即为此类情况。

这 17 种书可分为两类,一类是被《考证》收录者,另一类是未被《考证》收录者。我们发现,这两类书无论是否被《考证》收录,其卷末"按语"均与《考证》编纂无关,即凡文渊阁《全书》卷末附"按语"者,其编制均与《考证》编纂无关。

一、未被《考证》收录者

文渊阁《全书》卷末附"按语"者,有诸多书未被《考证》所收录。这类书包括 10 种,分别为:《诗传遗说》《御定康熙字典》《大事记通释》《朱子年谱考异》《古今考》《半轩集》《双溪集》《二希堂文集》《明文海》《历代诗话》。这 10 种书其文渊阁本卷末按语均与《考证》编纂无关。

试举四例。① 文渊阁《全书》经部收《诗传遗说》六卷,其卷四末有"案语"两条,系对该书文渊阁本《诗传遗说》正文的校改:"卷四第十二页前二行。'公侯好仇',原本'仇'讹'述',今改。""第三十页后三行。'君固尽得以知之',原本'固'讹'得',今改。"核其文渊阁本《诗传遗说》正文,均据改,可知该按语系为校正文而作。《考证》未载该书校记,故该书文渊阁本卷末所附"按语"与《考证》编纂无关。

② 文渊阁《全书》经部收《御定康熙字典》卷九、卷十、卷十三、卷十六、卷二十一,子部收《古今考》卷二十六,集部收《双溪集》卷八,《明文海》卷十九(附在卷二十三之后)、卷二十六末所附"按语",其内

容多涉及改译人名、地名,《考证》未载《御定康熙字典》《古今考》《双溪集》3 种书校记,故其文渊阁本卷末附校记与《考证》编纂无关。

③ 文渊阁本《大事记通释》卷三末所附"按语"未被《考证》所收录,其案语与《考证》编纂无关。

④ 文渊阁本《半轩集》卷二后附"按语"3 条,均系卷一校记,本应置于卷一末,却被误置于卷二末,此 3 条校记均在文渊阁本《半轩集》正文中得到校改,但未被载入《考证》一书,故该按语与《考证》编纂无关。

可见,文渊阁《全书》卷末附"按语"者绝大多数未被《考证》一书所载,其编制与《考证》编纂无关。

二、被《考证》收录者

文渊阁《全书》卷末附"按语"者,有《普济方》《初学记》《文章正宗》《稗编》《天中记》《御定渊鉴类函》《格致镜原》7 种书被《考证》所收录。那么这 7 种书卷末所附"按语",是否与《考证》一书的编纂有关呢? 以下对该 7 种书逐一进行讨论。

文渊阁本《普济方》卷一百七十、卷三百七十六两卷卷末分别附 1 条"按语",而《考证》载《普济方》卷一至卷四百十八的 96 条校记。文渊阁本《普济方》卷一百七十末"按语"作:"卷一百七十第四页前一行。'若金疮误入生水',原本'入'讹'分',今改。"该条校记《考证》一书未载。文渊阁本《普济方》卷三百七十六末附"按语"作:"卷三百七十六第二十页后三行。'特生礜石',原本'特'讹'时',据《本草纲目》改。"《考证》亦载《普济方》卷三百七十六该条校记,作:"'石室紫药神丸''特生礜',原本'特'讹'时',据《本草纲目》改。"核文渊阁本《普济方》正文均据改,可证文渊阁本《普济方》卷末按语系针对文渊阁本《普济方》正文编制。将文渊阁本《普济方》卷末按语与《考证》所载进行比较,文渊阁本《普济方》卷末按语有《考证》所未载,可证两者校记间没有直接关系,而是分别源自底本。

文渊阁本《初学记》卷八、卷九、卷二十一末各附 1 条"按语",而《考证》载《初学记》校记自卷一至卷三十共 35 条。将两者所载校记相比较,尽管文渊阁本《初学记》卷八、卷九 2 条校记与《考证》所载内容相同,但文渊阁本《初学记》卷二十一末附"按语"1 条却为《考证》所未收,可证文渊阁本《初学记》卷二十一末所附该条"按语"来自底本,与《考证》一书编纂无关。

文渊阁本《文章正宗》卷四末仅附 1 条按语:"谨案:卷四第十三页后四行。按:'惠王十五年',刊本'惠'讹'晋',据《通鉴》改。"《考证》卷九十载《文章正宗》自卷一至卷二十二共 10 条校记,其中卷四收录 1 条,作:"《内史过论晋君臣篇》秦人杀子金子公注,'惠王十五年',刊本'惠'讹'晋',据《通鉴》改。"《考证》所录该条校记与文渊阁本《文章正宗》卷四末所附按语内容相同,但出处著录方式不同,这说明,文渊阁本《文章正宗》校记与《考证》校记均源自底本,采用了同一校签,但两者各自编纂,进行了不同形式的加工,两者之间并无直接关系。

文渊阁本《稗编》卷三十五、卷九十一、卷一百四、卷一百十末附案语,内容系改译人名,而《考证》载《稗编》此四卷中校记均与之完全不同。文渊阁本《稗编》卷末按语与《考证》编纂无关。

文渊阁本《天中记》卷五十四末仅附 1 条按语,而《考证》载《天中记》自卷一至卷五十的数百条校记,却未收录文渊阁本卷五十四末所附此条按语。可证文渊阁本《天中记》卷末按语与《考证》编纂无关。

文渊阁本《御定渊鉴类函》卷十七末附按语 1 条,内容系改译人名:"第十四页前一行。'萨都拉'旧作'萨都剌',今改。后仿此。"《考证》载该书卷十七 1 条校记,作:"人日类。董勋答问礼俗,刊本脱'答'字,据《北史》增。"两者所载完全不同,可证两者编纂无关。

　　文渊阁本《格致镜原》卷八十二末附卷八十、卷八十一之"按语"，该"按语"页现仅存一页，包括卷八十"按语"5 条、卷八十一"按语"至少 5 条。《考证》载《格致镜原》校记上百条，其中卷八十校记 1 条，卷八十一校记 2 条。而《考证》所载此书卷八十、卷八十一页中除各有 1 条校记与文渊阁本《格致镜原》卷末"按语"内容相同外，文渊阁本《格致镜原》卷末所附其他数条校记均未被《考证》所载，这充分证明文渊阁本《格致镜原》卷末所附按语完全来自底本，其编制与《考证》编纂无关。

　　据上，尽管《普济方》《初学记》《文章正宗》《稗编》《天中记》《御定渊鉴类函》《格致镜原》7 种书均被《考证》收录，且对个别校记记载两者相同，但文渊阁《全书》本该 7 种书各书卷末所附按语均与《考证》编纂无关。这说明，凡文渊阁《全书》卷末附"按语"者，无论该书是否被《考证》所收录，其编制均与《考证》编纂无关。

第二节　《考证》校记与文渊阁《全书》卷末附"考证"之关系

　　文渊阁《全书》卷末附"考证"之书籍共计 68 种。该类"考证"，系专门校勘之用，是本文关注的重点。此类书籍考证页另纸誊抄，均附于卷末，版心形式不同于文渊阁《全书》卷末附"按语"者。"考证"页版心上为"钦定四库全书"，下有该书书名考证/卷数及页数。

　　以下将文渊阁《全书》中卷末附"考证"者按照经部、史部、子部、集部顺序逐一列出（见表 4 - 1、4 - 2、4 - 3、4 - 4）①。

---

① 该表制作参考了何灿博士论文《〈四库全书〉纂修中的校勘成就》附录。

表 4‑1　文渊阁《四库全书》卷末附"考证"之经部书籍一览表

序号	书名及卷数	文渊阁《全书》卷末附"考证"所在卷次	《考证》是否收录该书校记	《总目》著录该书来源
1	《周易注疏》十三卷附《周易略例》一卷	每卷皆有	是	浙江巡抚采进本
2	《尚书注疏》十九卷	每卷皆有	是	内府藏本①
3	《洪范统一》一卷	卷末	否	永乐大典本
4	《毛诗注疏》四十卷	每卷皆有	是	内府藏本②
5	《周礼注疏》四十二卷	每卷皆有	是	内府藏本
6	《仪礼注疏》十七卷	每卷皆有	是	内府藏本
7	《礼记注疏》六十三卷	每卷皆有	是	内府藏本③
8	《春秋左传注疏》六十卷	每卷皆有	是	内府藏本④
9	《春秋公羊传注疏》二十八卷	每卷皆有	是	内府藏本
10	《春秋谷梁传注疏》二十卷	每卷皆有	否	内府藏本
11	《春秋讲义》四卷	卷四	是	永乐大典本
12	《孝经注疏》九卷	每卷皆有	是	内府藏本⑤

① 《四库全书总目》著录该书作《尚书正义》二十卷。
② 《四库全书总目》著录该书作《毛诗正义》。
③ 《四库全书总目》著录该书作《礼记正义》。
④ 《四库全书总目》著录该书作《春秋左传正义》。
⑤ 《四库全书总目》著录该书作《孝经正义》。

续 表

序号	书名及卷数	文渊阁《全书》卷末附"考证"所在卷次	《考证》是否收录该书校记	《总目》著录该书来源
13	《孟子注疏》十四卷	每卷皆有	是	内府藏本①
14	《论语注疏》二十卷	卷四、卷七、卷十二、卷十三、卷十九、卷二十无,其他卷次有	否	内府藏本②
15	《尔雅注疏》十一卷	每卷皆有	是	内府藏本

表 4–2 文渊阁《四库全书》卷末附"考证"之史部书籍一览表

序号	书名及卷数	文渊阁《全书》卷末附"考证"所在卷次	《考证》是否收录该书校记	《总目》著录该书来源
1	《史记》一百三十卷	每卷皆有	是	内府刊本
2	《前汉书》一百卷	每卷皆有	是	内府刊本
3	《后汉书》一百二十卷	每卷皆有	否	内府刊本
4	《三国志》六十五卷	每卷皆有	否	内府刊本
5	《晋书》一百三十卷	部分卷次	是	内府刊本
6	《宋书》一百卷	每卷皆有	否	内府刊本
7	《南齐书》五十九卷	部分卷次	是	内府刊本

---

① 《四库全书总目》著录该书作《孟子正义》。
② 《四库全书总目》著录该书作《论语正义》。

序号	书名及卷数	文渊阁《全书》卷末附"考证"所在卷次	《考证》是否收录该书校记	《总目》著录该书来源
8	《梁书》五十六卷	部分卷次	是	内府刊本
9	《陈书》三十六卷	部分卷次	是	内府刊本
10	《魏书》一百十四卷	每卷皆有	是	内府刊本
11	《北齐书》五十卷	部分卷次	是	内府刊本
12	《周书》五十卷	部分卷次	是	内府刊本
13	《隋书》八十五卷	部分卷次	是	内府刊本
14	《南史》八十卷	部分卷次	是	内府刊本
15	《北史》一百卷	每卷皆有	是	内府刊本
16	《旧唐书》二百卷	部分卷次	是	内府刊本
17	《新唐书》二百二十五卷	部分卷次	否	内府刊本
18	《旧五代史》一百五十卷目录二卷	部分卷次	否	永乐大典本
19	《新五代史》七十四卷	部分卷次	否	内府刊本
20	《宋史》四百九十六卷	部分卷次	是	内府刊本
21	《辽史》一百十五卷	部分卷次	否	内府刊本
22	《金史》一百三十五卷	卷四十一	否	内府刊本
23	《元史》二百一十卷	部分卷次	否	内府刊本
24	《明史》三百三十二卷	列传部分	否	内府刊本

续 表

序号	书名及卷数	文渊阁《全书》卷末附"考证"所在卷次	《考证》是否收录该书校记	《总目》著录该书来源
25	《建炎以来系年要录》二百卷	部分卷次,如卷十六后附"金人地名考证"	否	永乐大典本
26	《大金吊伐录》四卷	卷一、卷二、卷三、卷四后附"人地名考证"	否	永乐大典本
27	《江南馀载》二卷	卷上	否	永乐大典本
28	《钦定日下旧闻考》一百六十卷	部分卷次,如卷三末、卷四末、卷六末附"举正""节删"	否	乾隆三十九年奉敕撰
29	《州县提纲》	卷二	否	永乐大典本

表 4-3 文渊阁《四库全书》卷末附"考证"之子部书籍一览表

序号	书名及卷数	文渊阁《全书》卷末附"考证"所在卷次	《考证》是否收录该书校记	《总目》著录该书来源
1	《旅舍备要方》一卷	卷末	否	永乐大典本
2	《金楼子》六卷	卷一	否	永乐大典本
3	《苏氏演义》二卷	卷上	是	永乐大典本
4	《古今姓氏书辩证》四十卷	卷五	是	永乐大典本

表4－4　文渊阁《四库全书》卷末附"考证"之集部书籍一览表

序号	书名及卷数	文渊阁《全书》卷末附"考证"所在本书卷次	《考证》是否收录该书校记	《总目》标注该书来源	文渊阁《四库全书》本书前提要校上时间
1	《文庄集》三十六卷	卷首原序	是	永乐大典本	乾隆四十六年九月
2	《郧溪集》二十八卷	卷首原序	是	永乐大典本	乾隆四十六年九月
3	《跨鳌集》三十卷	卷八	是	永乐大典本	乾隆四十六年九月
4	《杉溪居士集》十二卷	卷首原序	是	永乐大典本	乾隆四十六年九月
5	《灊山集》三卷	卷一	是	永乐大典本	乾隆四十六年九月
6	《缘督集》二十卷	卷六	是	永乐大典本	乾隆四十六年九月
7	《定斋集》二十卷	卷七、卷十七	是	永乐大典本	乾隆四十六年九月
8	《九华集》二十五卷	卷九	是	永乐大典本	乾隆四十六年九月
9	《南湖集》十卷	卷前提要	是	永乐大典本	乾隆四十六年九月
10	《沧洲尘缶编》十四卷	卷首序	是	永乐大典本	乾隆四十六年九月
11	《梅野集》十二卷	卷九	是	永乐大典本	乾隆四十六年九月

续 表

序号	书 名 及 卷 数	文渊阁《全书》卷末附"考证"所在本书卷次	《考证》是否收录该书校记	《总目》标注该书来源	文渊阁《四库全书》本书前提要校上时间
12	《灵岩集》八卷	卷一、卷三	是	永乐大典本	乾隆四十六年九月
13	《阆风集》十二卷	卷首原序	是	永乐大典本	乾隆四十六年九月
14	《碧梧玩芳集》二十四卷	卷二十二	否	永乐大典本	乾隆四十六年九月
15	《兰轩集》十六卷	卷十一	是	永乐大典本	乾隆四十六年九月
16	《西岩集》二十卷	卷二	否	永乐大典本	乾隆四十六年九月
17	《中庵集》二十卷	卷二	是	永乐大典本	乾隆四十六年九月
18	《密庵集》八卷	卷一	是	永乐大典本	乾隆四十六年九月
19	《文选颜鲍谢诗评》四卷	卷一、卷二	否	永乐大典本	乾隆四十六年七月
20	《藏海诗话》一卷	卷末	否	永乐大典本	乾隆四十六年九月

　　据以上四个表格,我们可以清晰地看到文渊阁《全书》卷末附"考证"之书籍共 68 种,其中经部 15 种,史部 29 种,子部 4 种,集部 20 种。那么这些书籍"考证"是否与《考证》一书的编纂有关呢? 以下根据其校记内容是否被《考证》所收录以及该书籍在《总目》中著录的版本来源两个角度进行探讨。

一、根据文渊阁《全书》卷末附"考证"者是否被《考证》所收录进行分类

　　此类书籍按照其内容是否被《考证》一书所收录,可分两类,第一类未被《考证》收录;第二类被《考证》收录。

(一) 未被《考证》收录者

　　文渊阁《全书》某些书卷末有一类"考证",其书未被《考证》所收录,此类书籍共 24 种,其中经部 3 种,史部 15 种,子部 2 种,集部 4 种。这些"考证"与《考证》的编纂是否有关?

　　以集部《碧梧玩芳集》《西岩集》《文选颜鲍谢诗评》为例。如文渊阁本《碧梧玩芳集》卷二十二末附"考证":"第八页后六行。《次韵洁堂五日》,按:'洁堂'即费伯恭。本集有墓志。"《考证》并未载该书校记,可证文渊阁本《碧梧玩芳集》卷末考证与《考证》一书无关。又如文渊阁本《西岩集》卷二末附 2 条"考证",但《考证》未载该书校记,证明文渊阁本《西岩集》卷末"考证"与《考证》一书编纂无关。再如文渊阁本《文选颜鲍谢诗评》卷一、卷二末分别附"考证" 2 条、1 条,但《考证》未载该书校记,证明文渊阁本《文选颜鲍谢诗评》卷末"考证"与《考证》编纂无关。

　　为何这些"考证"与《考证》编纂无关?

　　文渊阁《全书》某些书卷末"考证"内容为人名、地名改译,与《考证》编纂无关。如文渊阁本《建炎以来系年要录》卷十六末附《建炎以

来系年要录卷十六金人地名考证》3 条："'达兰',原书作'挞辣',误,改。见卷一。""'尼马哈',原书作'黏罕',误,改。见卷一。""'罗索',原书作'娄宿',误,改。见卷一。"此 3 条校记均与《考证》编纂无关。

编入《考证》之校记需要有典型性,而有些书籍文渊阁《全书》本卷末所附"考证"不合《考证》编纂标准,故该类校记即使出现在底本之上,亦被编纂《考证》之馆臣所弃用。如文渊阁本《藏海诗话》卷末附"考证"8 条,均为"附识于此"的存疑条目,属于不具备典型校勘价值的校记,《考证》未载该书校记。

我们有确凿的证据可以证明某些文渊阁《全书》卷末所附"考证"与"按语"系为编纂该书正文时一并编制,而与《考证》编纂无关。一般情况下,文渊阁《全书》中"乾隆御览之宝"之印当加盖在卷末正文页,但我们发现有三处该印误钤于"考证"页或"按语"页,这是文渊阁《全书》卷末"考证"或"按语"与文渊阁《全书》正文一并编成的铁证。试举三例。第一,文渊阁本《大金吊伐录》卷一末附《大金吊伐录卷一人地名考证》两页,其中第二页末误钤有"乾隆御览之宝"印,该印本应钤盖于卷末正文页。这证明,文渊阁本《大金吊伐录》卷末"考证"是与正文一起校办的,而与《考证》一书编纂无关。第二,文渊阁本《旅舍备要方》卷末附"考证"3 条,在该校记页亦误钤"乾隆御览之宝"印,其文渊阁本卷末"考证"页显系与文渊阁本《旅舍备要方》正文一并编制而成,而与《考证》编纂无关。第三,文渊阁本《御定渊鉴类函》卷十七页"按语"页误钤"乾隆御览之宝"印。以上三例充分证明文渊阁《全书》卷末校记与文渊阁《全书》正文一并编制,与《考证》编纂无关。另外,核对所有文渊阁《全书》卷末附"考证"或"按语",均在文渊阁《全书》正文中得到校改,且"考证"或"按语"中所提及的页数与行数,均与文渊阁《全书》正文吻合,这亦充分证明了文渊阁《全书》卷末附"考证"与"按语"系针对文渊阁《全书》正文编制而成。

（二）被《考证》收录者

文渊阁《全书》某些书卷末有一类"考证"，其书被《考证》所收录，此类书籍共 44 种，其中经部 12 种，史部 14 种，子部 2 种，集部 16 种。这类"考证"是否与《考证》编纂有关？

进一步将这 44 种书籍文渊阁《全书》本卷末"考证"与《考证》所载校记——对比，我们发现，两者关系非常复杂，按照两者校记内容划分，可分两种情况分别讨论。一种情况是两者校记有重复，另一种情况是两者校记绝无重复。以下详细讨论。

1. 文渊阁《全书》卷末"考证"与《考证》所载校记有重复者

有两种情形。

① 文渊阁《全书》卷末校记与《考证》所载校记完全重复

以《文庄集》《密庵集》《定斋集》《中庵集》《古今姓氏书辩证》5 种书籍校记为例。

文渊阁本《文庄集》卷末附 2 条考证与《考证》所载全同。文渊阁本《文庄集》卷首原序末仅附 2 条考证："第一页后八行。按：《宋史·仁宗本纪》'天圣七年闰月复制举六科'，'复'字原本讹作'后'，今改正。""第二页前四行。'李'字原本讹作'季'。按：《汉书·胡建传》'黄帝李法'，注云'李者，法官之号。总主征伐刑戮之事'。竦《传》言'治军尤严，敢诛杀'，即序中所云也。今改正。"《考证》卷七十七收录了该书一百多条校记，非常详尽，其中原序校记共 2 条，作："《原序》'建言复制举以取宏博之彦'，原本'复'讹'后'。案：《宋史·仁宗本纪》'天圣七年闰月复制举六科'，今据改。又'既而起居兵间，以新书李法从事'，原本'李'讹'季'。案：《汉书·胡建传》'皇帝李法'，注云'李者，法官之号'。竦《传》言'治军尤严，敢诛杀'，即序中所云也。今据改。"文渊阁本《文庄集》这 2 条考证内容与《考证》所载完全相同，惟表述形式稍有差别。查文渊阁本《文庄集》正文均已据改。

文渊阁本《密庵集》卷末附1条考证与《考证》所载全同。《考证》卷八十六载《密庵集》2条校记,其中卷一与卷三分别有1条,卷一校记为:"《三良冢》,按:三良,子车氏三子也。今诗内说公孙古冶田疆,应作'三士冢',《梁父吟》所谓'二桃杀三士也'。据《齐乘》,冢在青州临淄县南一里。"文渊阁本《密庵集》卷一末仅附录《考证》1条,内容与《考证》卷一此条校记完全一致,仅格式稍有差别:"第四页前七行。《三良冢》,按:三良,子车氏三子奄息、仲行、鍼虎也。今诗内说公孙古冶田疆,应是'三士冢',《梁父吟》所谓'二桃杀三士也'。"查文渊阁本《密庵集》正文已据改。

文渊阁本《定斋集》卷末附5条考证与《考证》所载全同。《考证》载《定斋集》自卷一至卷十的百余条校记,非常详细。文渊阁本《定斋集》卷七与卷十七后分别附"考证"4条、1条,共计5条。该5条校记内容与《考证》所载全同。

文渊阁本《中庵集》卷末附1条考证与《考证》所载全同。文渊阁本《中庵集》卷二末仅附1条"考证",作:"第三页后二行。案:《汉书》'济南郡县十四,二曰邹平,四曰梁邹'。《后汉书》'济南郡县十,七曰梁邹,八曰邹平'。则梁邹与邹平为二县,此诗盖借用。"《考证》卷八十五载《中庵集》校记自卷一至卷十共计6条,卷二有2条,其中1条内容与文渊阁本《中庵集》卷二考证相同,作:"《王彦功为邹平尹诗》'君今为梁邹,乃是伏生乡'。案:《汉书》'济南郡县十四,二曰邹平,四曰梁邹'。《后汉书》'济南郡县十,七曰梁邹,八曰邹平'。则梁邹与邹平为二县,此诗盖借用。"

文渊阁本《古今姓氏书辩证》卷末附3条考证与《考证》所载全同。《考证》载该书校记数百条,其中卷五共27条。文渊阁本《古今姓氏书辩证》卷五末附"考证"3条,核其内容与《考证》所载全同。

以上《文庄集》《密庵集》《定斋集》《中庵集》《古今姓氏书辩证》5种书，其文渊阁《全书》卷末所附"考证"内容与《考证》所载该书校记内容完全相同。那么文渊阁《全书》卷末"考证"与《考证》是否有关呢？究竟是文渊阁《全书》卷末"考证"源自《考证》？抑或是《考证》校记源自文渊阁《全书》卷末"考证"？

通过对以上5种书籍诸校记的细致比较，我们发现，凡文渊阁《全书》卷末考证与《考证》所载内容全同者，两者校记均直接源自底本校签，而文渊阁《全书》卷末"考证"与《考证》校记之间并无直接渊源关系。如果认为《考证》校记源自文渊阁《全书》卷末"考证"，则《考证》所载该书大量校记而文渊阁《全书》卷末未载者源自何处则无从解释，如果认为文渊阁《全书》卷末"考证"源自《考证》校记，则文渊阁《全书》卷末考证所载"某某页某某行"之语又没有着落，故可以肯定，文渊阁《全书》卷末"考证"与《考证》校记之间绝无渊源关系，而是两者分别择取底本上相同或不同的校签，各自进行了加工修改。在这5种书籍校签择取上，文渊阁《全书》所择取之校签恰亦被《考证》一书所择取，故其文渊阁《全书》卷末附"考证"与《考证》所载校记内容全同。

综上，可推断此类情况下文渊阁《全书》卷末考证与《考证》的具体编纂过程。文渊阁《全书》正文据底本誊录完毕后，馆臣从底本校签中象征性地选择了一两条校记附于文渊阁《全书》卷末，作为文渊阁《全书》校勘成果。这一两条校记选取没有什么规律可言，所在位置亦不固定，多数是卷首、卷一或前几卷，其数量极少，无实际校勘价值，仅是象征性的工作而已。之后《考证》编纂时使用了该书底本上大量校签，也包括文渊阁《全书》卷末考证已使用过的这一两条校签，制成黄签，编入《考证》。这类情况从编纂时间先后上看，文渊阁《全书》卷末"考证"编制在前，《考证》编纂在后。为什么不可能是《考证》编纂在前，文渊阁《全书》卷末"考证"编制在后呢？因为《考证》编纂时，常常揭下底本的校签，倘若《考证》先于文渊阁《全书》卷末"考证"编制，则《考证》将部分校签揭去，文渊阁《全书》卷末校记就不可能与《考证》所载校记有重复了。从这点看，此类情况肯定是文渊阁《全书》卷末"考证"先于《考证》校记完成。

　　② 文渊阁《全书》卷末"考证"与《考证》所载仅一条或几条重复，其他均不相同

　　以《梅野集》《灊山集》《苏氏演义》为例。

　　先看《梅野集》。文渊阁本《梅野集》卷九末附"考证"5 条。《考证》卷八十四载《梅野集》校记共 6 条，分别是：卷一有 1 条，卷八有 2 条，卷九有 3 条。将文渊阁本《梅野集》卷九附 5 条"考证"与《考证》载卷九的 3 条校记相较，仅有 2 条校记内容相同，其他均不同（见表 4 - 5）。这说明，就《梅野集》卷九校记看，文渊阁本《梅野集》与《考证》所收互有异同，说明两者均源自底本校签，并分别对校签进行了不同的改动和加工，两者各自编纂，没有关系。从另一方面看，对同一条校记，两者著录体例不同，用语有差异，显然是各自编纂，没有关系。

表 4 - 5　文渊阁本《梅野集》卷末"考证"与
《考证》所载校记之比较

《梅野集》	文渊阁本《梅野集》卷末"考证"	《考　证》	文渊阁本《梅野集》是否据改
卷一	无	《经筵讲义》。案：此下十条，《进讲》《论语》皆推明朱子《集传》之语。据《宋史》本传称"元杰师朱子门人陈文蔚，又师事真德秀"，故其所说皆师门承受之言。	已据改

续　表

《梅野集》	文渊阁本《梅野集》卷末"考证"	《考　证》	文渊阁本《梅野集》是否据改
卷八	无	《白左揆论时事书》："汤巾明朱氏之学,黄涛奏颍川之最。"原本"巾"讹"中"。案:汤巾,字仲能,安仁人,官制干,见《游宦纪闻》,绍定癸巳曾主白鹿教席。今据改。	已据改
	无	《回张宪干启》："瑞云五朵,猥蒙珍翰之颁;大厦万间,行佇欢颜之庇。"原本"万"讹"高",今改。	已据改
卷九	无	《贺湖北岳漕除帅启》："属陕以东陕以西寄欲分于周召,谓洛之南洛之北效已试于石温。"原本"召"讹"名",今改。	已据改
	第五页后三行。案:韩愈《进学解》"大木为杗,细木为桷",原本"桷"字误作"桶",今据改正。	又,"前茅后劲愿承晏御之驱驰,小桷大杗尚藉郢斤之斲削",原本"桷"讹"桶",据《昌黎集》改。	已据改
	第九页前八行。案:楚词《宋玉对楚王问答》有歌于郢中者,其始曰'下里巴人'。原本"里"字误作"俚",今据改正。	无	已据改
	第十二页前八行。"发轫",原本"轫"字误作"劲",今据文改正。	无	已据改
	第十四页前一行。"寸輗尺推",原本"寸"字误作"才",今据文改正。	无	已据改

续　表

《梅野集》	文渊阁本《梅野集》卷末"考证"	《考　证》	文渊阁本《梅野集》是否据改
	第二十四页后四行。案：唐李白《与韩荆州书》"生不用封万户侯，但愿一识韩荆州"，原本"韩"字误作"韠"，今据改正。	《上荆湖陈制帅启》："愿韩荆州之识在谪仙，而亦然上于襄阳之书，以昌黎而犹尔。"原本"韩"讹"韠"，今改。	已据改

从文渊阁本《梅野集》均已据校记结论改动看，文渊阁本《梅野集》在据底本誊录原文时，底本上馆臣校签俱在。之后为了编纂《考证》一书，将底本上部分校签撤去，制成黄签，作为《考证》校记。当文渊阁本《梅野集》卷末"考证"编制时，所据校签只能使用底本上剩下的部分，所以文渊阁本《梅野集》卷末"考证"与《考证》一书校记互有异同，看上去像是为了有意避免重复一样。而文渊阁本《梅野集》卷末"考证"与《考证》校记个别校签内容一致，是因为馆臣校勘底本时，在底本上以批注的形式进行了改动，而并未采用校签的形式，故文渊阁本《梅野集》卷末"考证"与《考证》分别对底本注进行了各自改动。从时间上看，这种情况下，《考证》校记编纂在前，文渊阁《梅野集》卷末"考证"编制在后。

再看《瀔山集》。文渊阁本《瀔山集》卷一末附 4 条"考证"。清抄本《考证》卷八十五与文渊阁本《考证》卷八十均载《瀔山集》校记，两者内容完全一致，两种《考证》所载《瀔山集》卷一、卷二、卷三各卷均有校记，共计 20 条，其中卷一有 6 条，卷二有 9 条，卷三有 5 条。将《考证》所载《瀔山集》卷一的 6 条校记与文渊阁本《瀔山集》卷末考证相较，除 1 条内容相同外，其他诸条均不相同（见表 4 - 6）。这说明，文渊阁本《瀔山集》卷末考证与《考证》一书所载校记无直接关系，两者均源自底本校签，但各自编纂，并分别对校签进行了不同加工。核文渊阁本《瀔山集》正文均据改。

表 4-6　文渊阁本《灊山集》卷一末附"考证"与
《考证》所载校记之比较

清抄本《考证》卷八十五、文渊阁本《考证》卷八十载《灊山集》卷一校记	文渊阁本《灊山集》卷一末附"考证"	文渊阁本《灊山集》是否据改
无	第一页后三行,"苦森终怒俳"句。按:苏诗《咏橄榄诗》有"至味森森苦且严"句,翌诗盖本此意,惟"怒俳"二字于文难通,或以其质地挺劲,故比之端人正士而以"俳优"为喻,然义亦费解,今无别本可校,姑仍原文。	无需改
无	第一页后七行。"苦硬"二字,按:苏轼《建茶诗》有"苦硬终可录"句,盖出宋时方言,姑仍原文。	无需改
《次韵胡明仲见寄》"去年玉笋班,仰视见橱具",原本"橱"讹"礓",据《汉书》改。	第六页前八行,"橱具"原本讹作"礓具"。按:橱具乃剑首之饰,出《汉书·隽不疑传》,今考正。	已据改
无	第六页后二行。"冰氏子"三字义不可解。按:柳宗元《永州铁炉步志》称"世有负其姓,曰'吾门大',问其位与德,曰'久矣,其先也'。然而彼犹曰:'我大世其冒于号,有以异于兹步乎?'"朱翌乃朱载上之子。载上与苏黄游,有名于时。据此诗本旨,盖自谦冒其家声,如柳宗元所称《铁炉步》之意,则"冰氏"当为"永氏"之讹,然无别本可校,今姑仍原文。	无需改

续　表

清抄本《考证》卷八十五、文渊阁本《考证》卷八十载《灊山集》卷一校记	文渊阁本《灊山集》卷一末附"考证"	文渊阁本《灊山集》是否据改
《十月旦读子美北风吹瘴疠羸老思散策之句初寮尝作十诗因次其韵》"纵之逼论剑，收之入檀弓"，案：此二句刘克庄《诗话》引之作评杜诗语，称为前人所未发。今案：翼诗虽用杜句为韵，而此二语实泛论文字，非专指杜诗，而言克庄似未详考。	无	无需改
七言古诗。案：王应麟《困学纪闻》载翼《咏昭君》七言古诗中四语云："当时夫死若求归，凛然义动单于府，不知出此肯随俗，颜色如花心粪土。"今检《永乐大典》内已佚其全篇，难以采入集中。	无	无需改
《大雪》"故人乃遗咫尺书，远祝长须问无恙"，原本"须"讹"鬓"，据韩愈《玉川子诗》改。	无	已据改
《简宗人利宾》"昔时桐乡汉九卿，家在淮南天一柱"，原本"桐"讹"同"，据《汉书》改。	无	已据改
《闻邻舟琵琶》"无限柔情指下生，谁道弹丝不如竹"，原本"丝"讹"诗"，今改。	无	已据改

　　据上，我们可推知馆臣编纂《考证》一书及文渊阁本《灊山集》卷后"考证"的详细过程。馆臣在《永乐大典》中签出所有《灊山集》的材

料,整理校勘后誊录为《永乐大典》辑佚稿本,此即文渊阁本《灊山集》誊录所据之底本,其上有馆臣诸多校签与批注。文渊阁本《灊山集》据其誊录,按底本要求进行了校改。其后《灊山集》底本上有部分具有代表性的、有校勘价值的校签被揭下制成黄签,收入《考证》,而底本上剩下的不具有代表性的包括"姑仍原文"之校签又有一部分被另行统一格式,誊录为考证按语共一页,另附于文渊阁本《灊山集》卷一之后。这导致了文渊阁本《灊山集》所附"考证"与《考证》一书所收绝大多数条目均不相同。从编制先后看,《考证》校记在前,文渊阁本《灊山集》卷末"考证"在后。

再以《苏氏演义》为例。《考证》载《苏氏演义》卷上卷下校记共 13 条,其中卷上共 5 条。与文渊阁本《苏氏演义》卷上末所附"考证"5 条内容相校,其中相同者 3 条。说明两者分别择取了底本上校签,各自进行了加工修改,两者之间无直接渊源关系。而从编纂时间上看,《考证》编制在前,文渊阁本《苏氏演义》卷末考证编制在后。

综上,无论文渊阁《全书》卷末考证与《考证》一书所载内容全同,还是文渊阁《全书》卷末考证仅有一条或数条与《考证》所载重复,两者校记均直接源自底本校签,而文渊阁《全书》卷末"考证"与《考证》校记之间并无直接渊源关系。但编纂过程和编纂时间先后情况复杂,在文渊阁《全书》卷末校记与《考证》所载校记完全重复时,文渊阁《全书》卷末考证编制在前,《考证》编纂在后;在文渊阁《全书》卷末校记与《考证》一书所载校记仅一两条重复时,《考证》编纂在前,文渊阁《全书》卷末考证编制在后。

2. 文渊阁《全书》卷末"考证"与《考证》所载校记绝无重复者

我们发现文渊阁《全书》卷末"考证"与《考证》所载校记有诸多绝无重复的例证,这类情况有《缘督集》《郧溪集》《跨鳌集》《杉溪居士集》《沧洲尘缶编》《灵岩集》《阆风集》《兰轩集》《南湖集》9 种书。以下逐一讨论。

文渊阁本《缘督集》仅在卷六末附考订条目,共计 11 条,格式作:"第二页后一行。此首《永乐大典》原缺,今从刊本补入。"核文渊阁本《缘督集》卷六正文均据改。这说明,文渊阁本《缘督集》卷末所附考证与文渊阁本《缘督集》正文据同一底本。《考证》卷八十二载《缘督集》校记共 5 条,出自卷七者 2 条,卷十者 2 条,卷十一者 1 条。核文渊阁本《缘督集》正文亦均据该 5 条校记进行了校改,可证《考证》所载校记与文渊阁本《缘督集》正文据同一底本。据此可推论出文渊阁本《缘督集》与《考证》载《缘督集》校记出自同一底本。而文渊阁本《缘督集》卷六所附考证与《考证》一书所载《缘督集》校记绝不重复,两者互相补充,亦与两者出自同一底本这一结论相吻合。

由此可推知文渊阁本《缘督集》卷末"考证"与《考证》载《缘督集》校记的具体纂修过程:馆臣于《永乐大典》中签出所有《缘督集》的材料,在整理校勘完毕后,誊录为《永乐大典》辑佚稿本,即文渊阁本《缘督集》誊录底本,上面有诸多校签与批注。文渊阁本《缘督集》据该底本誊录时,据校签进行了校改。为编《考证》一书,将该底本上卷七至卷十一的 5 条校签取下制成黄签,对格式加工后誊抄入《考证》。底本上剩余校签被制成文渊阁本《缘督集卷六考证》,单独誊录为一页附置于卷六末。故文渊阁本《缘督集》卷末"考证"与《考证》载《缘督集》校记绝不重复。从时间上看,《考证》编纂在前,文渊阁本《缘督集》卷末"考证"编制在后。

再举八例。①《郧溪集》。《考证》载《郧溪集》的 23 条校记始自卷一,而文渊阁本《郧溪集》仅收 1 条《原序》校记,与《考证》校记绝不重复。

②《跨鳌集》。《考证》载其校记 6 条,分别出自卷一、卷七、卷十四(2 条)、卷十五、卷二十二,但无卷八之校记。但文渊阁本《跨鳌

集》卷八却仅附 1 条校记,为《考证》所未收:"第十页前五行。曲槛横桥尽落梅,'梅'字出韵,因无别本可校,姑仍其旧。"两者绝无重复。

③《杉溪居士集》。文渊阁本《杉溪居士集》卷首原序后仅附《杉溪居士集原序考证》1 条校记:"第一页后三行。查《清江引》《大堤曲》二篇,《永乐大典》不载。谨加按声明。"查《考证》卷八十载其卷二至卷十一的十几条校记,却无卷首原序的校记。其与文渊阁本《杉溪居士集》绝不重复。

④《沧洲尘缶编》。文渊阁本《沧洲尘缶编》与《考证》各载 1 条校记,但互不相同。

⑤《灵岩集》。《考证》卷八十四共载《灵岩集》校记 4 条,其中卷二、卷三、卷四、卷六各 1 条。文渊阁本《灵岩集》卷一、卷三各有校记,分别为卷一有 1 条,卷三有 2 条,该三条校记内容与《考证》所载校记全然不同。

⑥《阆风集》。《考证》卷八十四载《阆风集》卷二至卷十一校记共 16 条,而文渊阁本《阆风集》仅附《阆风集原序考证》1 条:"第一页前六行。案:'建安九江'四字上下当有脱文。又下文'是三人者'句,文义亦未明,疑有误。"两者绝无重复。

⑦《兰轩集》。文渊阁本《兰轩集》卷十一后附 2 条"考证":"第九页前六行。忠不能使天下之信,'忠',原本讹'终',今据文改正。""第九页后一行。突梯滑,'梯',原本讹'涕',今据《楚辞》改正。"《考证》卷八十五载《兰轩集》卷一至卷九校记共计 10 条,但无卷十一校记,与文渊阁本《兰轩集》所载全然不同。

⑧《南湖集》。文渊阁本《南湖集》卷前提要附"考证"1 条,而《考证》卷八十三载《南湖集》卷一至卷七共 7 条校记,其与文渊阁书前提要后附校记绝不重复。

以上 9 种,其文渊阁《全书》卷末"考证"与《考证》所载校记两者内容绝无重复，其原因并非编纂者有意避免重复，系文渊阁《全书》本卷末"考证"与《考证》校记编纂过程有了交叉所致。两者校记均源自底本校签，但两者编纂时间先后不同。这类情况为，《考证》编纂在先，文渊阁《全书》卷末"考证"在后。在文渊阁《全书》誊录完毕后，为了编纂《考证》，先取下了底本部分校签，这使得文渊阁《全书》卷后所附"考证"只能从底本剩余校签中选择，导致文渊阁《全书》卷末"考证"与《考证》所收校记内容上绝不重复。以上诸例也恰说明《考证》编纂与文渊阁《全书》卷末"考证"两项工作分别编制、彼此独立。

以下对文渊阁《全书》卷末附"按语""考证"与《考证》关系进行总结。

文渊阁《全书》卷末附"按语"与"考证"都是馆臣的校勘成果，但两者属于不同的情况，要细致区分。将文渊阁《全书》85 种书籍中卷末所附"按语""考证"分别与《考证》校记相比，得出结论如下：

（一）文渊阁《全书》卷末附"按语"者，无论该书是否被《考证》所收录，其编制均与《考证》编纂无关。

（二）文渊阁《全书》卷末附"考证"者，情况复杂，要分别讨论。根据文渊阁《全书》卷末附"考证"者是否被《考证》所收录进行分类，可分为未被《考证》收录者与被《考证》收录者两类。

未被《考证》收录者，文渊阁《全书》卷末所附"考证"系为编纂该书正文时一并编制，而与《考证》编纂无关。其编制一般为文渊阁《全书》卷末附"考证"在前，《考证》编纂在后。

被《考证》收录者，文渊阁《全书》卷末附"考证"与《考证》校记两者关系非常复杂。表现在：第一，无论文渊阁《全书》卷末考证与《考证》所载内容全同，还是文渊阁《全书》卷末考证仅有 1 条或数条与《考证》所载重复，两者校记均直接源自底本校签，而文渊阁《全书》卷末"考证"与《考证》校记之间并无直接渊源关系。但编纂过程和编纂时间先后情况复杂，在文渊阁《全书》卷末校记与《考证》所载校记完全重复时，文渊阁《全书》卷末考证编制在前，《考证》编纂在后；在文渊阁《全书》卷末校记与《考证》所载校记仅一两条重复时，《考证》编纂在前，文渊阁《全书》卷末考证编制在后。第二，文渊阁《全书》卷末附"考证"或"按语"与《考证》有密切关系者，仅有9种书籍，分别是《缘督集》《郧溪集》《跨鳌集》《杉溪居士集》《沧洲尘缶编》《灵岩集》《阆风集》《兰轩集》《南湖集》，其文渊阁《全书》卷末"考证"与《考证》所载该书校记绝不重复。两者校记绝无重复的原因，并非是馆臣有意避免重复，而是《考证》编纂在先，其已揭下底本部分校签，文渊阁《全书》卷末"考证"只能在底本剩余校签中择取。

综上，文渊阁《全书》85种书籍卷末附"考证"或"按语"，与《考证》编纂无关，只是两者均选择了51种相同的书籍著录而已。两者校记均源自底本，各自编纂，分别进行了加工、修改和誊录，是两项各自独立的校勘活动（见图4-1）。

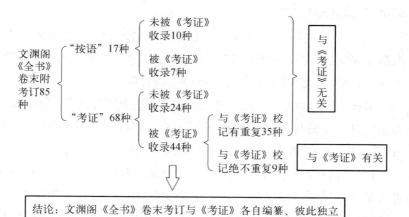

图4-1　文渊阁《全书》卷末附"按语""考证"与《考证》关系示意图

那么这批书中被《考证》收录的 51 种书籍校记,是否为馆臣编纂《考证》时有意选择了一批书用于集中、统一地办理? 答案是否定的。《考证》所收这 51 种之数量,与《考证》所收的 1 101 种书籍数量相比,所占比例实在微不足道,而这批书籍之所以与文渊阁《全书》卷末附"考证"或"按语"的 85 种书籍相重合,仅是选择上出现的巧合而已,并非《考证》编纂者特意选择了这 51 种文渊阁《全书》卷末附考订之书籍。故《考证》编纂与文渊阁《全书》卷末附"考证"或"按语"是两项独立的校勘活动,各自进行,彼此独立,没有直接关系。这与以上结论完全吻合。

二、根据文渊阁《全书》卷末附"考证"者在《总目》中著录版本来源分类

根据文渊阁《全书》卷末附"考证"者在《总目》中著录版本来源,可发现这 68 种书籍来源有差别,按照部类观察,其来源各有规律。其中经部 15 种,有 5 种为内府藏本;史部 29 种,有 23 种为内府刊本;子部 4 种,全部为《永乐大典》本;集部 20 种,全部为《永乐大典》本。这说明,文渊阁《全书》选择卷末"考证"这一形式来体现馆臣的校勘成果时,馆臣选择的这 85 部书籍,经部书籍主要来源于内府藏本,史部书籍主要来源于内府刊本,子部与集部书籍全部来自《永乐大典》辑佚本。尤其是子部、集部书籍全部选择了《永乐大典》本,这是这批文渊阁《全书》卷末附"考证"书籍来源最重要的一个特点。这说明,这 68 种书籍其文渊阁《全书》卷末"考证"是成批、集中、统一办理的,选择书籍亦有其明显的规律性。

文渊阁《全书》卷末附"考证"者仅仅 68 种,即使加上卷末附"按语"者 17 种,文渊阁《全书》卷末附校记者也不过 85 种而已,这与文渊阁《全书》所收三千五百种的总数量相比,实在微不足道。文渊阁

《全书》卷末附校记的做法，不过是为了应付乾隆帝的旨意而做出的一种回应。有《档案》3条记载为证。

《档案》载《办理四库全书处奏遵旨酌议排纂〈四库全书〉应行事宜折》："乾隆三十八年（1773）闰三月十一日，办理四库全书处为奏明办理事。……遵旨将官刻各种书籍及旧有诸书，先行陆续缮写。……至应写全书，现贮武英殿者居多，所有分写、收发各事宜，应即就武英殿办理。其未经发写之前，有旧刻显然讹误，应行随处改正，及每卷缮竣后并须精加校对。"①又载《多罗质郡王永瑢等奏议添派覆校官及功过处分条例折（附条例）》："乾隆三十八年十月十八日，多罗质郡王臣永瑢等谨奏，为遵旨议奏事。……功过处分条例。……校出原本错讹更正之处，应附载卷末也。伏见钦定经史刊本，每卷后俱有考证。今缮写四库全书，似应仿照其例。查旧有刊本及进到之抄本，其中错误，皆所不免。一经分校、覆校各员校出，自应另载卷末。如仅系笔画之讹，仅载某字讹，某今校改。如有关文义考订者，并略附按语于下。如此，则校办《全书》，更为精当。臣等亦得就其签改之多少，随时抽查，以便无误。"②《档案》又载："乾隆四十一年九月三十日，内阁奉上谕：昨四库全书荟要处呈进抄录各种书籍。朕于几余批阅，见黏签考订之处，颇为详细。所有各签，向曾令其附录于每卷之末，即官板诸书，亦可附刊卷尾。惟民间藏板及坊肆镌行之本，难以概行刊入，其原书讹舛业经订正者，外间仍无由得知，尚未足以公好于天下也。前经降旨，令将《四库全书总目》及各书提要，编刊颁行。所有诸书校订各签，并著该总裁等另为编次，与《总目》、提要，一体付聚珍版排刊流传。既不虚诸臣校勘之勤，而海内承学者，得以由此研

---

① 中国第一历史档案馆：《纂修四库全书档案》，上海古籍出版社，1997年，第74、75页。
② 中国第一历史档案馆：《纂修四库全书档案》，第170页。

寻。凡所藏书,皆成善本,亦以示嘉惠士林至意。"①据以上《档案》所载,馆臣须将各种书籍在未缮写前就要进行仔细校勘,以便缮写完成后校对。乾隆三十八年十月十八日,馆臣制定出功过处分条例,要求《全书》卷末附原本错讹更正之校记,或记讹字之校改,或附文义之考订。直至乾隆四十一年九月三十日,乾隆帝要求将这项"(底本)各签附录于每卷之末"的工作移交给《考证》去完成,文渊阁《全书》卷末附校记的使命应当暂告一段落。

这说明了两点结论:(一)最初馆臣采用文渊阁《全书》卷末附"考证"形式反映底本的部分校勘成果,而后校勘成果呈现的功能完全由《考证》一书独立承担。这个过程经历了三个阶段。第一阶段,仅文渊阁《全书》卷末所附"考证"或"案语",这是完全为配合文渊阁《全书》编纂的一种独立校勘活动,也是为了应付乾隆帝的要求。这一事件本与《考证》编纂无关,馆臣仅从底本上象征性地抄录了一两条、两三条进行了誊录,只是表明了一种校勘认真的姿态而已。第二阶段,当《考证》编纂进行后,文渊阁《全书》卷末附"考证"与"按语"工作同时进行,情况变复杂了,《考证》编纂工作直接影响了文渊阁《全书》卷后附录"考证"的编纂。因《考证》编纂为编制黄签揭下了底本上的部分校签,故文渊阁《全书》卷后"考证"编制时仅能使用《考证》编纂后剩下的校签,故文渊阁《全书》卷后校签与《考证》绝不相重复。如即是明证。这种情况并不多见,仅涉及《缘督集》等 9 种书籍。第三阶段,之后的校勘成果完全由《考证》独立承担,文渊阁《全书》卷末不再附"考证"或"按语"。

(二)文渊阁《全书》卷末附"考证"或"按语"的工作,仅涉及 85 种书籍,时间大致为乾隆三十八年(1773)十月十八日至乾隆四十一

---

① 中国第一历史档案馆:《纂修四库全书档案》,第 537 页。

年九月三十日。①

　　据以上《档案》记载,当是文渊阁《全书》卷末附"考证"工作在前,《考证》编纂在后。但为何在上文我们发现了有些书籍校勘工作,《考证》在前,文渊阁《全书》卷末附"考证"工作在后呢? 文渊阁《全书》卷末"考证"实际编制工作是否未截止到乾隆四十一年(1776)九月三十日了呢? 难道是在乾隆四十一年九月三十日乾隆要求编《考证》后,文渊阁《全书》卷末考订工作实际上并未停止,仍然在持续,直到乾隆四十六年九月之后? 我们判断文渊阁《全书》及其卷末考订编纂时间最主要的依据是文渊阁书前提要,但该提要有原抄提要与撤换提要之分②,将原抄提要的时间作为依据非常可靠,但撤换提要的时间不足为据。如文渊阁《全书》卷末附"考证"之 68 种书籍中,有子部、集部共计 24 种永乐大典辑佚本,其书前提要校上时间均系乾隆四十六年九月,因该批书前提要系统一撤换后的提要,而非原稿提要,故其所署校上时间并不可靠,不能说明这批书其文渊阁《全书》本的卷末校勘工作一直持续到乾隆四十六年九月。类似的还有一个例证:文渊阁本《南湖集》卷前提要后有《南湖集提要考证》1 条,作:"第一页后二行。'赍伐'二字系叶绍翁《四朝闻见录》原文,盖亦自陈功绩之意,然未见所出,今姑仍之,附识。"而文渊阁本《南湖集》该提要校上时间为乾隆四十六年九月,不能证明文渊阁《全书》卷末附"考证"工作在乾隆四十六年九月仍持续进行,而是因为该书前提要系撤换提要,该撤换提要的校上时间不足为据。综上,文渊阁《全书》卷末附"考证"或"按语"的

---

① 绝大多数例证并未超出该时间区间,目前仅发现一例时间比该时间段略晚。文渊阁本《周易注疏》卷末附"考证",文渊阁本书前提要校上时间为乾隆四十一年十月,比乾隆帝要求编纂《考证》时间略晚。

② 刘远游:《〈四库全书〉卷首提要的原文与撤换》,《复旦学报(社会科学版)》1991 年第 2 期。

工作,是在《考证》编纂之前,其时间大致为乾隆三十八年十月十八日
至乾隆四十一年九月三十日,这是较为普遍的情况。而上文所言《考
证》编纂在文渊阁《全书》所附"考证"之前的情况是极少量的,只存在
于《考证》校记与文渊阁《全书》所附"考证"绝不相重复的例证中。

　　文渊阁《全书》卷末"考证"或"按语"与《考证》均有保留底本校勘
成果的重要价值。两者比较,文渊阁《全书》仅有 85 种选择卷末附
"考证"或"按语"的形式,且卷末所附校记数量极少,每部书籍往往只
有一两条或几条,这说明文渊阁《全书》卷后校记的目的并非是完整
地呈现底本上的校勘成果,而只是为了按照乾隆帝的旨意,遵照功过
处分条例要求,在这些书的底本校签中,象征性地选择个别校记,统
一格式后置于《全书》卷末。文渊阁《全书》卷末附"考证"或者"按语"
的做法,不过是馆臣表明的一种校勘姿态而已,其象征意义远远大于
实际校勘价值。而就同一书校记相比较,《考证》所载校记数量往往
更多,校记的选择更具代表性,也更能集中代表馆臣的校勘水平。

小　　结

　　一、文渊阁《全书》卷末附"按语"与"考证"都是馆臣的校勘成
果,但两者属于不同的情况,要细致区分。文渊阁《全书》85 种书籍
卷末附"考证"或"按语",与《考证》编纂无关,只是两者均选择了 51
种相同的书籍著录而已。两者校记均源自底本,各自编纂,分别进行
了加工、修改和誊录,是两项各自独立的校勘活动。

　　二、文渊阁《全书》卷末所附"考证"与"按语"系为编纂该书正文
时一并编制,而与《考证》编纂无关。

　　三、文渊阁《全书》卷末校记是否为编纂者有意避免与《考证》所

收黄签重复?

　　文渊阁《全书》卷末附"考证"的 68 种书籍中,其中 9 种与《考证》所载校记两者内容绝无重复,其原因并非编纂者有意避免重复,系文渊阁《全书》卷末校记与《考证》校记编纂过程有了交叉所致。两者校记均源自底本校签,两者之间本来分别编制,彼此独立,并无直接渊源关系。但两者编纂时间先后不同。有些书籍校记,《考证》编纂在先,文渊阁《全书》卷末校记在后。为编纂《考证》,馆臣先取下了底本部分校签,这使得文渊阁《全书》卷后校记只能从底本剩余校签中选择,导致文渊阁《全书》卷末校记与《考证》所收校记内容上绝不重复。表面看似是为了有意避免重复,实则由于《考证》复杂的编纂过程导致。

　　四、文渊阁《全书》卷末附"考证"的 68 种书籍来源有显著的特点,经部书籍主要来源于内府藏本,史部书籍主要来源于内府刊本,子部与集部书籍全部来自《永乐大典》辑佚本。说明这批书籍卷末附"考证"是成批、集中、统一办理的。

　　五、最初馆臣采用文渊阁《全书》卷末附"考证"形式反映底本的部分校勘成果,而后校勘成果呈现的功能完全由《考证》独立承担。这个过程经历了三个阶段:仅文渊阁《全书》卷末所附"考证"或"案语";《考证》编纂与文渊阁《全书》卷末编制"考证"或"案语"两项工作同时进行;《考证》独立承担汇集校勘成果任务。文渊阁《全书》卷末附"考证"或"按语"的工作,仅涉及 85 种书籍,时间大致为乾隆三十八年(1773)十月十八日至乾隆四十一年九月三十日。

　　六、文渊阁《全书》卷末"考证"或"按语"与《考证》均有保留底本校勘成果的重要价值。两者比较,文渊阁《全书》卷末"考证"或"按语"其象征意义远远大于实际校勘价值。而《考证》所载校记数量往往更多,校记的选择更具代表性,也更能集中代表馆臣的校勘水平。

第五章 《四库全书考证》与《四库全书荟要》卷末校记关系考

　　《四库全书荟要》悉遵乾隆"著于《全书》中，撷取菁华，缮为《荟要》"的指示选录书籍，并在不少书籍每册书后，附校勘记，以资参考取用。吴哲夫曾指出："《四库荟要》与《四库全书》对各书校勘所得，其处理方法有显著不同。《荟要》将所得附于书后，题曰校勘记，查寻甚为方便；《四库全书》则另编成《考证》一〇〇卷，单独成书。如果持《荟要》本各册书后之校勘记与《四库全书考证》比对，则可发现前者较为详慎。"①本章专就《考证》与《荟要》卷末校记之关系进行探讨。

第一节 《考证》大量校记系针对《荟要》
而非文渊阁《全书》

　　《考证》汇集了四库馆臣校理《全书》时的校勘成果，其规模庞大，涉及一千多种书籍，具有珍贵的文献价值。《考证》既为校勘《全书》之校记，按理各阁本《全书》文字当与《考证》校改一致，但实际情况并非如此。《考证》中诸多校改，文渊阁《全书》并未改正。学界关注到

① 吴哲夫：《四库全书纂修之研究》，台北"故宫博物院"，1990年，第201页。

此问题，或避而不谈，或解释牵强。如王永吉《〈史记〉殿本研究》，将《考证》中《史记》相关校记与文渊阁《全书》《史记》进行核对，发现"有《四库考证》已出校，而《四库》本实未改者，此盖抄手疏漏所致。……《四库考证》于《五帝本纪》一卷之中校改殿本讹误凡 23 处，而文渊阁本失其 6 处，不能无憾。"①何灿亦指出，《孟子注疏》的考证有 24 条，其中有 4 条在文渊阁本中没有按照《考证》改正；《孝经注疏》有 5 条，其中有 3 条文渊阁本没有改正；《礼记注疏》的考证有 1 013 条，约有546 条文渊阁本没有改正，超过总数的一半。② 文渊阁《全书》大量文字均未按《考证》校改，原因是否为"誊录人员抄写失误造成的"？③

《考证》中大量校记与文渊阁《全书》文字多有不合，但其恰与《荟要》及其所附"考证"相合。《考证》中这些校勘成果被《荟要》所吸收而与文渊阁《全书》无关。以下从四点进行论述。

一、《考证》中诸多书籍校记结论与《荟要》本相合，而异于文渊阁《全书》

以《诚意伯文集》《李太白集分类补注》《柳河东集》《礼记注疏》4 种书籍为例，将清抄本《考证》所载校记、《荟要》原书、文渊阁《全书》正文一一进行对比，得出结论：《考证》中这些校记均与《荟要》吻合，系针对《荟要》而非文渊阁《全书》所作，故《考证》中大量校勘结论未在文渊阁《全书》中得到校改。

1.《诚意伯文集》

《考证》所载该书的 49 条校记④，其所增、补、删、改情况与《荟要》

---

① 王永吉：《〈史记〉殿本研究》，南京师范大学 2007 年博士学位论文，第 24 页。
② 何灿：《〈四库全书〉纂修中的校勘成就》，山东大学 2014 年博士学位论文，第 65 页。
③ 何灿：《〈四库全书〉纂修中的校勘成就》，第 65 页。
④ （清）王太岳等：《四库全书考证》卷八十六，清抄本，第 30—35 页。

本《诚意伯文集》①完全相合，而异于文渊阁《全书》本《诚意伯文集》②
（表5－1）。细审诸条校记在各本的校改情况，尤其《考证》中言"今
改""今增""今删"者，其所针对版本均系《荟要》而非文渊阁《全书》。
这说明，《考证》校记完全针对《荟要》而非文渊阁《全书》。

表5－1　清抄本《考证》所载《诚意伯文集》
校记在各本中的校改情况

《考证》所载校记出处	《考证》所载校记结论	《考证》所载校勘依据	文渊阁《全书》本《诚意伯文集》是否据《考证》校改	《荟要》本《诚意伯文集》是否据《考证》校改
卷一《伐寄生赋》："坛杏无所容其芬芳。"	刊本③脱"其"字	据《赋汇》增	否	是
《松筠轩歌》："飔兮飗兮窈以幽。"	刊本"以"讹"兮"	据何本改	否	是
《王彦中哀辞》："棣华茂兮亲乐康。"	刊本"茂"讹"莽"	据何本改	否	是
《神弦曲》："洞壑嶅鲛泣幽碧。"	刊本脱"洞壑"二字	据何本增	否	是
卷二《秋怀》："循墙以趋，虽瞽不伥。"	刊本"瞽"讹"古"	据何本改	否	是

① （明）刘基：《诚意伯文集》，《景印摛藻堂四库全书荟要》第408册，台湾世界书局影印本，1985—1988年。
② （明）刘基：《诚意伯文集》，《景印文渊阁四库全书》第1225册，台湾商务印书馆，1986年。
③ 此处"刊本"当指明正德刻本，见张春国、江庆柏：《〈四库全书〉本〈诚意伯文集〉底本考——以文渊阁本、文津阁本、荟要本为例》，《图书馆杂志》2014年第11期。

《考证》所载 校记出处	《考证》 所载校 记结论	《考证》 所载校 勘依据	文渊阁《全书》 本《诚意伯 文集》是否据 《考证》校改	《荟要》本 《诚意伯文 集》是否据 《考证》校改
《擢彼乔松诗》："无 然汶汶，无俾车债。"	刊本"汶 汶"讹"没 没"	据何本改	否	是
卷三《北上感怀诗》： "坿鸡戒晨鸣，客子 驾行李。"	刊本"鸣" 讹"明"	据何本改	否	是
《感时述事》："虞刑 论小过，夏誓殄渠魁。"	刊本"过" 讹"故"	据《明诗 综》改	否	是
卷四《寄江西黄伯善 兄弟》："西来文鱼曾 到海，愿寄笔札逾 兼金。"	刊本脱 "鱼"字	据何本增	否	是
《送葛元哲归江西》： "人间事万不齐，我 马向南君向西。"	刊本脱 "事"字	据何本增	否	是
《为董楚方题山水 图》："陵苕花开落 松子。"	刊本"陵" 讹"陡"	据何本改	否	是
《题富好礼所畜村乐 图》："酒酣大笑杂 语谑。"	刊本"谑" 讹"话"	据《明诗 综》改	否	是
《泾县柬宋二编修长 歌》："愁云苦雾子规 叫，起坐更盼羲和车。"	刊本"云" 讹"愁"	据何本改	否	是

续 表

《考证》所载校记出处	《考证》所载校记结论	《考证》所载校勘依据	文渊阁《全书》本《诚意伯文集》是否据《考证》校改	《荟要》本《诚意伯文集》是否据《考证》校改
《赠道士蒋玉壶长歌》:"攀援欻奡岩嶵崩,寒蜑蟪蛄蟑范蟓。"	刊本"范"讹"犯"	据《檀弓》改	否	是
卷五《发绍兴至萧山》:"月明沙渚榜人歌。"	刊本"榜"讹"傍"	今改	是	是
《再和七夕诗》:"房帷瓜果分祠祀,霄汉云霓隔晦冥。"	刊本"隔"讹"恐"	据何本改	否	是
《闻盗首》:"惭愧北郊汤博士,白盐赤米数相怜。"	刊本"北"讹"杜"	据《明诗综》改	否	是
卷六《登孤山作》:"返照千山赤,寒烟一岛清。"	刊本阙"返照"二字	据《明诗综》及何本补	否	是
卷七《赠弈棋相子先序》:"陶士行以周物之智不违纤芥。"	刊本"行"讹"衡"	据《晋书》改	否	是
《杭州路重修府治记》:"来者尚踵其法而思其意。"	刊本"法"讹"后"	据何本改	否	是
卷十《二鬼歌》:"忽闻寒山子,往来说因依。"	刊本"寒"讹"韩"	据《明诗综》及何本改	否	是
卷十一《忆秦娥》:"光阴别,有人愁叹,泪珠成血。"	刊本脱"光阴别"三字	据《词律》增	是	是

《考证》所载 校记出处	《考证》 所载校 记结论	《考证》 所载校 勘依据	文渊阁《全书》 本《诚意伯 文集》是否据 《考证》校改	《荟要》本 《诚意伯文 集》是否据 《考证》校改
卷十二《帝台春》： "纵春风也不解，染 黄成绿。"	刊本"解" 讹"鲜"	据何本改	否	是
卷十三《郑伐许》条： "经之书爵，又见其 释服从戎。"	刊本"经" 讹"燕"	据何本改	否	是
卷十四《杞子来朝》 条："来朝之车甫旋。"	刊本"来" 讹"旁"	据何本改	否	是
《仲孙羯会晋荀盈》 条："晋国卒剖而为 三,则皆平公之罪矣。"	刊本"罪" 讹"功"	据何本改	否	是
卷十五《送宋仲还金 华序》："若先生可谓 有子考无咎者矣。"	刊本脱 "考"字	今增	否	是
《卫公子》条："宋有 雀生鶢。"	刊本"鶢" 讹"鹏"	据《战国 策》改	否	是
《旅兴》："生意已无 多,雨露空相滋。"	刊本"相" 讹"其"	据何本改	否	是
《有感》："尚忆商山 近京洛,白头容得采 芝人。"	刊本"山" 讹"人"	据《明百 家集》改	否	是
卷十六《送黄岩林生 诗》："劝子慎勿学世 儒,甒言耻行名为愚。"	刊本"甒" 讹"御"	据《左传》 改	否	是

《考证》所载校记出处	《考证》所载校记结论	《考证》所载校勘依据	文渊阁《全书》本《诚意伯文集》是否据《考证》校改	《荟要》本《诚意伯文集》是否据《考证》校改
卷十七《郁离子曰治天下》条:"故治乱,证也;纪纲,脉也。"	刊本"证"讹"政"	据何本改	是	是
《蟾蜍》条:"予处泱瀼之中,一日而三饱。"	刊本"瀼"讹"之"	据何本改	是	是
《仓筤之山》条:"督善水者绳以俟人。"	刊本"绳"讹"绝"	据何本改	否	是
《灵丘丈人》条:"刳木以为蠡之宫。"	刊本"蠡"讹"蠡"	据何本改	否	是
卷十八《介葛庐髻白狄辨》条:"公山之伐季氏也。"	刊本"公"讹"子"	据何本改	否	是
卷十九《郁离子与客泛于彭蠡之泽》条:"世事亦若是也。"	刊本"是"讹"见"	据何本改	否	是
《瑕丘子》条:"使先生而再三之,则亦无辞以教仆矣。"	刊本"辞"讹"余"	今改	否	是
《羹藿》条:"贵而遗其族者,由遇而殊之也。"	刊本"遇"讹"此"	据何本改	否	是
卷三十《御制平西蜀文》:"假明昇之童孩负固不伏。"	刊本脱"昇"字	据《明史》增	否	是

2.《李太白集分类补注》

以其卷三与卷七为例。《考证》①收录该书卷三与卷七共 29 条校记,其中至少有 25 条校记增、删、改的情况与《荟要》本《李太白集分类补注》②的校改完全一致,而文渊阁《全书》本《李太白集分类补注》③均未改动(表 5－2)。这说明《考证》中该书校记乃针对《荟要》而作,并非针对文渊阁《全书》。

表 5－2　清抄本《考证》所载《分类补注李太白集》
校记在各本中的校改情况

《考证》所载校记出处	《考证》所载校记结论	《考证》所载校勘依据	文渊阁《全书》本《李太白集分类补注》是否据《考证》校改	《荟要》本《李太白集分类补注》是否据《考证》校改
卷三《远别离》"苍梧山崩湘水绝"注:"湘水出静江府兴安县阳海山。"	刊本④"阳海"二字互倒	据《汉书·地理志》及《水经注》改	否	是
"至德二载更名。"	刊本"二"讹"三"	据《唐书·地理志》改	否	是
"湘水自阳海下全州。"	刊本"湘"字上讹衍"则 漠"二字	今删	否	是

① (清)王太岳等:《四库全书考证》卷七十五,清抄本,第 1—44 页。
② (唐)李白撰,(宋)杨齐贤集注,(元)萧士赟补:《李太白集分类补注》,《景印摛藻堂四库全书荟要》第 359 册。
③ (唐)李白撰,(宋)杨齐贤集注,(元)萧士赟删补:《李太白集分类补注》,《景印文渊阁四库全书》第 1066 册,第 437 页。
④ 此处"刊本"指郭云鹏刊本,见《荟要总目》,《景印摛藻堂四库全书荟要》第 1 册,第 182 页下。

续　表

《考证》所载校记出处	《考证》所载校记结论	《考证》所载校勘依据	文渊阁《全书》本《李太白集分类补注》是否据《考证》校改	《荟要》本《李太白集分类补注》是否据《考证》校改
《公无渡河》注："公竟渡河。"	刊本"竟"讹"终"	据《古诗纪》改	否	是
《蜀道难》"侧身西望长咨嗟"注："从官六军，仅千三百人。"	刊本"仅"讹"近"	据《唐书》改	否	是
"大人岘岹当安之"注："世不我知，谓为真愚，而轻我如鸿毛。"	刊本"我"讹"食"①	据本诗正文改	否	是
《箜篌谣》："攀天莫登龙。"	刊本"攀"讹"樊"	据《全唐诗》改	否	是
"管鲍久已死"注："吾始困时。"	刊本脱"时"字	据《史记》增	否	是
"知时有利不利也。"	刊本"时"字上衍"我"字	据《史记》删	否	是
《夷则格上白鸠拂舞辞》注："并晋人采集魏末亡国之前所作。"	刊本脱"魏末"二字	据文义增	否	是
《镂形锡者人》注："鸠者，不噎之鸟也。"	刊本"噎"讹"咽"	据《后汉·礼仪志注》改	否	是

---

① "食"，文渊阁本《李太白集分类补注》作"之"，当据改。

《考证》所载校记出处	《考证》所载校记结论	《考证》所载校勘依据	文渊阁《全书》本《李太白集分类补注》是否据《考证》校改	《荟要》本《李太白集分类补注》是否据《考证》校改
《胡无人》"筋鞲精坚胡马骄"注："寒奠体冰析潘。"	刊本"潘"讹"爵"	据《周礼·考工记》改	否	是
"剑花秋莲光出匣"注：《越绝书》"秦客薛烛善相剑。"	刊本《越绝书》讹《吴越春秋》	检《吴越春秋》，无此文，据《越绝书·记宝剑》篇改	否	是
"越王取纯钩示之。"	刊本"越"讹"吴"	据《越绝书·记宝剑》篇改	否	是
"烛扬其华捽如芙蓉始生。"	刊本"烛扬其华"讹作"薛曰光乎"	据《越绝书·记宝剑》篇改	否	是
《侠客行》"吴钩霜雪明"注："为钩者众，而子独求赏。"	刊本"子"讹"不"	据《吴越春秋·阖闾内传》改	否	是
卷七《元丹丘歌》"暮还嵩岑之紫烟"注："山小而高曰'岑'。"	刊本"山"讹"小"	据许氏《说文》改	否	是
《扶风豪士歌》"饮酒岂顾尚书期"注："毋乃令从后阁去。"	刊本"去"讹"入"	据《汉书·陈遵传》改	否	是

续　表

《考证》所载校记出处	《考证》所载校记结论	《考证》所载校勘依据	文渊阁《全书》本《李太白集分类补注》是否据《考证》校改	《荟要》本《李太白集分类补注》是否据《考证》校改
"原尝春陵六国时"注："齐威王少子田婴。"	刊本"婴"讹"异"	据《史记·孟尝君列传》改	否	是
《白毫子歌》"八公携手五云去"注："何以年老逆见嫌耶？"	刊本"老"讹"貌"	据《神仙传》改	否	是
《鸣皋歌送岑徵君》注："西施负薪。"	刊本"薪"讹"辛"	据本篇文改	否	是
"若有人兮思鸣皋"注："河南郡陆浑县有鸣皋山。"	刊本"郡"讹"时"	今改	否	是
"西施负薪"注："妒佳冶之芬芳兮。"	刊本"妒"讹"炉"，"佳"讹"加"	据《楚词》改	否	是
《僧伽歌》"真僧法号号僧伽"注："掘得古香积寺铭记。"	刊本"寺"讹"诗"	今改	否	是
《笑歌行》"卖身买得千年名"注："子贡过汉阴。"	刊本"汉"讹"淮"	据《庄子》改	否	是

3.《柳河东集》

该书亦有数例证明《考证》所载校记①系针对《荟要》本《柳河东

---

① （清）王太岳等：《四库全书考证》卷七十七，清抄本，第9—21页。

集》①而作,而非针对文渊阁《全书》本《柳河东集》②。试举三例:

《考证》载:"《铁山碎》饶歌注'谓颉利、突利二可汗也',刊本③上'利'讹'厥',据《唐书》改。"

《考证》载:"《南硐中题》'迥风一萧瑟',刊本'瑟'讹'索',据郭云鹏本及《全唐诗》改。"

《考证》载:"《无射》'单穆公曰',刊本'穆'讹'襄',据《国语》改。"

此三例中,《荟要》本《柳河东集》均已据《考证》改,而文渊阁《全书》本《柳河东集》均未改。

4.《礼记注疏》

《考证》中收录《礼记注疏》的校记有1 013条,约有546条文渊阁本没有改正,超过总数的一半。这个数量和比例充分说明《考证》所载该书校记与文渊阁《全书》本关系不大。更具说服力的证据是,北京大学所藏《礼记按语》一书系《荟要》本校语之稿本,④其中诸多校记入收《考证》,这直接证明《考证》与《荟要》关系密切,无疑是《考证》校记针对《荟要》而作的铁证。

以上四书,《考证》所载校记结论,与《荟要》原书完全相合,而与文渊阁《全书》不同。倘若完全以馆臣疏忽大意来解释以上文渊阁《全书》如此大量文字未依据《考证》校改的情况,恐怕不合情理,难以服人。可以肯定,《考证》大量校签来源于《荟要》而非文渊阁《全书》。

---

① (唐)柳宗元:《柳河东集》,《景印摛藻堂四库全书荟要》第361册。

② (唐)柳宗元:《柳河东集》,《景印文渊阁四库全书》第1076册。

③ 此处"刊本"指天禄琳琅所收醇刊本,见《荟要总目》第9页a与第10页b,《景印摛藻堂四库全书荟要》第1册,第183页下、184页上。

④ 李寒光:《北京大学藏〈礼记按语〉为〈荟要〉本校语之稿本考》,《版本目录学研究》(第五辑),北京大学出版社,2014年。

二、文渊阁本《考证》与文渊阁《全书》并不一致，两者非配套产生，《考证》非针对文渊阁《全书》而作

文渊阁《全书》中抄录有一部《考证》，将其所收录《诚意伯文集》《分类补注李太白集》《柳河东集》校记与文渊阁《全书》比较，我们发现，就上文所列全部例证而言，文渊阁本《考证》与清抄本《考证》完全相同，均要求作出相应的校改。核文渊阁《全书》均未据《考证》要求校改，而《荟要》本却据《考证》一一进行了改动，这说明，文渊阁本《考证》并非针对文渊阁《全书》而作，两者并非配套产生。文渊阁本《考证》源自清抄本《考证》，系针对《荟要》而作。

试举一例证明文渊阁本《考证》与文渊阁《全书》无直接对应关系。清抄本《考证》载《分类补注李太白集》卷七之校记："《元丹丘歌》'暮还嵩岑之紫烟'注'山小而高曰岑'，刊本'山'讹'小'，据许氏《说文》改。"清抄本《考证》此处有馆臣校签曰："据许氏《说文》改，应根据《尔雅》改。《尔雅》在先，不应反引《说文》。"此校签意见被文渊阁本《考证》采用，其改作《尔雅》。但检文渊阁《全书》未改，此处仍作《说文》。这说明，文渊阁本《考证》与文渊阁《全书》两者非配套产生，无直接对应关系。

三、《考证》所载部分书籍校记之出处，与《荟要》完全相合，而与文渊阁《全书》无关

《考证》所载部分书籍校记，《荟要》原书已校改，核文渊阁《全书》，这些校记出处如其所在书名、篇名等信息已非《考证》校记所载。此为《考证》校记针对《荟要》本而非文渊阁《全书》之重要证据。

试举一例。《考证》中收录《分类补注李太白集》之卷三《胡无人》校记1条："《胡无人》'筋靬精坚胡马骄'注'寒凝体冰析澼'，刊本

‘灊’讹‘爵’，据《周礼·考工记》改。”①清抄本《考证》、文渊阁本《考证》均如此。核《荟要》原书(图5-1)，标题为《胡无人》，此句为“筋簳精坚胡马骄”，并按《考证》将“爵”改为“灊”，显然《考证》校记系针对《荟要》本而作。但文渊阁《全书》文字大不相同(图5-2)，标题已改作《塞上歌》，此句改作“筋簳精坚塞马骄”，且“爵”字未改。若仅按标题查找，《考证》此条校记在文渊阁《全书》中已无法找到出处，这说明，《考证》该条校记与文渊阁《全书》无关。

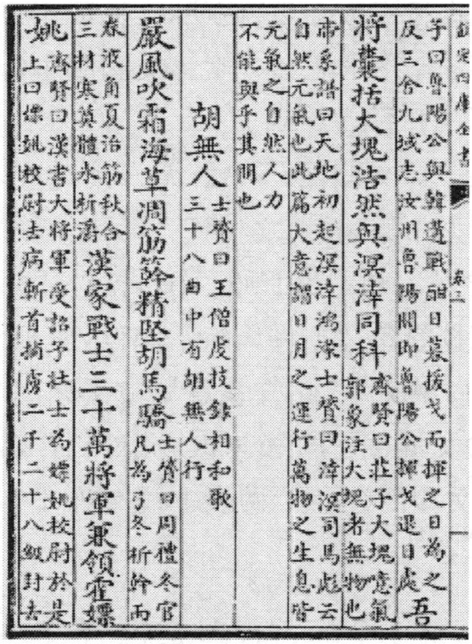
將囊括大塊浩然與溟涬同科
胡無人
嚴風吹霜海草凋筋簳精堅胡馬驕
漢家戰士三十萬將軍兼領霍嫖姚

图5-1 《摛藻堂四库全书荟要》

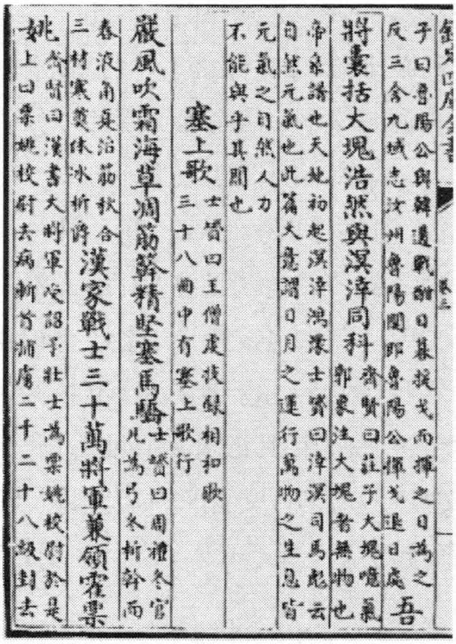
將囊括大塊浩然與溟涬同科
塞上歌
嚴風吹霜海草凋筋簳精堅塞馬驕
漢家戰士三十萬將軍兼領霍嫖姚

图5-2 文渊阁《四库全书》

四、据典籍记载判断《考证》编次了《荟要》之校签

清人庆桂所撰《国朝宫史续编》②卷九十三著录了《钦定四库全书

① (清)王太岳等:《四库全书考证》卷七十五，清抄本，第五页b。
② (清)庆桂:《国朝宫史续编》，清嘉庆十一年(1806)内府抄本。

考证》一部，云："是编以《全书荟要》内分签考订之处奉敕编次成书，凡一百卷，五十四年校刊。"表明《考证》编次了《荟要》之校签。

　　据以上四点，我们认为，《考证》中大量书籍校记系针对《荟要》而作，并非针对文渊阁《全书》。这是文渊阁《全书》未全据《考证》校记进行校改最重要的原因。

第二节　《考证》校记来源考：《荟要》近半书籍校记入收《考证》

　　《考证》所收 1 101 种书籍中，其校签源自《荟要》者是否仅仅只有上述《诚意伯文集》《分类补注李太白集》《柳河东集》《礼记注疏》及学界所言之《史记》《孟子注疏》《孝经注疏》等个例？我们将《荟要》所收464 种书籍与清抄本《考证》一一核对（表 5 - 3），发现《考证》校记源自《荟要》者绝非个例，其数量达到 225 种，占《荟要》所收书籍的一半。

表 5 - 3　《考证》校记涉及书籍针对《荟要》所收书籍情况一览表①

书籍序号	《荟要》所收书籍	《考证》有无该书籍校记
1	《周易经传注疏》	无
2	《周易口义》	有
3	《横渠易说》	有
4	《易璇玑》	无

---

① 限于篇幅，此据《荟要》顺序，仅列前 50 种。

书籍序号	《荟要》所收书籍	《考证》有无该书籍校记
5	《东坡易传》	无
6	《紫岩易传》	无
7	《汉上易传》	无
8	《周易义海撮要》	有
9	《易小传》	有
10	《周易玩辞》	无
11	《大易粹言》	无
12	《复斋易说》	有
13	《周易本义》	无
14	《朱文公易说》	无
15	《童溪易传》	有
16	《周易辑闻》	有
17	《易裨传》	无
18	《易象意言》	无
19	《周易郑注》	无
20	《东谷易翼传》	有(《易翼传》)
21	《郭氏传家易说》	有
22	《周易传义附录》	有
23	《丙子学易编》	有

书籍序号	《荟要》所收书籍	《考证》有无该书籍校记
24	《易学启蒙通释》	无
25	《三易备遗》	无
26	《俞氏易集说》	无
27	《学易记》	有
28	《易纂言》	有
29	《周易本义通释》	无
30	《周易本义附录纂注》	有(《周易附录纂注》)
31	《周易启蒙翼传》	有
32	《大易辑说》	无
33	《周易本义集成》	有
34	《周易会通》	无
35	《日讲易经解义》	有
36	《御纂周易折中》	有
37	《御纂周易述义》	无
38	《易数钩隐图》	无
39	《易象图说》	有(分为两书:《易象图说内篇》《易象图说外篇》)
40	《大易象数钩深图》	无
41	《易图通变》	无

续　表

书籍序号	《荟要》所收书籍	《考证》有无该书籍校记
42	《易纬乾坤凿度》	无
43	《尚书注疏》	有
44	《尚书全解》	有
45	《东坡书传》	有（《书传》）
46	《增修东莱书说》	有（《增修书说》）
47	《尚书说》	有
48	《书经集传》	无
49	《尚书详解》	有
50	《尚书句解》	无

　　《考证》收录书籍中源自《荟要》者 225 种，占《考证》总数的 20.4％（表 5－4），显见《荟要》与《考证》关系非常密切，《荟要》的校勘成果已被《考证》充分地吸收利用，《考证》中这 225 种书籍校记，其校改均在《荟要》中得到体现。

表 5－4　《考证》校签来源统计表

比　较　项	《考证》校签源自《荟要》者	《考证》校签源自文渊阁《全书》者	《考证》所收书籍
数量（种）	225	876	1 101
所占比例	20.4％	79.6％	100％

可将《考证》校签来源表示为下图（图 5 - 3）。

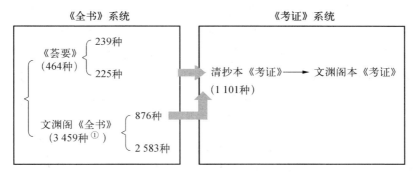

图 5 - 3 《考证》校签来源示意图

显然，《考证》中来自《荟要》的 225 种书籍校记，其校改未在文渊阁《全书》中得到体现。

第三节 《考证》校签办理机构与成书时间考

为进一步探讨《考证》校签办理机构及其与编纂过程，以下从时间上对《考证》、文渊阁《全书》及《荟要》三者关系进行考察。

文渊阁《全书》编纂起止时间为乾隆三十八年(1773)闰三月至乾隆四十六年十二月初。据《档案》，乾隆三十八年闰三月正式开设"四库全书处"，从事文渊阁《全书》编纂工作。[2] 文渊阁《全书》办理完竣于乾隆四十六年十二月初六日。[3]

---

① 黄爱平：《四库全书纂修研究》，中国人民大学出版社，1989 年，第 270 页。
② 中国第一历史档案馆：《纂修四库全书档案》，上海古籍出版社，1997 年，第 74 页。
③ 中国第一历史档案馆：《纂修四库全书档案》，第 1446 页。

《荟要》编纂起止时间为乾隆三十八年五月初一日至乾隆四十三年。乾隆恐自己高龄而不得躬睹《全书》之完成,要求"撷其菁华,缮为《荟要》"。乾隆三十八年五月初一日,命于敏中、王际华专管《荟要》修纂之事,《荟要》编纂由此开始。①《荟要》历时六年,完成两部,第一部修成于乾隆四十三年②,贮宫中摛藻堂,现藏台湾;第二部修成于乾隆四十四年,贮圆明园味腴书室,毁于咸丰十年(1860)英法联军火烧圆明园时。

《考证》校签办理起止时间为乾隆三十八年五月一日至乾隆四十六年十二月。据《档案》载:"乾隆四十一年九月三十日,内阁奉上谕:昨四库全书荟要处呈进抄录各种书籍。朕于几余批阅,见黏签考订之处,颇为详细。所有各签,向曾令其附录于每卷之末,即官板诸事,亦可附刊卷尾。惟民间藏板及坊肆镌行之本,难以概行刊入,其原书讹舛业经订正者,外间仍无由得知,尚未足以公好于天下也。前经降旨,令将《四库全书总目》及各书提要,编刊颁行。所有诸书校订各签,并著该总裁等另为编次,与《总目》、提要,一体付聚珍版排刊流传。既不虚诸臣校勘之勤,而海内承学者,得以由此研寻。凡所藏书,皆成善本,亦以示嘉惠士林至意。"③这说明,乾隆四十一年九月三十日起始有《考证》校签汇纂之举,《考证》成书起源于《荟要》之编纂,《考证》校签开始办理时间当与《荟要》办理时间一致,均为乾隆三十八年五月一日。《考证》于乾隆四十七年正月办理完竣④,而文渊阁《全书》已于乾隆四十六年十二月完竣,故《考证》校签办理当早于文渊阁《全书》完成时间,即《考证》校签制作工作当止于乾隆四十六年

---

① 中国第一历史档案馆:《纂修四库全书档案》,第 107 页。
② 吴哲夫:《四库全书荟要纂修考》,台北"故宫博物院",1976 年,第 75 页。
③ 中国第一历史档案馆:《纂修四库全书档案》,第 537 页。
④ 中国第一历史档案馆:《纂修四库全书档案》,第 1459 页。

十二月。

《考证》校签制作起止时间无疑正与《荟要》、文渊阁《全书》编纂
时间完全吻合（见图5-4）。

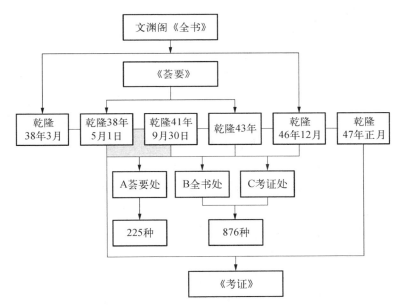

图5-4 《考证》与《荟要》、文渊阁《全书》关系示意图

《考证》所用底本校签最初由"四库全书荟要处"与"四库全书处"
两个机构分别兼办，最终是由专门的《考证》编纂机构"考证处"汇纂
成书。该书编纂分三阶段。

A 荟要处制作校签阶段

自乾隆三十八年（1773）五月一日至乾隆四十一年九月三十日，
仅荟要处于底本所制校签最终入收《考证》，涉及225种书籍，全书处
尚未参与。可见，《荟要》编纂与《考证》成书关系密切，荟要处制作校
签阶段是《考证》成书中关键的一环，这225种书籍校记与文渊阁《全

书》无关(见图 5 - 4 阴影部分)。

B 全书处制作校签阶段

乾隆四十一年(1776)九月三十日至乾隆四十三年,由四库全书处负责制作校签,文渊阁《全书》总裁负责编次所校诸书之校签工作。[1]《考证》涉及的 1 101 种书籍,除去荟要处制作校签的 225 种,其他 876 种书籍校签当主要由全书处制作完成。

全书处负责《考证》校签制作,这一点也可从清抄本《考证》开列的纂辑者名单得到证实。清抄本《考证》目录后列编纂者共八名,其中纂辑官为王太岳、曹锡宝,原纂官为王燕绪、朱钤、仓圣脉、何思钧、杨懋珩、缪琪。纂辑官与原纂官有显著区别[2]。王太岳、曹锡宝作为"纂辑官"是真正将校签汇纂成书者,而其他六名"原纂官",仅是在《考证》的专门机构——考证处成立之前实际办理校签者。据《档案》,此六人均担任过文渊阁《全书》的总校。[3] 这更坐实了四库全书处负责制作校签这一史实。

C 考证处汇纂成书阶段

《考证》最终是由专门的《考证》编纂机构"考证处"汇纂成书。其时间大致是自乾隆四十三年(1778)至乾隆四十六年十二月《考证》校签办理完竣。

校办《考证》的专门机构称"考证处","考证处"与"总目处"并列,同属于四库馆。据《档案》载:"(乾隆四十七年七月十九日)其办理《考证》之纂修王太岳、曹锡宝,亦已于本年正月内蒙恩擢授司业。……至派办总目处誊录二十二名、供事八名,考证处誊录七名、供事四名,

---

[1] 中国第一历史档案馆:《纂修四库全书档案》,第 537 页。

[2] 张升先生也注意到了"纂辑官"与"原纂官"的区别,见《四库全书馆研究》,北京师范大学出版社,2012 年,第 199 页。

[3] 书目文献出版社在 1990 年《四库全书考证》影印本中将作者定为"王太岳、王燕绪等辑",显系错误。

及向办《总目》、续办《简明目录》之查校誊录一名、供事七名,均系自备斧资效力行走。"①可见,考证处的规模不及总目处,除核心人员纂修官王、曹外,仅有誊录七名、供事四名。关于七名誊录材料,目前仅能查出四名。文渊阁本《考证》共百卷,每卷卷首均列有誊录者姓名,共列出张山菊、周爱莲、刘衡诏、李普元四人。其中卷一至卷二十九为张山菊誊录,卷三十至卷五十为周爱莲誊录,卷五十一至卷五十三、卷七十一至卷九十二为刘衡诏誊录,卷五十四至卷七十、卷九十三至卷一百为李普元誊录。这四人工作量大致相同,人均二十五卷左右。因考证处除负责文渊阁本《考证》办理外,亦负责其他阁本《考证》办理,所以我们推测考证处其他三名誊录正在赶办文溯阁这第二分《考证》。按第一分文渊阁本《考证》的誊录进度,赶办第二分文溯阁本《考证》速度肯定会加快,由另外三人负责合乎情理。

　　以上只是对《考证》编纂机构及校签制作、成书时间及过程的大致推断,当涉及某具体书籍的文渊阁《全书》本、《荟要》本及《考证》校记三者关系时,尚需具体讨论。

第四节　文渊阁《全书》未全据
《考证》校改之原因

　　学界多关注到文渊阁《全书》与《考证》的关系,却忽略了《荟要》与《考证》的密切关系,②这对探讨《考证》校记来源及其编纂过程都是不利的。《考证》中有针对《荟要》的大量校记,更说明《考证》编纂的

①　中国第一历史档案馆:《纂修四库全书档案》,第 1604 页。
②　琚小飞:《〈四库全书考证〉的版本及校勘价值述略》,《史学史研究》2017 年第 2 期,第 117 页。

复杂性,只有将《考证》、文渊阁《全书》及《荟要》编纂三者结合起来考虑,结论才更趋于客观。

《考证》中大量校记结论,文渊阁《全书》未改而《荟要》均据改,根本原因在于馆臣为编《考证》揭下底本上的部分校签,而《荟要》本与文渊阁《全书》依据了校签不同的底本进行缮录,而造成《荟要》与文渊阁《全书》改动不同。现存四库底本上保留了馆臣的诸多改动,或原处圈出改动,或仅圈划勾改,或出校签,或眉批旁注。《考证》、《荟要》、文渊阁《全书》均据底本及其校签办理。《考证》系馆臣择取底本校签,再制成黄签汇编、加工而成。① 由于办理文渊阁《全书》与《荟要》同时进行,②两者对同一书的缮录多数采用了同一底本。但就某一具体书而言,其办理互有先后,有两种情况。一种是《荟要》办理时间早于文渊阁《全书》,文渊阁《全书》未全据《考证》校改。馆臣于底本上做了大量签注,《荟要》据之抄录并校改。其后上面一些校签被揭下用于办理《考证》。文渊阁《全书》据该底本缮录时其上校签已不全,故涉及《考证》大量校记,文渊阁《全书》均未据改。如《诚意伯文集》,《荟要》本办理于乾隆四十二年(1777)十月,文渊阁《全书》本办理于乾隆四十六年四月,其《考证》所用的底本校签,《荟要》本缮录时已使用并据改,而文渊阁《全书》未及见,故文渊阁《全书》未据《考证》校记改。再如《柳河东集》,其《荟要》本办理于乾隆四十三年二月,文渊阁《全书》办理于乾隆四十六年五月,文渊阁《全书》未能据《考证》校记改动。又如《李太白集分类补注》,其《荟要》本办理于乾隆四十三年正月,文渊阁《全书》本办理于乾隆四十七年九月,文渊阁《全书》本亦未能据《考证》校记改动。再如《礼记注疏》,其《荟要》本办理于

---

① 张升:《〈四库全书考证〉的成书及其主要内容》,《史学史研究》2011 年第 1 期。
② 李祚唐:《〈文渊阁四库全书〉某些卷首首行误出"荟要"考》,《四川师范大学学报(社会科学版)》2012 年第 1 期,第 137 页。

乾隆三十九年四月,文渊阁《全书》本办理于乾隆四十二年八月,文渊阁《全书》本亦未能据《考证》校记改动。① 此类情况甚多。

第二种情况,文渊阁《全书》办理时间早于《荟要》。试举两例。如《空同集》。文渊阁《全书》办理于乾隆四十三年(1778)三月,《荟要》完成于乾隆四十三年七月,文渊阁《全书》所用底本校记完整,后部分校签被揭下办理《考证》,《荟要》办理时所用底本上校记已有缺失,故《考证》中有些校记,文渊阁《全书》据改但《荟要》本未改。如《考证》载其"卷三十《题严编修东堂新成》'喜即系舟临秀浦,恨犹挂笏背钤冈',刊本'挂'讹'楮'",②文渊阁《全书》已据改,《荟要》本未改。再如《御定佩文斋书画谱》。文渊阁提要校上时间为乾隆四十一年十月,《荟要》提要校上时间为乾隆四十二年二月,文渊阁《全书》的办理时间早于《荟要》,说明文渊阁《全书》所据底本为该书《考证》校记之来源。再核实清抄本《考证》著录《御定佩文斋书画谱》的 4 条校记,其改动与文渊阁《全书》完全一致,而其中有 3 条校记《荟要》原书未从改,这充分证明了该书《考证》校记源自《全书》而非《荟要》。这种情况较少。

第五节 《四库全书馆校档残本》的价值

国图著录为《附〈太平广记〉〈通志〉等书签讹总档》的文献,为稿本,15 册,不分卷,计 896 叶,无撰人姓名,有墨笔涂乙痕迹。系由两种截然不同的书写内容汇编而成:一部分内容写于白纸上,无板框、

① 各书其《荟要》本与文渊阁《全书》本的办理时间分别依据了《荟要》提要与文渊阁《全书》书前提要所著录的"校上"时间。
② (清)王太岳等:《四库全书考证》卷八七,清抄本,第十九页 b。

界栏,书写较为随意,常于内容间增删;另一部分内容写于朱丝栏纸上,半叶八行、行二十一字,单鱼尾,版心空白,抄写较为工整,删改较少。第 14 册卷端有题名页,题《四库全书馆校档残本》(以下简称《校档》)。①

《校档》中记有四库修书的专有词汇,如《太平广记》《毛诗名物解》两书后题写"全书处",《佩文韵府》《钦定协纪辨方书》《渊鉴类函》《佩文斋咏物诗选》《通志》《空同集》《新唐书》《尔雅翼》等书后题写"荟要处"。如前所述,"全书处"与"荟要处"为乾隆间纂修《四库全书》和《四库全书荟要》所设机构,"全书处"于乾隆三十八年(1773)三月设立,"荟要处"于乾隆三十八年五月添设,知此书应为四库修书期间的留存材料,而"全书处""荟要处"称谓也为我们研究这两个机构运行及相互关系提供了最直接的文字证据,也印证了上文我们论证的《考证》与文渊阁《全书》校记、《考证》与《荟要》卷末校记之间的关系等结论。

《校档》多次出现分校官姓名,如王瑸、张埙、王钟泰、陈墉、汪锡魁、严福等人,均见于乾隆四十七年七月十九日永瑢开列的《四库全书》在馆诸臣职名表,皆为四库馆分校官。通过《职名表》可知,王瑸原为内阁中书,因参与编纂《四库全书》,经议叙后任吏部员外郎;陈墉原任翰林院庶吉士,后改授吏部主事。从这些分校官的职衔变化,推测《校档》是在乾隆四十七年七月十九日前完成,馆臣正是由于参与"荟要处"和"全书处"分校、复校事宜,才得以议叙并擢升官职。《校档》是部分荟要处与全书处书籍由同一批复校进行校改的证据。

《校档》为纂修《四库全书荟要》和《四库全书》期间形成的签讹档册,是复校官核查分校官签改书籍及誊录官誊抄讹错的记录,呈现了

---

① 琚小飞:《〈四库全书〉早期编纂史事新探——基于〈四库全书馆校档残本〉的研究》,《文献》2022 年第 3 期。

《四库全书》早期编纂的相关史事,揭示出四库馆纂办书籍的细节过程:先由分校官于底本上校改粘签,然后将这些签条移录至校档,同时也有大量校签在改后被直接省去。复校官在分校官签讹的基础上稽查校签内容和缮本抄写讹错,并直接于校档中增补、删改。馆臣撷取四库底本和校档中的校改记录,汇编《考证》和缮录《荟要》按语。《校档》中的两份《新唐书》的校改记录,分别属于编纂《荟要》与《四库全书》,可以明晰荟要处与全书处既密切相关又彼此疏离的复杂关系。《校档》是连接底本校签与《荟要》卷末附"按语"之间关键的一环。

《校档》保留了《考证》"按语"择取的原则。《校档》中《新唐书》和《释音》后有"凡黄签须明白晓畅,进呈时一览了然,若重沓支离,均不足取,倘太简略,又不可以此籍口急索解,人不可得尚其旦暮遇之"。这是《考证》黄签择取的原则。

《校档》的发现对研究《考证》、文渊阁《全书》卷末校记、《荟要》卷末校记及四库底本校签与批注的关系意义重大,值得进一步深入研究。

小　　结

文渊阁《全书》有大量文字未全按《考证》校改,本节对其原因进行探讨,得出结论:

一、文渊阁《全书》未全据《考证》校改最重要的原因,绝非仅仅由于誊录人员抄写失误造成。《考证》大量校记系针对《荟要》,并非针对文渊阁《全书》,这是文渊阁《全书》未全据《考证》校改最重要的原因。此类情况绝非个例,其书籍数量多达225种,占《荟要》所收书籍的一半,不容忽视。

二、《考证》成书过程复杂,其编纂导致四库底本上校签的变化。

《荟要》、文渊阁《全书》均据底本缮录,而《考证》校记亦源自底本校签。有些书其《荟要》本办理时间早于文渊阁《全书》本,《荟要》本所据底本校签完整,在《考证》揭下底本部分校签后,文渊阁《全书》所据底本校签已不全,导致文渊阁《全书》未全据《考证》校改而《荟要》本已改。

三、《考证》校签最初由荟要处、全书处兼办,最终由考证处汇纂成书。《荟要》与《考证》关系密切,是《考证》成书过程中关键的一环。

《四库全书馆校档残本》为纂修《四库全书荟要》和《四库全书》期间形成的签讹档册,是复校官核查分校官签改书籍及誊录官誊抄讹错的记录,是研究底本校签与《荟要》卷末校记、文渊阁《全书》校记及其与《考证》一书之间关系的重要资料。其"全书处""荟要处"称谓也为研究这两个机构运行及相互关系提供了最直接的文字证据,也是部分荟要处与全书处书籍由同一批复校进行校改的证据。

第六章 《四库全书考证》所载
明人别集校记研究

《考证》记载了哪些时期书籍的校记？《考证》收一千多种书籍，涉及各个时期经、史、子、集的作品，本章以《考证》所收明别集作为研究对象，聚焦《考证》所载明别集的问题。

第一节 《四库全书考证》所载
明别集概况

清抄本《考证》、文渊阁本《考证》与殿本《考证》所记载的明别集状况可列表如下（见表6-1）。

表6-1 各版本《考证》所载明别集一览表

目录之比较	清抄本《考证》	文渊阁本《考证》	殿本《考证》
卷八十六	《诚意伯文集》 《陶学士集》 《翠屏集》 《柘轩集》 《密庵集》 《清江文集》	《诚意伯文集》 《陶学士集》 《翠屏集》 《柘轩集》 《密庵集》 《清江文集》	《诚意伯文集》 《陶学士集》 《翠屏集》 《柘轩集》 《密庵集》 《清江文集》

续　表

目录之比较	清抄本《考证》	文渊阁本《考证》	殿本《考证》
	《临安集》 《蓝涧集》 《大全集》 《凫藻集》 《樗庵类稿》 《耕学斋诗集》 《强斋集》 《竹斋集》（明王冕撰） 《斗南老人集》 《鹅湖集》 《全室外集》 （共17种）	《临安集》 《蓝涧集》 《大全集》 《凫藻集》 《樗庵类稿》 《耕学斋诗集》 《强斋集》 《竹斋集》（明王冕撰） 《斗南老人集》 《鹅湖集》 《全室外集》（缺正文） （共17种）	《临安集》 《蓝涧集》 《大全集》 《凫藻集》 《樗庵类稿》 《耕学斋诗集》 《强斋集》 《竹斋集》（明王冕撰） 《斗南老人集》 《鹅湖集》 《全室外集》（缺正文） （共17种）
卷八十七	《逊志斋集》 《古穰集》 《平桥稿》 《青溪漫稿》 《篁墩文集》 《家藏集》 《熊峰集》 《空同集》 《王文成集》 《大复集》 《洹词》 《俨山集》① 《苏门集》	《逊志斋集》 《古穰集》 《平桥稿》 《青溪漫稿》 《篁墩文集》 《家藏集》 《熊峰集》 《空同集》 《王文成全书》 《大复集》 《洹词》 《俨山集》 《文简集》	《逊志斋集》 《古穰集》 《平桥稿》 《青溪漫稿》 《篁墩文集》 《家藏集》 《熊峰集》 《空同集》 《王文成集》 《大复集》 《洹词》 《俨山集》 《苏门集》

---

① 清抄本《考证》、殿本《考证》本卷《俨山集》后有《甫田集》，题唐陆龟蒙撰。文渊阁本《考证》本卷《俨山集》《文简集》后有《甫田集》，题明文征明撰。因明文征明《甫田集》与唐陆龟蒙《甫里集》书名接近，据文渊阁《全书》，此处当为明文征明《甫田集》，而清抄本《考证》误作唐陆龟蒙《甫里集》校记，殿本《考证》沿袭其误。核各本《考证》所录此4条校记实际均出自唐陆龟蒙《甫里集》而非明文征明《甫田集》之校记，故此处不录。

续　表

目录之比较	清抄本《考证》	文渊阁本《考证》	殿本《考证》
	《陆子馀集》 《念庵文集》 《荆川集》 《具茨诗集》 《具茨文集》 《青霞集》 《沧溟集》 （共 20 种）	《苏门集》 《陆子馀集》 《念庵文集》 《荆川集》 《具茨诗集》 《具茨文集》 《青霞集》 《沧溟集》 （共 21 种）	《陆子馀集》 《念庵文集》 《荆川集》 《具茨诗集》 《具茨文集》 《青霞集》 《沧溟集》 （共 20 种）
卷八十八	《弇州四部稿》 《弇州续集》 《鲲溟诗集》 《宗伯集》 《保命集》 《临皋文集》 《菊磵集》 《愿学集》 《双江集》 《檀园集》 《文简集》 《三易集》 （共 12 种）	《弇州四部稿》 《弇州续集》 《鲲溟诗集》 《宗伯集》 《临皋文集》 《愿学集》 《檀园集》 （共 7 种）	《弇州四部稿》 《弇州续集》 《鲲溟诗集》 《宗伯集》 《临皋文集》 《愿学集》 《双江集》 《檀园集》 《文简集》 《三易集》 （共 10 种）

　　据上表,清抄本《考证》收录了 49 种明别集,集中在卷八十六、卷八十七、卷八十八三卷。但文渊阁本《考证》对清抄本《考证》的数种书籍校记进行了调整。文渊阁本《考证》将明别集调整为 45 种,其中文渊阁本《考证》漏抄《保命集》《菊磵集》2 种、删除《三易集》《双江集》2 种。另外,文渊阁本《考证》对清抄本《考证》中《文简集》的位置做了调整。而殿本《考证》与清抄本《考证》相较,则仅删除了

《保命集》《菊磵集》两种,其他 47 种均与清抄本《考证》相同。下详述之。

一、《保命集》

《保命集》系金张元素撰,既不是明人著作,又不归属于别集。清抄本《考证》误将《保命集》一书校记置于明别集类,文渊阁本《考证》计划将其调整至子部医家类时漏掉。

《总目》著录《病机气宜保命集》即《保命集》一书,置于子部医家类,在《伤寒直格方》《伤寒标本心法类萃》之后,在《儒门事亲》之前。文渊阁《全书》安排《病机气宜保命集》位置与《总目》完全一致,置于子部医家类,在《伤寒直格方》《伤寒标本心法类萃》之后,在《儒门事亲》之前。查文渊阁本《考证》、殿本《考证》均无此书校记。可以推知,文渊阁本《考证》计划对《病机气宜保命集》校记位置进行调整,在将其由集部明别集类移至子部医家类时不慎漏掉该书。

二、《菊磵集》

《菊磵集》,宋高翥撰。清抄本《考证》将《菊磵集》置于明别集类,文渊阁本《考证》计划将其调整至宋代别集类时漏掉。

文渊阁本《考证》、殿本《考证》均无该书。查浙本《总目》与殿本《总目》集部别集类,均载高翥所撰《信天巢遗稿》一卷,附《林湖遗稿》一卷,《江邨遗稿》一卷,《疏寮小集》一卷,置于集部宋代别集类作品《梅山续稿》和《性善堂稿》之间①,但未载《菊磵集》,那么《菊磵集》与《信天巢遗稿》两书是什么关系?

查文渊阁《全书》收录《菊磵集》一书,且将《菊磵集》置于《梅山续

---

① (清)永瑢等:《四库全书总目》,中华书局,1965 年,第 1388 页中栏。

稿》和《性善堂稿》之间。查《四库采进书目》、《翁方纲纂四库提要稿》、各阁本提要、纪晓岚删定《总目》稿本、《总目》，可以清晰地考见《菊磵集》与《信天巢遗稿》两书的关系及其两种提要的关系。

《四库采进书目》"浙江省第九次呈送书目"著录："《高菊磵集》。宋高翥著。（附《林湖遗稿》一卷，高鹏飞著；《江村遗稿》一卷，高选、高迈同著；《疏寮小集》一卷，高似孙著）一本。"①说明进呈本中该书名本作《高菊磵集》。

据《翁方纲纂四库提要稿》②，《菊磵集》十卷，宋高翥撰。高翥字菊磵，孝宗朝赐号"菊磵处士"。《信天巢遗稿》即《菊磵集》③，有康熙丁卯（1687）高翥裔孙高士奇后序。翁方纲所撰提要初稿本名作《菊磵集》，并欲置于存目。全录如下：

> 《菊磵集》一卷。宋高翥著。翥字九万，余姚人。当孝宗时，累征不起，乃即所居赐号"菊磵处士"。著《菊磵集》二十卷，久佚不存。至国朝康熙二十六年，其裔孙士奇求遗诗于家祠，所存无几，于是取《江湖小集》所载凡得近体诗一百八十九首刻之，朱彝尊为作《信天巢遗稿序》者也。"信天巢"者，瀛郑之间有水禽焉，名曰"信天缘"，凝立水际，鱼过则食之，无鱼亦不易地，翥所以名其居也。然卷前元贞元年姚燧序，已曰《菊磵集》，则非刻书时所加矣。后附翥之姪鹏飞字南仲《林湖遗稿》一小卷。又附翥父选、叔迈之诗。选、迈皆绍兴间登第。选，官武当军节推，迈，官县尉。又附质斋、遁翁二人之诗，则高氏谱中所载，仅存其号，即

---

① 吴慰祖校订：《四库采进书目》，商务印书馆，1960年，第131页。
② （清）翁方纲撰，吴格整理：《翁方纲纂四库提要稿》，上海科学技术出版社，2005年，第731页。
③ 《四库提要分纂稿》亦载："《信天巢遗稿》，见《菊磵集》。"见（清）翁方纲等撰，吴格、乐怡标校整理：《四库提要分纂稿》，上海书店出版社，2006年，第245页。

士奇亦莫能举其名矣。后又附高似孙《疏寮小集》一卷。似孙字续古，文虎之子，淳熙十一年进士，历官校书郎，守处州，即撰《纬略》者。《文献通考》载《疏寮集》三卷，此所刻甚少，尚有他选所有而此刻无者。《疏寮集》在宋末颇著称，陈振孙谓其"作文怪涩，诗犹可观"，刘克庄谓其诗"能参诚斋活句"，不知此刻何以采辑转不完备。然士奇后序中初未言及附刻《疏寮集》，则专以《菊磵集》存目可耳。

文渊阁书前提要、文溯阁书前提要①、文津阁书前提要②均从之，用《菊磵集》一名。

　　《菊磵集》一卷。宋高翥撰。翥字九万，号菊磵，余姚人。孝宗时③游士也。有《菊磵集》二十卷，久佚不存。至国朝康熙二十六年，其裔孙士奇于徐乾学家④宋椠书中，采得遗诗一百九首，合以家藏三十二首，又于他集中得十三首，续得朱彝尊宋刻《江湖集》所载四十七首，删除重复，共得⑤诗一百八十九首刻之，题曰《信天巢遗稿》。"信天巢"者，翥所居室之名。然卷首元贞元年姚燧序，本称曰《菊磵集》，不知何以改名也。后附《林湖遗稿》，为翥侄鹏飞字南仲者所撰。《江邨遗稿》，则翥父选及其叔迈之诗。选、迈皆绍兴间登第。选，官武当军节推；迈，官县尉。此卷之中，又附质斋、遁翁二人之诗，则高氏谱中所载，仅存其号，即

---

①《金毓黻手定本文溯阁四库全书提要》，中华全国图书馆文献缩微复制中心，1999 年，第786 页。

②《文津阁四库全书提要汇编》，商务印书馆，2006 年，集部上册，第 370 页。

③"时"，文溯阁提要作"朝"。

④"家"，文溯阁提要、文津阁提要脱之。

⑤"得"，文溯阁提要脱之。

士奇亦莫能举其名矣。最后附高似孙《疏寮小集》。似孙即撰《纬略》者。《文献通考》载《疏寮集》三卷,此所刻甚少,尚有他选所有而此刻无之者。其集在宋末颇著称,陈振孙谓其"作文怪涩,诗犹可观",刘克庄谓其诗"能参诚斋活句",不知此刻何以采辑转不完备。然士奇后序中初未言及附刻《疏寮集》,疑又为士奇后人所加,更不暇博采欤。

纪昀将提要中书名《菊磵集》改作《信天巢遗稿》,证据为纪昀删定《四库全书总目稿本》载《菊磵集》提要被纪昀圈掉改作《信天巢遗稿》,并眉批曰"据提要及《简目》改"。①（见图 6-1）查《钦定四库全书简明目录》作:"《信天巢遗稿》一卷,附《林湖遗稿》一卷,《江村遗稿》一卷,《疏寮小集》一卷。《信天巢遗稿》,宋高翥撰。原本散佚,此本乃其裔孙士奇所重编,凡一百八十九首。后附《林湖遗稿》为翥姪鹏飞之诗,《江村遗稿》为翥父选、叔迈之诗,又载高氏先世质斋、遁翁之诗,而佚其名。最后《疏寮小集》,乃高似孙诗也。"②可知纪昀所

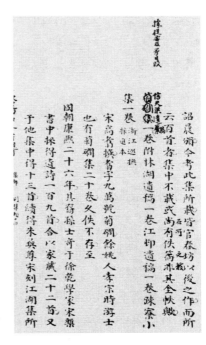

图 6-1

---

① 《纪晓岚删定〈四库全书总目〉稿本》,国家图书馆出版社,2011 年,第 7 册,第 41 页。

② 《钦定四库全书简明目录》卷十六,清末刻本,第 29 页 b;《钦定四库全书简明目录》,上海古籍出版社,1985 年,第 682 页。

言不诬,其改作《信天巢遗稿》确实依据了《简明目录》。浙本《总目》、殿本《总目》均改作《信天巢遗稿》。

可见,进呈本中该书本名作《高菊磵集》,翁方纲纂提要稿作《菊磵集》,文渊阁提要、文溯阁提要、文津阁提要均从之。纪昀将其改作《信天巢遗稿》。以上为《菊磵集》这一书名被馆臣改作《信天巢遗稿》的过程。

综上,清抄本《考证》收录《菊磵集》,但文渊阁本《考证》漏掉该书及其校记,原因主要有两点:① 文渊阁本《考证》要将该书校记移至于卷八十三《橘山四六》与《克斋集》之间,但最终漏掉。② 文渊阁本《考证》欲将该书书名《菊磵集》改作《信天巢遗稿》,却最终漏掉。

以上《保命集》《菊磵集》两种书籍校记文渊阁本《考证》、殿本《考证》均无,惟清抄本《考证》收之,十分珍贵。

三、《双江集》

清抄本《考证》将《双江集》置于明别集,因《总目》移至存目书、文渊阁《全书》未收,文渊阁本《考证》据《总目》与文渊阁《全书》将其删除。殿本《考证》未删该书校记,仍保留之。

《总目》将其置于集部别集类存目三,曰:"《双江文集》十四卷,江西巡抚采进本,明聂豹撰。豹有《困辨录》,已著录。是集乃其侄礼部郎中静所编,第一卷至第十一卷皆文,第十二卷为诗,第十三卷又为寿文、杂著,而注曰'即《困辨录》'。疑静所编本十二卷,其后人又摭寿文及《困辨录》附见其后也。"①

各阁本未收《双江集》原书,馆臣对其校勘状况仅有清抄本《考

---

① （清）永瑢等:《四库全书总目》,第 1576 页上栏。

证》中 3 条校记留存,十分珍贵。分别为:① 卷六《答欧阳南野书》
"敬义立而德不孤",原本脱"德"字,今增。② 卷七《寄罗念庵书》"薛
西原称述'聃迦处却亦有见'",原本"聃迦"讹"晡伽",今改。③ 卷十
二《散粟给糜赈饥有感》"难将梁惠卑移粟,始信尧仁病博施",原本
"梁惠卑移粟"讹"移粟卑梁惠",今改。①《四库全书存目丛书》收录
《双江聂先生文集》十四卷②,但核查该书,目录中《答欧阳南野太史三
首》与《寄罗念庵太史十六首》均位于卷八,正文中《答欧阳南野》位于
卷八③,《寄罗念庵》位于卷九④。而非清抄本《考证》所言《答欧阳南
野书》在卷六,《寄罗念庵书》在卷七。可见,清抄本《考证》在记载校
记出处时,有诸多不加核查、随意著录之处。再核三处校记,原本确
实分别脱"德"字、"聃迦"讹"晡伽"、"梁惠卑移粟"讹"移粟卑梁惠"⑤,
知馆臣所言不诬。

四、《三易集》

清抄本《考证》中有《三易集》,因其被列入禁毁书,文渊阁《全书》
撤出该书,文渊阁本《考证》据文渊阁《全书》将其校记撤掉。

《三易集》被列入禁毁书的时间。据《档案》,《三易集》最初禁毁
的时间为乾隆四十四年(1779)四月初八日。《档案》载乾隆四十四年
四月初八日《江苏巡抚杨魁奏续缴应毁书籍并再实力妥办折》,苏州
书局节次收获违碍书一百二十七部、各项重复书一万三千一百六十

---

① (清)王太岳等:《四库全书考证》卷八十八,清抄本,第二十二页 a。
② (明)聂豹:《双江聂先生文集》,明嘉靖四十三年(1564)吴凤瑞刻隆庆六年(1572)印本,
  《四库全书存目丛书》,齐鲁书社,1994—1997 年,集部第 72 册,第 223 页。
③ (明)聂豹:《双江聂先生文集》卷八,明嘉靖四十三年(1564)吴凤瑞刻隆庆六年(1572)
  印本,第十六页 b。
④ (明)聂豹:《双江聂先生文集》卷九,第十二页 b。
⑤ (明)聂豹:《双江聂先生文集》卷十二,第四十页 b。

六部、板片三千四百七十六块，其中包括《三易集》十五部，《三易集》《瑶华集》板片二副共六百七十三块。据上，清抄本《考证》当完成于乾隆四十四年四月初八日之前。

值得注意的是，殿本《考证》仍保留《三易集》校记，原因非常值得探讨。殿本《考证》卷八十八目录末署蒋攸铦校字样，可以肯定殿本《考证》该卷系蒋攸铦所校勘。为何殿本《考证》未撤掉《三易集》呢？前文第二章第三节我们得出结论：殿本《考证》校勘时间在乾隆五十年二月初九日至乾隆五十二年五月二十三日之间，那么蒋攸铦校勘殿本《考证》卷八十八也当在此时间段内，这与《三易集》在乾隆四十四年四月初八日已被列为禁毁书，但殿本《考证》却未删掉这个史实不是矛盾吗？蒋攸铦校勘殿本《考证》时间会不会早于乾隆四十四年四月初八日？

回答以上问题离不开对蒋攸铦在四库馆任职时间的考察。乾隆四十九年蒋攸铦中进士[①]，乾隆四十九年五月初二日授予庶吉士[②]，《清史稿》言蒋攸铦"乾隆四十九年，成进士，年甫十九"，可推知其生于乾隆三十一年（1766），而乾隆四十四年其才十四岁，尚未进士及第，不可能参与四库馆校书。[③] 参以蒋攸铦年谱，明确载其于乾隆五十年充武英殿协修官，可以肯定，其参与殿本《考证》的校勘工作在乾隆五十年之后，而这个结论与前文殿本《考证》校勘时间在乾隆五十年二月初九日至乾隆五十二年五月二十三日之间的结论相吻合。那么蒋攸铦校勘殿本《考证》时间不会早于《三易集》最初禁毁时间，即乾隆四十四年。蒋攸铦未将《三易集》校记撤出的原因只能解释

① 江庆柏：《清朝进士题名录》上册，中华书局，2007年，第637页。
② 中国第一历史档案馆编：《乾隆朝上谕档》第12册，档案出版社，1991年，第142页。
③ 琚小飞《清代内府抄本〈四库全书考证〉考论》一文亦有"蒋攸铦年甫十七且尚未获得功名而参与四库馆校书，显与常理相悖"的结论，与本文观点吻合。

为：沿袭清抄本《考证》收录《三易集》而未撤出，由于疏漏未检出该禁毁书。

五、《文简集》

（一）该书书名为《文简集》还是《瀼溪草堂稿》？

《文简集》五十八卷为明孙承恩所撰，清抄本《考证》、文渊阁本《考证》、殿本《考证》、文渊阁《全书》均著录为《文简集》，《总目》著录为《瀼溪草堂稿》①，四库进呈书目题作《孙文简公集》，各阁本提要题作《文简集》②，《文简集》与《瀼溪草堂稿》是否为同一书？为何书名不一致？以下加以探讨。

明人徐阶《世经堂集》有《明故太子少保礼部尚书兼翰林院学士掌詹事府事赠太子太保谥文简孙公墓志铭》一文，其中有"《瀼溪草堂全集》以文章称雄于世者，未暇论也"③。说明孙承恩确有《瀼溪草堂全集》一书。《续通志》④《续文献通考》⑤《国榷》⑥均记载孙承恩有《瀼溪草堂稿》一书。《四库采进书目》"浙江省第十二次呈送书目"载："《孙文简公集》五十八卷，明孙承恩著，十六本。"⑦清人徐乾学藏《传是楼书目》载："《瀼溪草堂稿》，明孙承恩，八本。"⑧可知明孙承恩确有《瀼溪草堂稿》，但非四库进呈的十六本。清法式善有《孙文简古像赞

---

① （清）永瑢等：《四库全书总目》，第 1502 页中栏。
② 《金毓黻手定本文溯阁四库全书提要》，中华全国图书馆文献缩微复制中心，1999 年，集部第 909 页上；《文津阁四库全书提要汇编》，商务印书馆，2006 年，集部下册，第 754 页。
③ （明）徐阶：《世经堂集》卷十七，明万历间徐氏刻本。
④ （清）嵇璜：《续通志》卷一百六十二《艺文略》，清乾隆文渊阁《四库全书》本。
⑤ （清）嵇璜：《续文献通考》卷一百九十二《经籍考》，清乾隆文渊阁《四库全书》本。
⑥ （清）谈迁：《国榷》卷六十三，清抄本。
⑦ 吴慰祖校订：《四库采进书目》，商务印书馆，1960 年，第 140 页。
⑧ （清）徐乾学：《传世楼书目》，清道光八年(1828)味经书屋抄本。

跋》一文,其中有"余既恭阅南薰殿藏像而记之矣。偶检明孙文简《瀼溪草堂稿》有古像赞一卷"之语①,知法式善曾见到孙承恩《瀼溪草堂稿》一书。而国图现存《孙文简公瀼溪草堂稿》卷四十一即为古像赞一卷,与法式善所言相合,知法式善所见《瀼溪草堂稿》当为五十八卷《文简集》。

书名在古书中可能多处出现,如封面、书名页、目录前后、卷端、卷末、书口、书根、序、跋、牌记等处。古书名一般以原书卷端所题为准。因为卷端书名一般为编撰者自题,而其他处的书名往往为他人(如名人、书贾、刻工、藏书家)所为,时有增删差异。② 查国图藏《孙文简公瀼溪草堂稿》五十八卷(缺卷四十九至五十八),十行二十字,白口,左右双边。其卷端、卷末均题"孙文简公瀼溪草堂稿",其中既有"文简",又有"瀼溪草堂稿"两种提法,使得其书名著录出现了差异,这也是上述各本所题书名不同的根本原因。加之该本封面作"孙文简公全集",版心题"孙文简公集",使得该书或作《文简集》,或作《瀼溪草堂稿》,其书名使用愈加混乱,《文简集》与《瀼溪草堂稿》实则一书。

(二)该书顺序

清抄本《考证》卷八十八载明孙承恩《文简集》2 条校记,将其置于《檀园集》与《精华录》两书校记之间。文渊阁本《考证》将其调整位置,不止置于卷八十八《檀园集》之前,更是移置于卷八十七《俨山集》与《甫田集》两书校记之间。《总目》集部别集类载明孙承恩撰《瀼溪草堂稿》五十八卷,已移至于《檀园集》之前。查文渊阁《全书》,《文简集》不仅置于《檀园集》之前,且置于《俨山集》与《甫田集》之间,与《总目》完全一致。这说明,文渊阁本《考证》据文渊阁

① (清)法式善:《存素堂文集》卷三,清嘉庆十二年(1807)刻增修本。
② 程千帆、徐有富:《校雠广义》(目录编),中华书局,2020 年,第 79 页。

《全书》与《总目》调整了《文简集》这一书籍的顺序。(见本书第二章第一节)

就以上清抄本《考证》、文渊阁本《考证》、殿本《考证》对明别集校记的处理情况,我们可以得出以下三点结论:

第一,文渊阁本《考证》在以下方面对清抄本《考证》予以调整。① 删除存目书及其校记,如删除《双江集》。② 删除撤毁书,如删除《三易集》。③ 调整书籍归类使其更加合理,如调整《文简集》。但在调整的过程中,由于参与馆臣较多,涉及书籍较多,存在顾此失彼的情况,如调整书籍归类时,文渊阁本《考证》最终将《保命集》《菊碉集》等书籍校记漏掉。

第二,殿本《考证》与文渊阁本《考证》虽均源自清抄本《考证》,但均对清抄本《考证》作了一致的改动。表现在:① 均无《保命集》《菊碉集》校记;②均脱《全室外集》正文校记页。而文渊阁本《考证》的此次改动系第一次改动,殿本《考证》改动正与文渊阁本《考证》第一次改动一致。

第三,文渊阁本《考证》又经过了第二次改动,如删除存目书《双江集》、删除禁毁书《三易集》,殿本《考证》未改动,导致殿本《考证》仍与文渊阁本《考证》有大量的不同之处。

第二节 《考证》著录 45 种
明别集纂校表

如上所述,清抄本《考证》收录明别集49种,由于《保命集》与《菊碉集》均非明人所作,文渊阁本《考证》、殿本《考证》均未收录之。文渊阁本《考证》亦将存目书《双江集》与禁毁书《三易集》删去,故著录

45 种明别集，殿本《考证》仍著录 47 种明别集。查文渊阁《全书》、文津阁《全书》、文澜阁《全书》均收录 45 种明别集，与文渊阁本《考证》著录一致。以下探讨各阁本《全书》对《考证》著录 45 种明别集的纂校情况（见表 6－2）。

《考证》著录明集 45 种纂校表

说明：1.“文渊阁提要校上时间”“文津阁提要校上时间”分别指在文渊阁《全书》、文津阁《全书》书前提要中的校上时间。

2. 文渊阁《全书》、文津阁《全书》、文澜阁《全书》原抄纂校人员均据各阁本《全书》卷首或卷末馆臣所署名衔进行整理，为方便研究，保留了各馆臣官衔及在四库馆中的任职。各员按总校官、校对官、誊录顺序排列，各项工作所列各员顺序，依据卷数先后各自排列。详校官为各阁本《全书》办理完成后的复校人员，本表为了反映现存各阁本《全书》署名全面，将详校官署名一并列入。

3. 各阁本《全书》纂校人员署名并非在每卷卷末都有开列，而是在一卷、两卷或数卷后才有，这说明纂校人员署名制作是以函为单位的，每函有一卷或数卷，函末为纂校人员署名。

4. 现存文澜阁《全书》有原抄与补抄，本表仅关注文澜阁《全书》原抄部分馆臣纂校情况。文澜阁《全书》是否为原抄以《浙江图书馆古籍善本书目》后所附《文澜阁四库全书版况一览表》为依据。值得庆幸的是，《考证》著录的 45 种明别集，大部分都有文澜阁《全书》原抄（或原抄残卷）传世，其上馆臣所署名衔为探讨文澜阁《全书》纂修提供了可靠的依据。

5. 版本来源有《总目》《四库采进书目》《四库馆进呈书籍底簿》等，但不一定完全准确，此处仅列出《总目》著录来源。

表 6 - 2 《考证》著录明集 45 种纂校表

序号	《考证》所载书名	《总目》著录版本来源	文渊阁《全书》纂校人员	文渊阁提要校上时间	文津阁《全书》纂校人员	文津阁提要校上时间	文渊阁《全书》是否原抄	文澜阁《全书》原抄纂修人员
1	《诚意伯文集》	浙江巡抚采进本	总校官编修王燕绪;校对官编修秦泉;誊录监生秦鸿甲;详校官中书吕光亨,庶吉士范廷恩覆勘。	乾隆四十六年（1781）四月	总校官候补知府叶佩荪;校对官中书李斯咏,编修许兆椿,主事陈文枢;誊录监生陈元京,吴炳,郎延曾,赵之璧,余肇锡,张城。详校官编修温汝适,纪昀覆勘。	乾隆四十九年三月	原抄卷十一至二十,朴丁抄	无
2	《陶学士集》	浙江汪汝瑮家藏本	覆校官中书吴俊;校对官中书黄昌提;誊录监生罗翻远,刘克鹏,胡观澜,刘宗望,王秉钧;详校官中书吕光亨覆勘。	乾隆四十一年十月	总校官举人章维祜;校对官中书刘源溥,誊录监生沙元中,陈箴,魏瞄年,李树穀;详校官中书刘源溥①,纪昀覆勘。	乾隆四十九年三月	原抄卷三至二十,朴丁抄	总校官检讨彭元珫,检讨,校鉴;校对生徐溯何天衢员,详校生焦和生。

① 在文津阁本《陶学士集》中,刘源溥既是校对官,又是详校官。

续　表

序号	《考证》所载书名	《总目》著录版本来源	文渊阁《全书》纂校人员	文渊阁提要校上时间	文津阁《全书》纂校人员	文津阁提要校上时间	文澜阁《全书》是否原抄	文澜阁《全书》原抄纂修人员
3	《翠屏集》	浙江汪汝瑮家藏本	总校官庶吉士何思钧;校对官中书潘庭筠;誊录监生王永年、史堂、姚元禩;详校官鸿胪寺少卿梁景阳、中书刘源溥覆勘。	乾隆四十三年五月	总校官候补知府叶佩荪;校对官编修励守谦、助教陈朱;誊录监生李思德、郝天成;详校官中书刘源溥覆勘。	乾隆四十九年三月	丁抄	无
4	《柘轩集》	两淮盐政采进本	总校官进士年钤;校对官中书牛稔文;誊录生张虎榜、朱升;详校官太仆寺少卿李廷钦、中书刘源溥覆勘。	乾隆四十五年十一月	总校官候补知府叶佩荪;校对官侍读张燕昌;誊录监生魏汝孝;详校官中书孙球、纪昀覆勘。	乾隆四十九年二月	卷三至五原抄,补丁抄	总校官编修吴裕德、检讨徐鉴;校对监生刘淇;详校官监察御史曹锡宝。
5	《密庵集》	永乐大典本	誊录举人秦耀曾、监生孙永治、雷琳、汪麟、吴殿英、贡生吴士英、刘锡珪、副贡生赵珍;详校官太仆寺少卿李廷钦、中书刘源溥覆勘。	乾隆四十六年九月	誊录生许兰、黄本谐、陈文斗;详校官中书孙球、纪昀覆勘。	乾隆四十六年四月	丁抄	无

续表

序号	《考证》所载书名	《总目》著录版本来源	文渊阁《全书》纂校人员	文渊阁提要校上时间	文津阁《全书》纂校人员	文津阁提要校上时间	文澜阁《全书》是否原抄	文澜阁《全书》原抄纂修人员
6	《清江文集》	编修汪如藻家藏本	总校官知县杨懋珩；校对官修撰吴锡龄、中书高中，助教汪学金，誊录生陈翼、洪策、王宝庸、王颁修、李崇实、杨简中。详校官太仆寺少卿李廷钦、中书刘源溥覆勘。	乾隆四十五年六月	总校官候补知府叶佩荪；校对官编修曹锡龄；誊录生邓世禄、柳勋元，吴翰。	乾隆四十九年八月	原抄诗集卷一、二，八至卷十，文集卷十一至三十一，补丁抄	总校官编修吴裕德，检讨徐鉴；校对生员胡纪勋，中书朱文翰。
7	《临安集》	永乐大典本	誊录监生俞光像，刘堵，陈长春。详校官庶吉士朱珪源溥覆勘。	乾隆四十六年九月	誊录监生陈琏，秦廷钎；详校官内阁中书潘有为，纪昀覆勘。	乾隆四十六年四月	丁抄，补张抄	无
8	《蓝涧集》	永乐大典本	誊录贡生郭埔，黄宗；监生单可珪。详校官庶吉士朱珪，中书刘源溥覆勘。	乾隆四十六年九月	誊录贡士曹凤元。详校官编修祁韵士，纪昀覆勘。	乾隆四十五年九月	原抄	总校官检讨彭元珫，检对生徐鉴；校对生员席世臣。

续表

序号	《考证》所载书名	《总目》著录版本来源	文渊阁《全书》纂校人员	文渊阁提要校上时间	文津阁《全书》纂校人员	文津阁提要校上时间	文渊阁《全书》是否原抄	文澜阁《全书》原抄纂修人员
9	《大全集》	副都御史黄登贤家藏本	总校官原任中允王燕绪;校对官中书李斯咏、萧世伟、王尔熙、阮钟璟、李文柆;详校官庶吉士李传熊、中书刘源溥覆勘。	乾隆四十四年五月	总校官候补知府叶佩荪;校对官中书李斯咏、编修王尔熙、誊录监生吴文坦、谭世纬;详校官编修祁韵士、纪昀覆勘。	乾隆四十九年闰三月	丁抄	无
10	《凫藻集》	两江总督采进本	总校官庶吉士何思钧;校对官中书李斯咏;誊录监生周煦、详校官庶吉士李传熊、中书刘源溥覆勘。	乾隆四十三年九月	总校官举人章维桓;校对官中书李斯咏、编修李经盛;誊录监生李昂、详校官编修祁韵士、纪昀覆勘。	乾隆四十九年三月	丁抄	无
11	《樗庵类稿》	永乐大典本	誊录监生温廷鉴、未起凤;详校官庶吉士龙廷槐、中书刘源溥覆勘。	乾隆四十六年九月	誊录贡生刘怀远;详校官左赞善王坦修、纪昀覆勘。	乾隆四十五年九月	丁抄	无
12	《耕学斋诗集》	浙江巡抚采进本	总校官进士缪琪;校对官编修庄通敏、誊录生文燧。	乾隆四十四年二月	总校官进士程嘉谟;对校官博士金兆燕、监生方维翰。	乾隆四十九年闰三月	丁抄	无

续 表

序号	《考证》所载书名	《总目》著录版本来源	文渊阁《全书》纂校人员	文渊阁提要校上时间	文津阁《全书》纂校人员	文津阁提要校上时间	文澜阁《全书》是否原抄	文澜阁《全书》原抄纂修人员
			详校官庶吉士龙廷槐,中书刘源溥覆勘。		详校官编修温汝适,纪昀覆勘。			
13	《强斋集》	两淮盐政采进本	总校官降调编修检讨李学脉;校对官庶吉士陈德基锦;誊录监生方步嶦。详校官庶吉士龙廷槐,中书刘源溥覆勘。	乾隆四十六年五月	总校官进士程嘉谟;校对官中书部志望、主事胡子襄;誊录监生胡开鼎、楷书照生卢开泰。详校官编修温汝适,纪昀覆勘。	乾隆四十九年八月	丁抄	无
14	《竹斋集》	两淮盐政采进本	总校官编修卢遂、中书石鸿翥;誊录监生施华、史廷黄。详校官编修瞿槐,中书刘源溥覆勘。	乾隆四十六年正月	总校官举人章维恒、庶吉士王朝梧、杨律监生查机,杜林群。详校官中书刘源溥覆勘。	乾隆四十九年三月	丁抄	无
15	《斗南老人集》	两淮盐政采进本	总校官进士未钤;校对官中书徐教诏、曾际平、林均邦。详校官编修瞿槐,中书刘源溥覆勘。	乾隆四十六年四月	总校官进士程嘉谟;校对官编修蔡廷衡、杨律监生杜祥玉,监生谢御史莫瞻菉。详校官中书刘源溥覆勘。	乾隆四十九年九月	原抄	总校官编修吴裕德、编修胡荣;校对监生谢镇。详校官御史施朝馀,户部主事成书。

续表

序号	《考证》所载书名	《总目》著录版本来源	文渊阁《全书》纂校人员	文渊阁提要校上时间	文津阁《全书》纂校人员	文津阁提要校上时间	文澜阁《全书》是否原抄	文澜阁《全书》原抄纂修人员
16	《鹅湖集》	永乐大典本	誊录贡生吴士英、监生孙汝明、雷咏,详校官编修翟槐,中书刘源溥覆勘。	乾隆四十六年九月	誊录生娄芳、土林,贡生徐士林,详校官御史莫瞻菉,纪昀覆勘。	乾隆四十五年七月	张抄	无
17	《壶山外集》	安徽巡抚采进本	总校官庶吉士何思钧;校对官中书蒋糦城、胡宗高,誊录监修翟槐,中书刘源溥覆勘。	乾隆四十三年九月	总校官进士程嘉谟;校对官主事胡予襄,誊录监史邢宗,详校官御史莫瞻菉,纪昀覆勘。	乾隆四十三年八月	丁抄	无
18	《迂志斋集》	内府藏本	覆校官中书朱钤,校对官中书明绍昷,吴甸华、吴绍昷,助教王锡龄;誊录举人李兑文、监生沈浩、朱绂、黄佑、沈侠,陆维新、梁鸣岐,李学濂,任、张曾秀,吴炳文。详校官刑部员外郎许兆椿,中书刘源溥覆勘。	乾隆四十二年五月	总校官候补知府叶佩荪;校对官中书王学海,助教周鋐,誊录监生黄鋐、王璧成、樊宗清、朱绂然,详校官刑部员外郎许兆椿,纪昀覆勘。	乾隆四十九年闰三月	原抄卷五、十至二十四,补丁抄	总校官编修吴裕德,检讨徐步鉴;校对监生蒋光弼,详校官编修初彭龄。

续 表

序号	《考证》所载书名	《总目》著录版本来源	文渊阁《全书》纂校人员	文渊阁提要校上时间	文津阁《全书》纂校人员	文津阁提要校上时间	文澜阁《全书》是否原抄	文澜阁《全书》原抄纂修人员
19	《古樾集》	两江总督采进本	总校官原任中允王燕绪;校对官中书李察、王瑊,誊录监生俞成、陈元熙、张恒、赵位堂;详校官编修雇槐、中书刘源溥覆勘。	乾隆四十三年七月	总校官候补知府叶萼荪;校对官学录张焯循,誊录生阮增荣、王官、李之奎、杨廷士、钟贵、刘震;详校官候补主事郭在廷编修祁韵士、纪昀覆勘。	乾隆四十九年三月	原抄	总校官编修吴裕德、检讨徐烺;校对生员何天衢、详校官编修部普涵。
20	《平桥稿》	浙江巡抚采进本	总校官修撰戴衢亨,校对官朱钤、学正赐木、李学曙、沈应麟、绍鼎,誊录监生张…;详校官庶吉士陈若深、中书刘源溥覆勘。	乾隆四十四年八月	总校官举人章维桓;校对官编修蔡廷衡,助教陈木、誊录监生秦录鼎、汤恺;详校官编修吴锡麟、纪昀覆勘。	乾隆四十九年三月	丁抄	无
21	《青溪漫稿》	浙江汪如藻家藏本	总校官庶吉士向阆钧;校对官中书范鏊,誊录监生朱锡彤、吕日永;详校官编修尧栋、中书刘源溥覆勘。	乾隆四十三年五月	总校官候补知府叶源溥荪;校对官中书连城、叶全、金部荣、誊录监生李连城、魏晡亦;详校官户部员外郎李稳文、纪昀覆勘。	乾隆四十九年九月	原抄	总校官编修吴裕德、检讨徐烺;校对生员何天衢、详校官待讲塘五珠。

续　表

序号	《考证》所载书名	《总目》著录版本来源	文渊阁《全书》纂校人员	文渊阁提要校上时间	文津阁《全书》纂校人员	文津阁提要校上时间	文澜阁《全书》是否原抄	文澜阁《全书》原抄纂修人员
22	《篁墩文集》	两淮马裕家藏本	总校官中书朱铃；校对官监丞张曾炳、史殿荣、录事全玉、李锦、王思福、黄宪度、钱隽选；编修李尧栋、中书刘源溥覆勘。	乾隆四十四年二月	总校官进士程嘉谟；誊录对官编修颜崇汭、黄殿柱；监生赵毅、余清标、顾柱森、秦鼎云。详校官主事陈木、纪昀覆勘。	乾隆四十九年三月	原抄卷十五、十六、十九、二十、三十五至三十七、七十至九十三、拾遗一卷、朴丁抄	编修吴裕德、检讨徐绍鉴；校对监生刘洪、查莹。
23	《家藏集》	两淮盐政采进本	总校官进士杨懋珩；校对官主事张锴；誊录生储夏书、所钟璟、郭履元、张永浙、华春芳、周云翮、金珀、谢锡位、吴寿朋；详校官中书贾铨、刘源溥覆勘。	乾隆四十三年三月	总校官候补知府叶佩荪；校对官中书叶兰、编修谱曾起、励守谦、修撰钱荣、员外王庆长、誊录监生李景曾、周范衍、谢纯钰、杨勃、郝德闻、黄若伊；详校官中书刘源溥、纪昀覆勘。	乾隆四十九年四月	原抄卷一至三十、三十九、五十七至七十七、朴丁抄	总校官检讨彭元珫、检讨徐绍鉴；校对生员向天宠；详校官中书查莹。
24	《熊峰集》	直隶总督采进本	总校官进士王华海；对校官中书文枢	乾隆四十六年	总校官进士程嘉谟；对校官中书刘源溥；誊录	乾隆四十九年	原抄	总校官检讨彭元珫、检讨

续　表

序号	《考证》所载书名	《总目》著录版本采录来源	文渊阁《全书》纂校人员	文渊阁提要校上时间	文津阁《全书》纂校人员	文津阁提要校上时间	文澜阁《全书》是否原抄	文澜阁《全书》原抄纂修人员
		本①	录监生施华、黄臣鹄。详校官监察御史曾坦、中书刘源溥覆勘。	正月	监生孙廷玉。详校官左赞善王坦修、纪昀覆勘。	四月		徐鉴；校对生员何天衢。详校官侍讲瑅五珠。
25	《空同集》	陕西巡抚采进本	总校官进士缪琪；校对官中书袁文郎；誊录监生刘国永、李传燮、萧日昕、吴绖、康杰。详校官监察御史袁修文、中书刘源溥覆勘。	乾隆四十三年三月	总校官进士程嘉谟；校对官编修严福、检讨王坦修；誊录监生张宗峰、保英、杨三元、李昭质、贾湘、吴星耀、王岑、王高、金彦茵、王明、张彤、李树元。详校官编修吴锡麒、纪昀覆勘。	乾隆四十九年八月	原抄卷三十五至五十、补丁抄	无

① 《四库全书总目》著录《熊峰集》十卷，为直隶总督采进本；又著录《别集类熊峰集》四卷，为浙江汪汝瑮家藏本，两本显然不同。文渊阁本《熊峰集》均为十卷本，文澜阁本《熊峰集》亦为十卷本。这与《总目》所言直隶总督采进本卷数相合，而绝非浙江汪汝瑮家藏本。《考证》所言熊峰集有卷七、卷十校记，可断定其底本均为十卷本的直隶总督采进本。

续　表

序号	《考证》所载书名	《总目》著录版本来源	文渊阁《全书》纂校人员	文渊阁提要校上时间	文津阁《全书》纂校人员	文津阁提要校上时间	文渊阁《全书》是否原抄	文澜阁《全书》原抄纂修人员
26	《王文成集》	浙江巡抚采进本	总校官原任中允王燕绪;校对官学正常循,助教罗万选;誊录监生李廷侯,倪景宽,姚培敬,李飘光,毛杞,邓以伊,龙翔,许㤚,宁汝栏,李翙凤,舒秀岐。详校官中书沈飏,刘源溥,编修曹锡龄覆勘。	乾隆四十三年五月	总校官进士程嘉谟;校对官编修蔡廷衡,户部员外郎牛稔文;誊录监生葛廷栋,赵锡宝,顾端相,汤恺,武恒,陈元京,陈元曜,吴炳,饶锡光,吴天臣。详校官编修温汝适,刑部员外郎许兆椿①,助教常循,纪昀覆勘。	乾隆四十九年三月	原抄卷四,七,八,十四,十六至十九,二十一至二十三,二十五,三十一上,补丁抄	总校官编修吴裕德,编修胡栗;校对生何天衢;详校官中书叶元符。
27	《大复集》	两淮马裕家藏本	总校官进士王墀琪;校对官中书衰文郿,萧日录监生刘国永,李传橒,李连选,康杰。详校官中书孙洺,刘源溥覆勘。	乾隆四十三年三月	总校官进士刘其夫,校对官中书刘时英,编修蔡廷衡,王福清;誊录监生葛璿,扶鸾训,杜祥玉,王兆态。详校官中书刘源溥,内阁中书潘有为,纪昀覆勘。	乾隆四十九年八月	原抄卷一至十三,十七,二十至二十二,二十八,补丁抄	总校官编修吴裕德,编修胡栗;校对监生谢扬镇;详校官内阁中书王鹏。

① 在文津阁本《王成集》中,许兆椿既是校对官,又是详校官。

续　表

序号	《考证》所载书名	《总目》著录版本来源	文渊阁《全书》纂校人员	文渊阁提要校上时间	文津阁《全书》纂校人员	文津阁提要校上时间	文澜阁《全书》是否原抄	文澜阁《全书》原抄纂修人员
28	《泀词》	副都御史黄登贤家藏本①	总校官庶吉士朱钤；校对官编修励守谦，中书叶苘葖，誊录监生马绍基，朱培，任嘉善，蒋继坻，蒋继焕，黄嵩龄；详校官中书孙洛，孙衡，刘润源薄覆勘。	乾隆四十四年六月	总校官进士程嘉谟；校对官中书王中地；誊录贡监生郝松年，陈诏，陈哲，盛世，金以诚；详校官编修佥圣脉，左赞善王甪修，纪昀复勘。	乾隆四十九年三月	原抄卷一、二、六至十二，补丁抄	总校官检讨彭元珫，检讨生徐鉴；校对监员何天衢，详校官检讨邓再肇。
29	《弇山集》	兵部侍郎纪昀家藏本	总校官庶吉士何思钧；校对官助教卜惟吉，誊录举人蒋云师；详校官庶吉士李云筠，中书刘润源薄覆勘。	乾隆四十三年九月	总校官进士程嘉谟，举人章维恒，编修庄通敏，曹锡龄，主事王学海，陈堉；誊录监生刘护，王岑，安国，李随礼，高寿，朱采，刘继旋，朱恩，贾湘，黄镰；详校官中书孙球，纪昀复勘。	乾隆四十九年八月	原抄卷一至三十二，三十八至四十、十五至十六至六十卷、七十四卷至八十四卷，八十六至九十二，九十七至一百，补丁抄	总校官编修吴裕德，检讨徐鉴；校对监生童潜生，详校官中书缪炳泰。

① 《四库全书总目》著录《泀词》十二卷，为副都御史黄登贤家藏本。又著录《泀词》《泀词别本》十七卷《附录》四卷，系两江总督采进本。查文渊阁本《泀词》、文津阁本《泀词》均作十二卷，即各本《泀词》底本均系十二卷本。《考证》载《泀词》校记至卷十二止，其所据亦为十二卷本副都御史黄登贤家藏本。

续　表

序号	《考证》所载书名	《总目》著录版本采录源	文渊阁《全书》纂校人员	文渊阁提要校上时间	文津阁《全书》纂校人员	文津阁提要校上时间	文澜阁《全书》是否原抄	文渊阁《全书》原抄纂修人员
30	《苏门集》	浙江孙仰曾家藏本	总校官进士杨懋珩;校对官原仕典簿郭祚织;誊录监生查杰、刘能。详校官给事中王锺健、中书刘源溥覆勘。	乾隆四十三年三月	总校官进士程嘉谟;校对官助教汪锡魁;誊录监生朱恩、朱上林。详校官主事衔徐绍坤、纪昀覆勘。	乾隆四十九年八月	原抄卷一至四,补丁抄	总校官编修吴裕德、检讨徐鉴;校对生员刘塘。详校官刑部郎中孟生康。
31	《陆子余集》	两淮盐政采进本	覆校官中书吴裕德;校对官中书范生谦、沈希曾、李廷让、李廷对。详校官给事中王锺健、中书刘源溥覆勘。	乾隆四十二年三月	总校官进士程嘉谟;校对官编修王坦修;誊录监生王家湘。详校官主事衔徐绍坤、纪昀覆勘。	乾隆四十九年三月	丁抄	无
32	《念庵文集》	江西巡抚采进本①	总校官庶吉士何思钧;校对官中书王家宾、监丞张曾;誊录监生范钟、杨莺、何均、徐	乾隆四十三年五月	总校官进士程嘉谟;校对官编修庄通敏、助教高周铉;誊录监生黄裳、丁堂、丁翰、黄学温、丁堂、丁翰	乾隆四十九年八月	原抄卷十二、十七,补丁抄	总校官编修吴裕德、编修胡荣;校对监生蒋光昞。

① 《四库全书总目》著录《念庵集》二十二卷,为江西巡抚采进本,又有《别本罗念庵文集》十二卷,为江西汪汝瑮家藏本。文渊阁本《念庵文集》二十二卷,为江西巡抚采进本。文津阁本《念庵文集》均为二十卷,当为江西巡抚采进本;亦为江西巡抚采进本。文澜阁本《念庵文集》所用版本绝非浙江汪汝瑮家藏本,当为江西巡抚采进本。查《考证》所用版本为卷十九,可以肯定,当为江西巡抚采进本。

续　表

序号	《考证》所载书名	《总目》著录版本来源	文渊阁《全书》纂校人员	文渊阁提要校上时间	文津阁《全书》纂校人员	文津阁提要校上时间	文澜阁《全书》是否原抄	文澜阁《全书》原抄纂修人员
			如灏、张龙升、李全玉。详校官给事中王钟健、中书刘源溥覆勘。		王璧成、高奕孝。详校官检讨何思钧、纪昀覆勘。			详校官初彭龄。
33	《荆川集》	两淮马裕家藏本	总校官进士缪琪;校对官中书范来宗、田尹衡;誊录监生郜士渌、郜士深、李凤丹、曹淦阶、冯淮。详校官监察御史曹坦,中书刘源溥覆勘。	乾隆四十四年四月	总校官进士程嘉谟;校对官编修严福;誊录监生金彦茵、周铨、李树元。详校官原任侍读学士王燕绪、纪昀覆勘。	乾隆四十九年二月	丁抄	无
34	《具茨诗集》《〈具茨集目〉〈具茨集〉五卷〈朴遗〉一卷〈文集〉八卷〈朴遗〉一卷〈附录〉一卷〈遗稿〉一卷》	江苏巡抚采进本	总校官进士缪琪;校对官学正蔡必昌;誊录监生刘渭。详校官庶吉士柳迈祖,中书刘源溥覆勘。	乾隆四十四年二月	总校官进士程嘉谟;校对官中书桂山、秦灏;誊录监生典籍方大川、陈实君、张大鼎、张瑄、张映奎。详校官编修祁韵士、纪昀覆勘。	乾隆四十九年八月	原抄诗集卷一至三,文集卷二至六,遗稿一卷、朴稿丁抄	总校官检讨彭元珫、检讨监徐绂;校对监生蒋光祁。详校官户部额外主事谈锡绶。

续　表

序号	《考证》所载书名	《总目》著录版本来源	文渊阁《全书》纂校人员	文渊阁提要校上时间	文津阁《全书》纂校人员	文津阁提要校上时间	文渊阁《全书》是否原抄	文渊阁《全书》原抄纂修人员
35	《具茨文集》		总校官进士缪琪；校对官中书田尹衡，覆鉴；誊录监生曹登阶，张若湘。详校官庶吉士柳遇祖，中书刘源溥覆勘。	乾隆四十四年二月				
36	《青箱集》	浙江巡抚采进本	总校官编修全德；校对官检讨王汝嘉；誊录监生王芸，邓以伊，姜今照。详校官庶吉士柳遇祖，中书刘源溥覆勘。	乾隆四十五年九月	总校官进士程嘉谟；校对官中书甄松年，助教陈珠；誊录监生恭安，何珊，张曾治。详校官编修祷韵士，候补主事郅在逵，纪昀覆勘。	乾隆四十九年三月	原抄卷四五，朴丁抄	总校官检讨彭元珫，检讨徐陶璋；校对监生童谐，生童谱。详校官刑部主事彭希濂。
37	《沧溟集》	山东巡抚采进本①	覆校官中书牛钤；校对官中书稽承志，庶吉士严福；誊录监生刘文耀，刘耀馥，陈振兴。	乾隆四十一年十月	总校官进士程嘉辕；校对官编修周昇标，监生曾铺，娄叶耀；详校官编修裴谦，纪昀。	乾隆四十九年闰三月	原抄卷一至十二，二十四，二十五，朴丁抄	总校官编修吴裕德，编修胡荣；校对生员何天衢。

① 《总目》著录《沧溟集》三十卷《附录》一卷，为山东巡抚采进本，亦载《李沧溟集》四卷，为浙江巡抚采进本。文渊阁本《沧溟集》，文津阁本《沧溟集》，《考证》载其版本记至三十卷止，可以肯定其绝非四卷浙江巡抚采进本，当为山东巡抚采进本。

续 表

序号	《考证》所载书名	《总目》著录版本采录来源	文渊阁《全书》纂校人员	文渊阁提要校上时间	文津阁《全书》纂校人员	文津阁提要校上时间	文澜阁《全书》是否原抄	文澜阁《全书》原抄纂修人员
			陈振德举人张元功、详校官庶吉士柳迈祖、中书刘源溥覆勘。					详校官主事焦和生。
38	《弇州四部稿》	两江总督采进本	总校官原任中允王燕绪;校对官户部检讨庶吉士陈墉;誊录监生韩腾,许浩、金坡、赵立福、魏廷思纪、黄永澄、李青标、张曾潜、张映标、王会燕、汪志伊、邓肇楗、程蕴、王朝宁、周嘉猷、朱珪、吴鲁、章洛、王曾、张煐、邱桂柳、张霈、王文明、杨愈柳、孔广牧、江轼、陈彬、薛镐。详校官侍读学士陆伯焜、沈咸熙、中书刘源溥覆勘。	乾隆四十三年十一月	总校官举人章维桓;校对官编修吴省兰、高械生,王天禄,员外王庆生,中书杨世伦,王学海;誊录监生胡森桂,刘梓,顾达,钧,宋翔凤;详校官内阁中书潘有为,纪昀覆勘。	乾隆四十九年九月	原抄卷一九,十三、三五至三十六、五六、六十三至六十九、八十至一百二、八一至一百二、一百二十六至一百四十、一百六十二至一百六十九、《续稿》卷四五至六十九、七十六至一百、一百九至一百二、一百七、补打抄。	总校官编修吴裕焘,编修(原任御史)胡荣,检对贡生鉴,校对贡生蒋陈炳,生员何光弼,天衢;详校官编修陈万全。

续　表

序号	《考证》所载书名	《总目》著录版本来源	文渊阁《全书》纂校人员	文渊阁提要校上时间	文津阁《全书》纂校人员	文津阁提要校上时间	文澜阁《全书》是否原抄	文澜阁《全书》原抄纂修人员
39	《弇州续集》		总校官进士杨懋珩；校对官检讨邢黄万、编修王钟健、奎大万、罗修源、徐立纲，主事陈文枢、助教金学士何思钧；誊录监生许祖木、诗嘉道、袁文宿、张裕孚、张元信、茹逵、张京、张绍恩、张青肇，王锡寿、王青晦、张子诚，侯李士勋、张先成、樊少甄辅廷、杜成、贾捷三，巨胡金石、左顾若、胡先鸣，南光普、赵友彬、魏绵曾、任颖沛然、宋镛、沈天筠、周学淮、吕燕昭、朱锜、励世肇、刘复善、赵之璧、永荣、王心仁、孙起鹏。	乾隆四十三年十一月	总校官举人章维栢；校对官编修曹锡龄、吴锡麒，吴省兰、即中张慎和，誊录监生吕灿、金误，何奕荣、陈鹤端；详校官内阁中书潘有功，纪昀复勘。	乾隆四十九年九月		总校官吴裕愈、编修胡荣；校对贡生陈照；详校官工部主事雷维霈。

续 表

序号	《考证》所载书名	《总目》著录版本本来源	文渊阁《全书》纂校人员	文渊阁提要校上时间	文津阁《全书》纂校人员	文津阁提要校上时间	文澜阁《全书》是否原抄	文澜阁《全书》原抄纂修人员
			详校官编修潘庭筠，中书刘源溥，侍读孙球覆勘。					
40	《鲲溟诗集》	江苏巡抚采进本	总校官进士杨懋珩；校对官助教胡子襄；誊录监生马步蟾、张丹良。详校官监察御史周元良，侍读孙球覆勘。	乾隆四十三年六月	总校官举人章维桓；校对官主事胡子襄；誊录监生李钰。详校官编修郏抡土。纪昀。	乾隆四十九年闰三月	原抄	总校官检讨彭元珫，编修胡采；校对监生谢场镇；详校官翰林院检讨蔡共武。
41	《宗伯集》	浙江孙仰曾家藏本	总校官编修王燕绪；校对官庶子邹奕孝；誊录监生顾祥径。详校官中书沈凤辉，侍读孙球覆勘。	乾隆四十五年三月	总校官进士程嘉谟，编修苏青岳，高奕孪、宋品、程全、汤晟；誊录监生国子监助教李岩，纪昀。	乾隆四十九年八月	原抄卷七、十，补丁丁抄	总校官编修吴裕德，胡荣；校对监生童潜；详校官内阁中书盛博大。
42	《临皋文集》	江西巡抚采进本	总校官中书宋钤；校对官学正陈木；誊录举人孙翔凤，监生赵廷麒，贡生汪缘。详校官典籍奕隽，侍读孙球覆勘。	乾隆四十三年五月	总校官进士程嘉谟，校对官编修蔡廷衡，许祖焘。监生吴嘉德；详校官刑部员外郎许兆椿，纪昀。	乾隆四十九年闰三月	原抄卷二，补张抄	无

续表

序号	《考证》所载书名	《总目》著录版本采进来源	文渊阁《全书》纂校人员	文渊阁提要校上时间	文津阁《全书》纂校人员	文津阁提要校上时间	文澜阁《全书》是否原抄	文澜阁《全书》原抄纂修人员
43	《愿学集》	两江总督采进本	总校官降调编修仓圣脉;校对官助教胡予襄;誊录监生孔继峰、崔堂、王昉发。详校官监察御史曹锡宝,待读孙球覆勘。	乾隆四十六年三月	总校官进士程嘉谟;校对官王兆志、吴宗沛。详校官编修郑跗士,纪昀。	乾隆四十九年闰三月	原抄卷二至四,补入;补丁抄	总校官编修吴裕铭;校对监生童潜;胡荣;详校官祭酒吉莘。
44	《槜园集》	安徽巡抚采进本	总校官进士朱铨;校对官修撰戴衢亨;誊录监生史元善、路泰、程昌明。详校官中书徐志普,待读孙球覆勘。	乾隆四十六年三月	总校官举人章维桓;校对官主事牛稔文;誊录监生曾廷栋。详校官编修温汝适,纪昀。	乾隆四十九年三月	原抄卷一至六,卷六、九至十二,补丁抄	总校官检讨彭元珫;校对生徐鉴;校对生员明纪勋;详校官户部主事成玮书。
45	《文简集》	浙江巡抚采进本①	总校官原任中允王元燕绪;校对官修撰戴衢亨;誊录监生张鸿仁、张鸿恕、唐作梅、沈立麟、洪葵、王翰、张柄。详校官中书叶元符、中书刘源溥覆勘。	乾隆四十四年三月	总校官候补知府叶佩荪;校对官助教李二岩;誊录监生李岩,纪昀。详校官编修周琼,纪昀。	乾隆四十九年闰三月	原抄卷七至九,九十八至四十五,补丁抄	详校官编修初彭龄。

---

① 《总目》题作《濮溪草堂稿》五十八卷,明孙承恩撰。

据上表，可得出如下结论。

（一）文澜阁《全书》原抄不署誊录者姓名。

文渊阁《全书》、文津阁《全书》、文澜阁《全书》每卷末或卷首均开列三名校办馆臣名衔。文渊阁《全书》、文津阁《全书》不仅署总校官、校对官的名衔，亦录誊录者姓名，其总校官、校对官、誊录数量各一人。而文澜阁《全书》仅署总校官、校对官名衔，不录誊录者姓名，其数量分别为总校官两名、校对官一名，不署誊录者姓名。这是在署名方式上文澜阁《全书》与文渊阁《全书》、文津阁《全书》最大的不同。

（二）各阁本《全书》对永乐大典辑佚本书籍校办者署名方式不同。

以上《考证》收录的 45 种明别集中，有《密庵集》《临安集》《蓝涧集》《樗庵类稿》《鹅湖集》5 种为永乐大典辑佚本，可以之窥见各阁本《全书》对于大典本的署名方式之差异。对于左下方处的馆臣署名，一般的进呈本作：总校官/校对官/誊录者，而大典本与一般进呈本此处署名有差异。文渊阁《全书》、文津阁《全书》对大典本仅列誊录者姓名，不再像其他来源的书籍一样著录总校官、校对官名衔，誊录者数量一般为每卷一名，最多不超过两名。文澜阁《全书》对大典本署名与对其他来源的书籍署名方式完全一致，没有任何区分，即有两名总校官、一名校对官，而无誊录者姓名。

最典型的例证为各阁本《全书》在《蓝涧集》中左下方的署名。文渊阁《全书》本、文津阁《全书》本《蓝涧集》各卷仅列誊录者一名，若统计《蓝涧集》全书文渊阁《全书》本各卷共列郭墉、黄琮、单可垚三人，文津阁《全书》本仅列誊录曹凤元一人。而文澜阁《全书》未列出誊录姓名。

（三）同一馆臣在同一书籍中或不同书籍中所署官衔可能发生变化，可据之推断馆臣任职时间及官职变动时间。

以牛稔文为例。如在文津阁本《王文成集》中，牛稔文的职衔即发生了变化，若干卷署校对官主事，若干卷署校对官户部员外郎，可否判断牛稔文任职户部员外郎的时间呢？结合各阁本书前提要中校上时间,试看以下四点证据:① 据文渊阁本《柘轩集》,牛稔文署校对官中书,该提要校上时间为乾隆四十五年(1780)十一月,说明该时间点前牛稔文尚任中书。② 据文津阁本《檀园集》,牛稔文已署主事,该提要校上时间为乾隆四十九年三月,说明改时间前牛稔文已任职主事。③ 文津阁本《王文成集》提要校上时间为乾隆四十九年三月,牛稔文有主事、户部员外郎两种名衔,说明此时间牛稔文由主事改任户部员外郎。④ 文津阁本《青溪漫稿》中,牛稔文任详校官户部员外郎,该提要校上时间为乾隆四十九年九月,说明牛稔文任户部员外郎的时间为乾隆四十九年九月之后。综上,牛稔文乾隆四十五年十一月前任中书,之后任主事,其任职户部员外郎的时间为乾隆四十九年三月。

(四)文渊阁《全书》纂校者署名经过了从覆校官至总校官的变动。

文渊阁《全书》纂校者署名总校官、校对官、誊录的模式并非一开始就形成的,而是后来经过调整的,最开始的纂校者署名模式为覆校官、校对官、誊录,即文渊阁《全书》纂校者署名经过了从覆校官至总校官的变动。

以朱钤为例。以上 45 种明别集纂校人员中,文渊阁《全书》本中有 11 种为朱钤担任覆校官或总校官,根据文渊阁《全书》书前提要所载校上时间进行排列,可整理为下表(见表 6-3)。

表 6-3　朱钤在文渊阁《全书》校办中担任
覆校官、总校官情况一览表

书　名	文渊阁书前提要校上时间	朱钤担任职务	朱钤官职
《陶学士集》	乾隆四十一年十月	覆校官	中书
《沧溟集》	乾隆四十一年十月	覆校官	中书

续　表

书　名	文渊阁书前提要校上时间	朱钤担任职务	朱钤官职
《逊志斋集》	乾隆四十二年五月	覆校官	中书
《临皋文集》	乾隆四十三年五月	总校官	中书
《篁墩文集》	乾隆四十四年二月	总校官	中书
《洹词》	乾隆四十四年六月	总校官	庶吉士
《平桥稿》	乾隆四十四年八月	总校官	中书
《柘轩集》	乾隆四十五年十一月	总校官	进士
《熊峰集》	乾隆四十六年正月	总校官	进士
《檀园集》	乾隆四十六年三月	总校官	进士
《斗南老人集》	乾隆四十六年四月	总校官	进士

如果按照上述时间排列,朱钤所任官职发生错乱,原因是文渊阁书前提要时间不能完全作为对应文渊阁《全书》校办的依据。因文渊阁书前提要有原稿提要与撤换提要,故提要上校上时间有些为原稿提要校上时间,有些为撤换提要的时间,要细致区分。上述朱钤校办的 11 种文渊阁本明别集中,从朱钤的官职可以判断,其校办的《柘轩集》《熊峰集》《檀园集》《斗南老人集》4 种文渊阁书前提要当系撤换提要,其原稿提要时间当比现存提要时间早。但朱钤校办的其他几种明别集,其文渊阁书前提要是完全可以作为判断依据的,很清楚地展示了文渊阁《全书》纂校者署名经过了从覆校官至总校官的变化过程。

(五) 从纂校人员数量看,文津阁《全书》与文渊阁《全书》纂校人员数量相当。

就《考证》所著录的 45 种明别集纂校人员(不含详校官)数量看,

各书的文渊阁《全书》本与文津阁《全书》本纂校人员数量相当，其中文渊阁《全书》纂校人员为 345 人，文津阁《全书》纂校人员为 330 人。

小　　结

　　一、通过对各版本《考证》收录的明别集进行系统整理，本书发现清抄本《考证》收录 49 种明别集，文渊阁本《考证》调整为 45 种，其中删除禁毁书《三易集》，删除存目书《双江集》，调整《文简集》位置，并漏抄《保命集》《菊磵集》2 种。

　　殿本《考证》收录 47 种明别集，其与文渊阁本《考证》虽均源自清抄本《考证》，但均对清抄本《考证》作了一致的改动。表现在：① 均无《保命集》《菊磵集》校记；②均脱《全室外集》正文校记页。而文渊阁本《考证》的此次改动系第一次改动，殿本《考证》改动正与文渊阁本《考证》第一次改动一致。

　　文渊阁本《考证》删除存目书《双江集》、删除禁毁书《三易集》属于第二次改动，殿本《考证》未对其改动，导致殿本《考证》仍与文渊阁本《考证》有大量的不同之处。

　　二、通过对《考证》收录的 45 种明别集在各阁本《全书》中的纂校情况进行系统整理，本书发现文渊阁《全书》、文津阁《全书》与文澜阁《全书》对纂校人员署名方式不同，文澜阁《全书》原抄不署誊录者姓名；对《永乐大典》辑佚本，文渊阁《全书》、文津阁《全书》仅署誊录者姓名，文澜阁《全书》不署誊录者姓名；同一馆臣在同一书籍中或不同书籍中所署官衔可能发生变化，可据之推断馆臣任职时间及官职变动时间；文渊阁《全书》纂校者署名经过了从覆校官至总校官的变动；从纂校人员数量看，文津阁《全书》与文渊阁《全书》纂校人员数量相当。

第七章 《四库全书考证》的评价

《考证》是乾嘉时期校勘学巨著，其收录著作一千多种，考证条目约四万余条，给后人留下了丰富的校勘实例，具有重要的学术史价值、校勘价值、版本价值和史学价值。同时，《考证》又有诸多不足，我们要充分利用其价值，客观评价并正视其不足，以最大程度地利用好这部巨著。

第一节 《四库全书考证》之价值

以下从五个方面具体阐述《考证》的重要价值。

一、学术史价值：为四库学的研究开辟一块新领地

同为《四库全书》的副产品，《考证》与《总目》的影响力形成了鲜明的对照。在数以万计的"四库学"研究论著中，《总目》研究独占半壁江山，形成了"四库《总目》学"，而《考证》却很少受人关注，《考证》中蕴含的大量有待挖掘的学术成果长期无人问津，这与其独特的价值和地位极不相称。目前学界还没有学者对其进行总体性研究，本研究可谓开其先例。同时，在四库学研究中，对《四库全书》文本的研究日渐升温，形成"四库文本学"。对《考证》的深入研究将推进四库

学研究领域真正形成"四库《考证》学",以期与"四库《总目》学""四库
文本学"形成三足鼎立的研究局面,为四库学的研究开辟一块新领
地,为"《考证》学"这一分支学科的架构打下扎实的基础。

二、校勘价值:作为校勘资料的宝库,亦对研究《四库全书》底本问题至关重要

1.《考证》是校勘资料的宝库

《考证》收录了一千一百多种书籍的校记,约占《四库全书》所收
书籍的三分之一,考证条目达四万余条,考证范围涉及了原书的讹、
脱、衍、倒、误等问题,且多数给出了明确的校勘依据与校勘结论,堪
称校勘资料的宝库,具有极重要的校勘价值。

对各本《考证》、《四库全书》均收录之书,可用《考证》校记核校阁
本《全书》,循此方法,可判断馆臣对阁本《全书》的改动。同时,《考
证》的校勘成果也可以在校勘单种典籍中发挥重要的作用。

清抄本《考证》中还收录了对《四库全书》未收书、存目书、禁毁书
的考证内容,对我们校勘、整理这些典籍有重要的校勘价值。如《保
命集》《菊磵集》2 种书籍校记文渊阁本《考证》、殿本《考证》均无,惟
清抄本《考证》收之,十分珍贵。又如清抄本《考证》所收存目书《双江
集》校记、禁毁书《三易集》校记,均为文渊阁本《考证》所无,对校勘该
典籍有重要的价值。再如清抄本《考证》所收《戒庵漫笔》校记,亦对
该书校勘与整理有重要价值。①

2.《考证》对研究《四库全书》底本问题至关重要

四库底本的数量,理论上应为三千四百多种甚至更多,但现存四
库底本的数量,《四库提要著录丛书》影印了 168 种,《四库全书底本

---

① 琚小飞:《〈四库全书考证〉的版本及校勘价值述略》,《史学史研究》2017 年第 2 期。

丛书》影印了 314 种,《中国古籍总目》中标出部分,即使加上另外散见各地的单种底本,现存底本数量也已不及原来的十分之一。因多数四库底本已毁损,除现存极少已知的四库底本外,更多四库底本的确定都需要进一步的研究,具有相当难度。四库馆臣选择哪个版本为底本,是否参校了其他版本,《考证》是最重要的依据。

《考证》是四库馆臣针对四库底本的校勘记载,其中涉及馆臣采用的底本和参校本,是甄别四库底本最直接的证据,其在推定四库所据底本方面极有价值。借助《考证》的底本校勘信息,反向回溯现存版本,并与四库本及相关书目《荟要》《天禄琳琅书目》著录的版本源流进行覆核,以此确定《四库全书》所据的版本。探寻《考证》在考索底本方面的价值,《〈四库全书〉本〈诚意伯文集〉版本考》是学界首次采纳《考证》的校勘内容作为推定四库底本的依据。① 该文引述《考证》关涉《诚意伯文集》的版本记载,推定《四库全书》收录的版本为明正德本而非成化本。《考证》著录了四库馆臣校勘《诚意伯文集》时的校签内容,所述底本的信息与正德本一一对应,而与成化本难以印证,因而推定四库所据底本应为正德本。循此方法,可考订四库本《博物志》《盈川集》《宋史纪事本末》《雍录》所据之底本。②

三、版本价值:为《四库全书》阁本的研究提供一个新的视角

目前学界对《四库全书》阁本与底本,阁本与阁本,阁本与《荟要》本的关系,《考证》诸版本与阁本、《荟要》本的关系等问题上尚存在许多盲点,如:① 现存《四库全书》各阁本面貌为何有差异? 各阁本《全

---

① 张春国、江庆柏:《〈四库全书〉本〈诚意伯文集〉底本考》,《图书馆杂志》2014 年第 11 期。
② 琚小飞:《〈四库全书考证〉与四库所据底本考索》,《历史文献研究》(总第 40 辑),华东师范大学出版社,2018 年。

书》为何与《荟要》本存在差异？②《四库全书》各阁本与《荟要》本所据是否为同一底本？③现存《四库全书》各阁本为何未完全按照《考证》校勘记进行改动？④《四库全书》各阁本是否如学界普遍认为的"凡四库本皆劣本"？对《考证》的深入研究可以对以上一系列问题进行很好的回答，并为学界重新客观评价四库本优劣打下基础。

《考证》一书的编纂对底本校签、文渊阁《全书》、《荟要》本的编纂都产生了影响。首先，为编《考证》一书，撤出底本校签，导致这部分书籍之文渊阁《全书》本未能据底本该校记进行校改，此为文渊阁《全书》未据《考证》校改的重要原因之一。其次，造成了阁本之间存在差异。第三，导致文渊阁《全书》本与《荟要》本之间存在差异。对《考证》的深入研究，为《全书》阁本的研究提供了一个新视角。下详述之。

1. 可据《考证》判断各阁本《全书》出现差异之原因

以《空同集》为例。万历年邓本《空同集》卷四十七《明故衢州知府李君墓志铭》有"营菟丘开竹林"，文渊阁《全书》本《空同集》改"丘"作"裘"，文津阁本《空同集》因避讳改"丘"作"邱"。文渊阁本"丘"改作"裘"之原因，并非如有些学者所言为避圣人名讳而改字①，乃据《左传》改。这在《考证》所载《空同集》校记中有明确记载②，其曰："刊本'裘'讹'丘'，据《左传》改。"《荟要》本改"丘"为"裘"，亦据《左传》，而非因避讳。判断"丘"字改动是否系避讳应有证据，不可想当然，而《考证》为判断阁本改动原因提供了重要证据。

又如《俨山集》。文渊阁本《俨山集》与文津阁本《俨山集》有诸多差异。据《考证》所载《俨山集》的20条校记，核文渊阁本《俨山集》均据《考证》校记结论改动，而文津阁本《俨山集》均未改。《考证》所载20条

---

① 周红怡、郝润华：《〈空同集〉明刊本与文渊阁〈四库全书〉本之差异》，《陕西师范大学学报（哲学社会科学版）》2018年第1期。

② （清）王太岳等：《四库全书考证》卷八十七，清抄本。

校记为揭示阁本差异原因提供了可靠的依据,即《考证》校记系针对文渊阁《全书》而作,非针对文津阁《全书》而作。进一步探究:《考证》20条校记源自文渊阁本《弇山集》所据底本,而文津阁本《弇山集》所据底本与文渊阁本《弇山集》所据非同一底本,故文津阁本《弇山集》未据《考证》校记改。支持文渊阁本《弇山集》与文津阁本《弇山集》依据了不同底本这一结论的尚有另一力证:文津阁本《弇山集》卷六十五《朱夫人秦氏墓志铭》篇后有大量缺文,而文渊阁本《弇山集》卷六十五此处不缺,证明文渊阁本《弇山集》与文津阁本《弇山集》所据非同一底本。无疑,《考证》所载《弇山集》的 20 条校记有力地证明了文渊阁本《弇山集》与文津阁本《弇山集》出现差异的原因:两阁本依据了不同底本。

2. 可据《考证》判断阁本《全书》与《荟要》本出现差异之原因,及馆臣改动之缘由

以《大全集》为例。《考证》载《大全集》的 34 条校记,逐一核查每条校记,发现文渊阁《全书》均据《考证》校记改,而《荟要》本与文津阁《全书》几乎未予改动。可以肯定,就《大全集》校记看,《考证》校记均针对文渊阁《全书》而作,而非《荟要》本与文津阁《全书》。

通校《大全集》全书,我们发现,《荟要》与文渊阁《全书》均据同一底本,即以清康熙间竹素园刻本《大全集》为底本。① 《荟要》提要校上时间是乾隆四十二年(1777)五月,而文渊阁书前提要校上时间乾隆四十四年五月,单据两篇提要校上时间看,当是《荟要》编纂在前,而文渊阁《全书》编纂在后,但我们不能忽略一个客观事实是,文渊阁《全书》的书前提要中有大量提要经过了撤换,并非原稿提要了。② 可以肯定的是,《大全集》的文渊阁提要亦为撤换提要而非原稿提要,而

---

① 李圣华:《明初别集〈四库〉写本考源辨证四题——从明别集〈四库〉本之底本存世情况谈起》,《文献》2018 年第 1 期。
② 刘远游:《〈四库全书〉卷首提要的原文与撤换》,《复旦学报》(社会科学版)1991 年第 2 期。

文渊阁《全书》之《大全集》原稿提要时间要早于《荟要》提要时间（乾隆四十二年五月）。这个结论可以根据我们以上对《考证》的 34 条校记条目分析可以得出，文渊阁《全书》本《大全集》校勘在前，其校勘时在底本上做了大量的校签和眉批，后来《考证》编纂时，将底本上这 34 条校签撤下用于制作黄签，并编制成《考证》，这样底本上就只剩下了部分校签与眉批，而《荟要》所据底本上撤下了许多校签，故《荟要》本对《考证》所涉及的 34 条校签绝大多数未进行校改，而文渊阁《全书》本对《考证》所涉及的校记都一一进行了校改。无疑，《考证》给我们提出的诸多问题提供了答案。

四、史学价值：可还原《四库全书》的纂修过程，客观评价《四库全书》的编纂工作

1.《考证》保存了《全书》编纂过程中的珍贵材料，可借此考察《全书》编纂的细节

如《考证》中对宋人朱翌撰《灊山集》三卷的校勘，馆臣用力甚深，所载 20 条校记均非常详实，即使诸多无校勘结论之校记，《考证》亦详细记载。文渊阁《全书》本《灊山集》为馆臣自《永乐大典》辑佚而成，清抄本《考证》卷八十五收录了该书校记，而文渊阁本《考证》将该书校记全部移至于卷八十，但两本《考证》所载《灊山集》校记内容完全一致。将《考证》诸条校记与文渊阁本《灊山集》逐一核对，文渊阁本《灊山集》均据《考证》校改，可以肯定，《考证》校记系针对文渊阁本《灊山集》所作。其中《考证》所收诸条校记保存了编纂《四库全书》的若干细节，尤其是馆臣辑佚《大典》时的一些发现，为其他资料所未载，非常珍贵。如《考证》载《灊山集》卷一校记："七言古诗。案：王应麟《困学纪闻》载翼《咏昭君》七言古诗中四语云：'当时夫死若求归，凛然义动单于府，不知出此肯随俗，颜色如花心粪土。'今检《永乐大典》内已

佚其全篇,难以采入集中。"又如《考证》载《灊山集》卷二校记:"五言律
诗。案:王应麟《困学纪闻》载翼五言律诗'无人马为二,对饮月成三'
二句以为本于秦少游'身与杖藜为二,影将明月成三'之句,今检《永乐
大典》中已缺其全篇。"再如,"七言律诗。案:陈鹄《耆旧续闻》载翼《送
汪藻》七言律诗'天气未佳宜且住,风波如此欲安之'二句以为渐近自
然,不烦斲削。又王应麟《困学纪闻》载翼'三径谁从陶靖节,重阳唯有
傅延年'二句云本草菊,云傅延年前未有用者。今检《永乐大典》内已俱
佚其全篇。"这些校记记载了馆臣未将该诗采入文渊阁本《灊山集》之缘
由,乃因《永乐大典》中无该诗,这些记载非常珍贵。这说明馆臣在做
《大典》辑佚工作时是非常认真的,除了从《大典》中签出条目外,也查阅
了其他很多材料,借助《考证》,我们尚能窥见馆臣辑佚工作之细节。

又如《考证》载《柘轩集》卷二《送黄允迪》校记:"'剩有麟经在[①],
何休独抱遗。'原本'休'讹'姑',据《公羊注疏》改。"查《柘轩集》四库
底本此处作:'霜啼惊电掣,云翼讶天垂。沉[②]有麟经学,何姑独抱
遗。'该行上有注曰:"'啼'改'蹄','姑'疑误。"文渊阁本《柘轩集》将
两字分别改为"蹄""休",文津阁本《柘轩集》仅改"啼"为"蹄",妄改
"姑"作"如"。将《考证》与四库底本注结合起来,再遍检诸阁本,可得
到四库馆臣对"姑"一字校勘全过程:四库底本提出问题,质疑其误,
《考证》寻找依据,提出校改结论,文渊阁《全书》据之改,文津阁《全
书》仍底本之误。这说明,必须将底本、《考证》一书校记、文渊阁《全
书》结合起来,才能对《考证》一书校记的形成过程及《四库全书》的编
纂过程得到客观的认识。而此处涉及《考证》与文渊阁《全书》编纂的
细节是,该底本校签乃校办文渊阁本《柘轩集》时所作,该校签被制作
为黄签,编入《考证》,文津阁本《柘轩集》誊录时未见该校签,故未据改。

---

① "在",文渊阁本《柘轩集》、文津阁本《柘轩集》均作"学"。
② "沉",文津阁本《柘轩集》误作"况",两字形体相近而讹,当据改。

2. 可客观评价《四库全书》的编纂工作

如《考证》载《大全集》卷十一《五禽言和张水部》"溪深无船须涉渡",刊本"须"讹"滇",据金檀辑注本改。查景泰元年本①、景泰年刻成化年补刻本②均作"须",明刻本③、康熙间竹素园本④均作"滇",再查雍正年金檀辑注本⑤,《五禽言和张水部》诗中确已改作"须"。文渊阁《全书》、《荟要》均据《考证》改作"须",惟文津阁《全书》误作"慎",知就《大全集》而言,文津阁《全书》校勘与誊录质量不佳。

第二节 《四库全书考证》之不足

《考证》一书有重要的价值,同时又有不少的缺点,我们在使用时必须正视其不足,以更准确、合理地利用该成果。

一、从《考证》校记来源看,《考证》部分校记条目非馆臣亲自校勘得出,乃径直抄录该书的某一辑注本,此为馆臣为编《考证》而"考证"、偷工减料者

这种抄袭现成校勘成果的方式成文迅速、快捷,且不易被纂修

---

① (明)高启:《高太史大全集》,明景泰元年(1450)刘宗文等刻本。
② (明)高启:《高太史大全集》,明景泰元年(1450)刘宗文等刻成化五年(1469)刘以则重修本。
③ (明)高启:《高太史大全集》,明刻本。
④ (明)高启:《高季迪先生大全集》,清康熙间许氏竹素园刻本。
⑤ (明)高启撰,(清)金檀辑注:《青邱高季迪先生诗集》,清雍正六年(1728)至七年金氏文瑞楼刻本。国图、北大、哈佛均藏该版本一部,但国图、北大藏本版心均有"文瑞楼"字样,而哈佛版无。(清)莫友芝撰,民国傅增湘增补《藏园订补邵亭知见传本书目》载:"《高青邱笺注》十八卷,雍正六年金檀撰。文瑞楼刊最精。有翻本,板心无文瑞楼字。"可判断国图、北大藏本为文瑞楼刻本,而哈佛藏本系翻刻本。

官、总裁等察觉。

以《大全集》为例。《考证》卷八十六载《大全集》全部校记数十条，均非馆臣一一校勘所得，而是抄自《大全集》的一个辑注本，即清雍正六年(1667)文瑞楼刻金檀辑注本。李圣华认为"金檀辑注《青丘诗集》十八卷《遗诗》一卷附《扣舷词》一卷，沿《大全集》规模，增辑诗 200 余首，并详为十八卷诗注。馆臣既览文瑞楼刻本，舍而不用，细绎其故，殆以金注繁琐，高启诗不必录注本欤？"①其认为馆臣纂修《大全集》时未使用金檀辑注本，我们认为该观点不合史实。《考证》载《大全集》校记共计 34 条，其中有 10 条直言"据金檀辑注本增""据金檀辑注本补"或"据金檀辑注本改"②。其他 24 条校记虽《考证》未明言抄自金檀辑注本，一一核对，却无一不源自金檀辑注本。试举数例。

(1)《考证》载《大全集》卷一《雉子班》："'十步一啄于彼山梁'，刊本'十'讹'五'，据《庄子》改。"查雍正六年(1728)金檀辑注本《大全集》，此处正作"十"。该辑注本在"十步一啄"之"啄"下出双行小字注曰：《庄子·养生主》：'泽雉十步一啄，百步一饮。'"显然《考证》该校记径抄自《大全集》金檀辑注本。

再看诗题《雉子班》之"班"字，清抄本《考证》、文渊阁本《考证》均作"斑"，查明景泰元年(1450)刻本《大全集》、明景泰元年刻成化五年(1469)重修本《大全集》、明刻本《大全集》、清康熙间许氏竹素园刻本《大全集》、文渊阁本《大全集》、《荟要》本《大全集》此处均作"班"，惟清雍正六年金檀辑注本作"斑"。可知清抄本《考证》、文渊阁本《考证》乃据金檀辑注本改作"斑"。这说明，《考证》之《大全集》校记编纂

① 李圣华：《明初别集〈四库〉写本考源辨证四题——从明别集〈四库〉本之底本存世情况谈起》，《文献》2018 年第 1 期。

② "檀"，《考证》本作"兰"，据雍正金檀辑注本《大全集》改。

与雍正金檀辑注本《大全集》关系密切,《考证》不只抄袭了金檀辑注本《大全集》的校勘结论,亦将校记材料来源一并抄袭。

(2)《考证》载《大全集》卷三《秋怀其三》:"'被垢尚可瀚,抹漆犹难开',刊本'抹漆'讹'漆沫',据卢仝《月蚀》诗改。"查金檀辑注本《大全集》,其于该句下作双行小字注曰:"卢仝《月蚀》诗:'其初犹朦胧,既久如抹漆。'"此为《考证》校记直接抄金檀辑注本之力证。

(3)《考证》载《大全集》卷三《出郊抵东屯》:"案:《槎轩集》本作《秋日寓东屯农舍》,与此异。"查金檀辑注本《出郊抵东屯五首》下有双行小字曰"《槎轩集》作《秋日寓东屯农舍》",可证《考证》该校记全抄自金檀辑注本。

(4)《考证》载《大全集》卷四《感旧讽宋军咨见寄》:"'飘然别戎府,溧水还东征。裸衣佐刺船,临危释猜萌。'刊本脱'裸衣佐刺船,临危释猜萌'十字。又,'已志未获施,安用轩裳荣。所以不苟出,出则时当平',刊本脱'所以不苟出,出则时当平'十字,并据《铁网珊瑚》增。"查金檀辑注本在本诗题下加双行小字注曰:"《宋军咨见》卷三《怀十友诗》。此诗五十韵,《大全集》中多见脱讹,今从《铁网珊瑚》补正。"可见《考证》此两条校记全抄自金檀辑注本。

(5)《考证》载《大全集》卷四《杂诗》:"案:《槎轩集》本作《春日言怀》,与此异。"查金檀辑注本,本诗题《杂诗》下双行小字曰"《槎轩集》作《春日言怀》",知《考证》该校记全抄自金檀辑注本。

(6)《考证》载《大全集》卷四《赋得桃坞送别》:"'藏金非汉垒',刊本'金'讹'经',据《后汉书》改。"查金檀辑注本,"藏金非汉垒"下双行小字注曰:"《后汉书》:'董卓筑坞于郿,号万岁坞,藏金二三万斤,银八九万斤,积穀三十年。'"可见《考证》该校记亦抄自金檀辑注本。

(7)《考证》载《大全集》卷四《送海昌守李使君迁海虞》:"'不受客馈鱼',刊本'受'讹'足',据《史记》改。"查金檀辑注本,"不受客馈鱼"下有双行小字曰："《史记》：公仪休相鲁。客遗鱼却不受，客曰：'君嗜鱼，何不受？'曰：'今为相能自给鱼，若受鱼而免，谁复给我鱼者？'"可知《考证》该校记完全来自金檀辑注本。

（8）《考证》载《大全集》卷五《驱瘴》："'柏鼠劝禳驱'，刊本'柏'讹'礎'，据《辽史·礼志》改。"查金檀辑注本，"拍鼠劝禳驱"下有双行小字曰："《辽史·礼志》：'正旦，国俗令巫十有二人鸣铃执箭，统帐歌呼，帐内爆盐炉中，烧地拍鼠，谓之惊鬼。'又《辽史·国语解》：'地拍田鼠名正旦，日上于窗间掷米团，得双数为不利，则烧地拍鼠以禳之。'"可见《考证》该校记全出自金檀辑注本。清抄本《考证》、文渊阁本《考证》均误将"拍鼠"抄为"柏鼠"。

（9）《考证》载《大全集》卷五《袁氏高节楼》："刊本'袁'讹'茅'，据张适《乐圃集》改。"查雍正六年金檀辑注本，《袁氏高节楼》下双行小字曰："张适《乐圃集·高节楼赋序》：节妇陈姓，昆山人，适袁而蚤寡，教养其子，卓然成立。子因构楼为亲宴安之所，颜其楣曰'高节'。"此亦为《考证》抄自金檀辑注本之例。

（10）《考证》载《大全集》卷七《暮途书见》："刊本讹《春日言怀》，据《槎轩集》本改。"查金檀辑注本，《暮途书见》诗题下双行小字曰"《大全集》误作《春日言怀》，今从《槎轩集》改正"，可证《考证》校记完全抄自金檀辑注本。

（11）《考证》载《大全集》卷八《煮石山房为金华叶山人赋》："刊本脱'叶'字，据胡翰《煮石山房记》改。"查雍正六年金檀辑注本，该诗题下有双行小字曰："胡翰《煮石山房记》：'吾乡叶以诚寓于医而以煮石名其山房。'"故《考证》该校记完全抄自金檀辑注本。

（12）《考证》载《大全集》卷九《答余新郑》："'捧檄已去询田更'，案：'田更'出《列子》，据原注'更'当作'叟'，此盖因本文而误。"查金檀辑注本，此处注曰："《列子》：'禾生伯子，范氏之上客，出行，经坰外，宿于田更商邱开之上舍。'按：'更'，注作'叟'。"知《考证》该条校记全抄自金檀辑注本《大全集》。

（13）《考证》载《大全集》卷十《送曹生归新安山中》："'三十六峰在青天'，案：'六'，李太白诗及《徽州府志》俱作'二'。"查金檀辑注本，此处有双行小字注曰："李白诗：'黄山四千仞，三十二莲峰。'"同时在前文"黄山西来九华连"下有双行小字曰："《徽州府志》：'黄山在府城西北一百二十里，有峰三十二，水源三十六，溪二十八，洞十八，岩八。第四峰有泉沸如汤当涌，砂浴之能愈风疾，世传黄帝当与容成子浮邱公合丹于此。'"可知《考证》此处将金檀辑注本《大全集》的 2 条材料出处捏合在一起。

（14）《考证》载《大全集》卷十《送张贡士会试》："'甬东大将魂沉渊'，刊本'甬'讹'山'，据《元史纪事》及《一统志》改。"查金檀辑注本，此处有双行小字曰："《一统志》：'宁波府越曰甬东。'"后载《元史纪事》事略。此证《考证》该校记全抄自金檀辑注本。

（15）《考证》载《大全集》卷十二《扇》："'莫怨绘乘鸾'，刊本'绘'讹'网'，据江淹诗改。"查金檀辑注本，该处双行小字曰："江淹《班婕妤》诗：'纨扇如团月，出自机中素。画作秦王女，乘鸾向烟雾。'"知《考证》校记完全抄自金檀辑注本。

（16）《考证》载《大全集》卷十三《次倪云林韵》："'长流青翰丹'，刊本'青'讹'清'，据《说苑》改。"查金檀辑注本，此处双行小字曰："《说苑》：'鄂君予皙之泛舟于新波之中也，乘青翰之舟。'"可见《考证》该校记全抄自金檀辑注本。

（17）《考证》载《大全集》卷十五《追次唐人韵》："'求官不事霍家奴'，刊本'霍'讹'党'，据《汉书》及辛延年诗改。"查金檀辑注本，此处双行小字曰："《汉书·霍光传》：'爱幸监奴冯子都，常与计事。'辛延年《羽林郎》诗：'昔有霍家奴，姓冯名子都。'"可见《考证》校记全抄自金檀辑注本。

以上《考证》诸条校记全部为馆臣抄自清雍正六年金檀辑注本《大全集》,而非馆臣独立撰写,李圣华认为馆臣未用金檀辑注本的观点显然有误。值得注意的是,《考证》所载《大全集》34条校记,尽管系馆臣直接抄袭了金檀辑注《大全集》的校勘记结论与材料出处,但仅有6条明确注明了据金檀辑注本删、改、补等,其他均未敢直接注明抄自金檀辑注本。这说明,就《考证》所载《大全集》校记而言,基本是馆臣从金檀辑注《大全集》中直接抄录一些校勘材料凑数而已,并非是校勘者认真校勘得出的结论,反映了馆臣校勘《大全集》时敷衍和不务实的态度。这些直接抄袭的校记,尤其是仅有按语,未有结论的校记,显然是馆臣为编纂《考证》而"考证",更是反映了馆臣的敷衍态度,未能体现出馆臣的真正校勘水平。

二、《考证》择取底本校记数量极少,难以完全代表馆臣全部的校勘成就

现存四库底本上保留着馆臣校勘《四库全书》过程中形成的改动,包括校签、批注、勾改等,《考证》一书校记即来源于此。《考证》著录45种明别集中,其中有13种四库底本尚存,这对研究《考证》一书对底本校记的择取状况提供了至关宝贵的材料。这13种底本尚存的明别集分别为《陶学士集》《翠屏集》《柘轩集》《临安集》《蓝涧集》《全室外集》《熊峰集》《陆子余集》《鲲溟诗集》《临皋文集》《具茨文集》《强斋集》《大复集》。将《考证》一书校记与其对应的底本校签、批注、勾改数量比较,可清晰地发现《考证》一书择取校记的数量甚少,每种书仅象征性地择取寥寥几条,并不能全面、充分地反映馆臣的校勘成就(见表7-1)。从这点上讲,《考证》一书乃为编《考证》而"考证",远远无法代表馆臣全部、丰富的校勘成果。

表 7-1 　《考证》所载明别集尚存四库底本情况一览表

尚存四库底本的明别集	四库底本上校签、批注、勾改数量	《考证》收录该书校记数量
《陶学士集》	98 处①	4 条
《翠屏集》	68 处②	7 条
《柘轩集》	135 处③	4 条
《临安集》	112 处④	3 条
《蓝涧集》	67 处⑤	3 条
《全室外集》	23 处⑥	1 条
《熊峰集》	55 处⑦	2 条
《陆子余集》	155 处⑧	1 条
《鲲溟诗集》	8 处⑨	2 条
《临皋文集》	74 处⑩	2 条
《具茨文集》	208 处⑪	3 条

---

① （明）陶安：《陶学士先生文集》二十卷，明弘治十三年（1500）项经刻本递修本。国图藏。
② （明）张以宁：《翠屏集》，明成化十六年（1480）张淮刻本。
③ （明）凌云翰：《柘轩集》四卷，清抄本。国图藏。
④ （明）钱宰：《临安集》六卷，清乾隆翰林院红格抄本。国图藏。
⑤ （明）蓝智：《蓝涧集》六卷，清乾隆四库馆抄本。南图藏。
⑥ （明）释宗泐：《补刊全室集》九卷，明永乐刻本。南图藏。
⑦ （明）石珤：《熊峰先生诗集》七卷《文集》三卷，清康熙九年（1670）孙光景刻本。中科院图书馆藏。
⑧ （明）陆粲：《陆子余集》八卷，清嘉靖四十三年（1564）陆延枝刻本。
⑨ （明）郭谏臣：《鲲溟先生诗集》四卷，清康熙五十二年（1713）吴郡郭弯刻本。国图藏。
⑩ （明）杨寅秋：《临皋先生文集》二卷，清抄本。中科院图书馆藏。
⑪ （明）王立道：《校刻具茨先生诗集》五卷《文集》八卷，明万历六年（1578）无锡王化弘嘉乐堂刊后代增补本。

续　表

尚存四库底本的 明别集	四库底本上校签、 批注、勾改数量	《考证》收录该书 校记数量
《强斋集》	48 处①	2 条
《大复集》	475 处②	17 条

有些书籍四库底本已不存,但其底本面貌保存在其他文献中,可借助其他文献记载来窥探底本面貌。国图藏《附〈太平广记〉〈通志〉等书签讹总档》稿本,15 册,不分卷,计 896 叶,无撰人姓名,有墨笔涂乙痕迹。其中第 14 册卷端有题名页,题《四库全书馆校档残本》。《四库全书馆校档残本》为纂修《荟要》和《四库全书》期间形成的签讹档册,是复校官核查分校官签改书籍及誊录官誊抄讹错的记录。馆臣撷取四库底本和校档中的校改记录,汇编《考证》和缮录《荟要》按语。以《空同集》为例,《空同集》四库底本虽不存,但《四库全书馆校档》中保留了《空同集》底本上大量的签讹资料,为研究《考证》一书校记与底本校签、批注之关系提供了新的材料。从数量上看,《四库全书馆校档》保留了《空同集》底本校记数百条,数量极其丰富,说明底本上保存的馆臣校勘成果很丰富,而《考证》一书只收录了《空同集》的 11 条校记,数量极少。

三、《考证》弄错书名、作者及校记

《甫田集》系明文征明撰,《甫里集》系唐陆龟蒙撰。清抄本《考证》误将唐陆龟蒙撰《甫里集》的 4 条校记置于明别集校记中,误作明

---

① （明）殷奎:《殷强斋先生文集》十卷,明正统十三年(1448)王叔政刻本。
② （明）何景明:《何大复先生集》,明刻本。国图藏。

文征明撰《甫田集》校记,并于《甫田集》下误注作者"唐陆龟蒙撰"。文渊阁本《考证》发现其误,将作者改正为"明文征明",但4条校记仍为陆龟蒙《甫里集》,而非文征明《甫田集》。清抄本《考证》与文渊阁本《考证》致误原因为:清抄本《考证》因两种书名接近,将两种书名、作者、校记均弄混,文渊阁本《考证》发现了清抄本《考证》错误,本想进行纠正,但纠正得不够彻底,仅纠正了书名、作者,未纠正校记内容,导致唐人集校记仍混入明人别集校记中,且该书校记书名、作者与4条校记内容不配套。殿本《考证》完全沿袭清抄本《考证》之误。

这说明,《考证》各个版本是一个动态调整的过程,不可静止地看待。各版本《考证》在对《甫田集》书名、作者及校记调整过程中出现了问题。以上系典型例证。

四、《考证》校勘依据有误

《考证》校记出处有时出现明显错误,有多种情形,试举四种。

1.《考证》校记所言及校勘依据为编《考证》一书时临时所补,与该校记实际出校依据不同

如清抄本《考证》卷八十七载《空同集》卷二十七《喜程生自吴中冈致五岳黄山人音问》校记:"刊本脱'山'字,据《明百家诗》增。"查《空同集》底本邓本,确实脱"山"字,但参校本黄本、曹本此处均有"山"字。查文渊、文津、荟要本《空同集》各本均补"山",据《荟要总目提要》所载版本依据,可知各本均据参校本黄本、曹本补。而《考证》中补此依据为《明百家诗》,显系编《考证》一书时临时补充,与实际校勘依据和校勘过程不一致。

2.《考证》校记误抄材料出处

如《考证》载《大全集》卷十四校记曰:"《金陵喜逢董卿并送还武昌》:'幕府山前忽见时',刊本'山'讹'门',据《江南通志》改。"查雍正

六年(1728)金檀辑注本《大全集》,此处双行小字曰:"《江宁府志》:'幕府山在江宁府。西晋元帝初渡江,丞相王导建幕府其上。'"《考证》之《大全集》校记全部抄自雍正六年金檀辑注本《大全集》,金氏辑注本作《江宁府志》,而《考证》误抄作《江南通志》。

3.《考证》校记将校勘依据《列朝诗集》者篡改为《明诗综》

最典型的例证为《考证》载《大全集》卷十《松隐居为戴叔能赋》1条校记,曰:"刊本'戴'讹'爱',据《明诗综》改。"查雍正六年金檀辑注本《大全集》,此处有双行小字曰:"《列朝诗集》:'戴良,字叔能,浦江人。少学文于柳侍制贯、黄侍讲溍,学诗于余忠宣阙,皆得其师承。至正辛丑以荐授淮南江北等处儒学提举,而浙东已入职方矣,乃变姓名隐四明山海间,洪武十五年召至京师,欲官之,以老病固辞,世居金华九灵山下,有《九灵山人集》。'"据此可知,此实引自钱谦益《列朝诗集》,但由于钱谦益之作在《四库全书》编纂中一律列为禁书,故被馆臣在编纂《考证》时改作《明诗综》。

4.《考证》校记误记版本信息

如《考证》载《诚意伯文集》卷六:"《登孤山作》'返照千山赤,寒烟一岛清',刊本阙'返照'二字,据《明诗综》及何本补。"核《考证》所言何本,即隆庆年何镗本作"晓日"而非"返照",可见馆臣所言"据何本补('返照'二字)"乃误记版本信息。

五、《考证》校记内容有误

《考证》时常有显著的校勘错误。如《考证》载《大全集》卷四《萝径》:"'夏鸟深啼处',刊本缺'处'字,据金檀①辑注本补。"查文渊阁本《大全集》、《荟要》本《大全集》均无缺字。核景泰元年(1450)本《大全

---

① 清抄本《考证》、文渊阁本《考证》作"金兰",殿本《考证》作"金兰轩",均误,径改作"金檀"。

集》、雍正六年(1728)金檀辑注本《大全集》该处均无缺字,但景泰元年刻成化年补刻本《大全集》、国图藏明刻本《大全集》、康熙间竹素园本《大全集》均脱"深"字,但并未脱"处"字,疑《考证》校记有误。再结合文津阁《大全集》作"夏鸟昼啼处",文津阁本妄补之"昼"字,可清晰地推断出文津阁《全书》所据底本中所脱之字当为"昼"字所在的位置,即文津阁本《大全集》底本所脱当为"深"而非"处"字。《考证》言"刊本缺'处'字",实乃误记。

又如《考证》载《蓝涧集》卷二"《铜雀台瓦》:'清秋风雨满林树,落日笙歌绕繐帷。'案:徐𤊹《笔精》载此诗,'林树'作'陵树','绕繐帷'作'空繐帷'。"查文渊阁本《蓝涧集》、文津阁本《蓝涧集》、文澜阁本《蓝涧集》①均为"林树""绕繐帷"。明嘉靖五年(1526)刻本《蓝涧集》、《石仓十二代诗选》、《(雍正)河南通志》卷七十三"铜雀台"条均为"陵树""绕繐帷",该3条证据完全可以正《笔精》、各阁本《蓝涧集》、各本《考证》之误。这说明,馆臣在《考证》中,用了并不可靠的《笔精》的记载,而非该书的早期刻本来校勘该句中两处异文,得出校记结论有误。

据上,馆臣编纂《考证》,有不少校勘条目不过是敷衍塞责,并没有全面查找材料和认真校勘。

六、诸版本《考证》均有明显誊抄错误

文渊阁本《考证》誊录之误。如文渊阁本《考证》卷四十六第三十页 b 第四行"卷一百九"有误,清抄本《考证》、殿本《考证》均作"卷一百七",当据清抄本《考证》、殿本《考证》改作"卷一百七"。

又如对于《大全集》34 条校记,清抄本《考证》、文渊阁本《考证》、殿本《考证》中,均有 10 条云"据金兰辑注本增""据金兰辑注本补"或

---

① 《文澜阁四库全书版况一览表》载:"《蓝涧集》六卷:原抄。"见《浙江图书馆古籍善本书目》,浙江教育出版社,2002 年,第 957 页。

"据金兰辑注本改"。查《大全集》的诸种版本,仅有清初桐乡人金檀在雍正年间辑注的《青丘高季迪先生诗集》,绝无名"金兰"辑注者;同时,逐一对照《考证》所收《大全集》诸条校记与金檀辑注本《青丘高季迪先生诗集》,可断定诸版本《考证》均将"金檀"误作"金兰"。此当系馆臣誊录之误。

次如《考证》卷八十三收录宋陈元晋《渔墅类稿》,清抄本《考证》、文渊阁本《考证》、殿本《考证》子目目录均误作《渔野类稿》,即将"墅"误作"野",知文渊阁本《考证》、殿本《考证》之误均袭自清抄本《考证》。此为馆臣誊录之误。

再如《考证》卷八十四收录宋唐士耻《灵岩集》,清抄本《考证》、文渊阁本《考证》子目目录均误作《云岩集》,此为文渊阁本《考证》沿袭清抄本《考证》誊录之误。殿本《考证》已改正为《灵岩集》。

再如清抄本《考证》卷八十五、文渊阁本《考证》卷八十均载《灊山集》卷二:"《告春亭(其三)》:'溪篆行蝌蚪,林轻畴画眉。'""轻",据文渊阁本《灊山集》当作"粧",此系清抄本《考证》、文渊阁本《考证》誊抄粗疏处。

再如《考证》卷七十五载《分类补注李太白集》卷一校记:"'养元气洒太和'。按:《唐文粹》及《赋汇》'洒'俱作'酌'。""养",清抄本《考证》与文渊阁本《考证》皆如此,当据文渊阁本《分类补注李太白集》与《荟要》本《分类补注李太白集》卷一正文改作"餐"。此系《考证》誊录之误。

再如《考证》载《沧溟集》卷十《送贾明府以征入选》校记。核陈升本《沧溟集》该诗题目作《送贾明府以征书入选》,清抄本《考证》、文渊阁本《考证》均脱"书"字,当据补。此系《考证》誊录之误。

再如清抄本《考证》、文渊阁本《考证》均载《沧溟集》卷十四《赠郑将军》校记,但题目均误作《赠郑将年》,当改。

七、《考证》收录了部分无校勘结论的按语,不具备典型性

《考证》中有部分校记仅列异同、不辨是非,即无明确校勘结论。核《荟要》本、文渊阁本、文津阁本均未据改,这些校记说明《考证》校记的编纂,有不少是为编书而强加凑数,为《考证》而"考证",其校记的选择并不具典型性,校勘的作用不大。如《考证》载《空同集》校记共 11 条,有 4 条只列异文,未作校改。又如《考证》载《大全集》校记共 17 条,有 8 条只列异文,未作校改。再如《考证》载《蓝涧集》校记共 3 条,《熊峰集》校记共 2 条,均只以"按语"形式列异同,未作校改。

另外,《考证》校记常简化材料出处。《考证》校记所处位置常用该校记所处的篇目来表示,馆臣在标注篇名时,多不完整,常有省略。《考证》校记常简化材料出处这一缺点,是由《考证》校记后期编纂、加工时添加的,馆臣标注时,并不细致,多粗略处置。如《考证》载《大全集》卷六《送蟾上人之虎丘》校记,查景泰元年(1450)本《大全集》、景泰元年刻成化补刻本《大全集》、康熙间竹素园刻本《大全集》、雍正六年(1728)金檀辑注本《大全集》等版本,该诗题目均作《赋得真娘墓送蟾上人之虎丘》,《考证》简化之。次如《考证》载《沧溟集》卷六《初夏集姚明府园亭》校记,查陈升本《沧溟集》该题目作《初夏同元美汪伯阳皇甫子循集姚明府园亭得春字》,《考证》简化之。又如《考证》载《沧溟集》卷八《送应公》校记,查陈陞本《沧溟集》该目作《送大司寇应公归台州》,《考证》简化之。再如《考证》载《沧溟集》卷十五《明开封府同知王公墓志铭》校记,查陈升本《沧溟集》该题目作《明开封府同知进阶朝列大夫王公墓志铭》,《考证》简化之。

即使《考证》有一些缺点,但瑕不掩瑜,其仍为乾嘉时期重要的校勘学巨著。

小　　结

　　《考证》作为乾嘉时期校勘学巨著,既有着极为重要的价值,又有着不可忽视的不足,要客观认识、充分利用其价值,也要正视其不足。

　　一、《考证》具有重要的学术史价值、校勘价值、版本价值和史学价值：为四库学的研究开辟一块新领地;作为校勘资料的宝库,亦对研究《四库全书》底本问题至关重要;为《四库全书》阁本的研究提供一个新的视角;可还原《四库全书》的纂修过程,客观评价《四库全书》的编纂工作。

　　二、《考证》有一些不足,体现在以下方面：① 首次发现从《考证》校记来源看,《考证》部分校记条目非馆臣亲自校勘得出,乃径直抄录该书的某一辑注本,此为馆臣为编《考证》而"考证"、偷工减料者。②《考证》择取底本校记数量极少,难以完全代表馆臣全部的校勘成就。③《考证》弄错书名、作者及校记。④《考证》校勘依据有误。⑤《考证》校记内容有误。⑥ 诸版本《考证》均有明显誊抄错误者。⑦《考证》收录了部分无校勘结论的按语,不具备典型性。

结　　语

通过考证、研究，本书解决的问题和得出的结论胪列于下。

一、现存各版本《考证》面貌为何不一致？清抄本《考证》保留的校签与涂改是否仅仅是为了抄入《四库全书》和武英殿排印？[①] 对于清抄本《考证》校签与涂改，文渊阁本《考证》与殿本《考证》采取不同的处理方式的原因是否为誊录监生在抄录时未及措意或誊录时轻忽所致？[②]

目前学界对各版本《考证》差异研究不足，对其差异出现的原因更缺乏深入思考。对其原因的深入探讨是本书的重点之一，也是本书观点上的创新。

本书首次对清抄本《考证》上保留的全部校签与涂改集中研究，发现清抄本《考证》校签与涂改两者关系复杂，呈现多种类型。清抄本《考证》上的校签与涂改并非同时出现，而是馆臣校勘不同版本《考证》时所加，而不仅仅是为了抄入《四库全书》和武英殿排印，清抄本《考证》是多位馆臣数次校勘各种《考证》形成的累积性面貌，解答了各版本《考证》面貌为何不一致这个问题。对于清抄本《考证》校签与涂改，文渊阁本《考证》与殿本《考证》采取不同的处理方式，其原因并非文渊阁本《考证》誊录监生在抄录时未及措意，同样殿本《考证》中

---

① 琚小飞：《清代内府抄本〈四库全书考证〉考论》，《文献》2017 年第 5 期，第 157 页。
② 琚小飞：《清代内府抄本〈四库全书考证〉考论》，第 164 页。

亦有未修改处,亦非誊录抄写时的轻忽所致,而是由清抄本《考证》校签与涂改复杂的形成过程导致的。

本书首次通过对清抄本《考证》"涂而未改"校签内容的考察,发现馆臣对《考证》的具体校勘有涂、挖、补、改几道工序,首次发现"涂"的程序至晚在校勘文渊阁本《考证》时已完成,而"涂而未改"的校签是在校勘殿本《考证》时所作。校勘文渊阁本《考证》时主要在清抄本《考证》上进行了涂改,甚至仅在底本上作了"涂"的工作,未加校签,此亦为解答文渊阁本《考证》与殿本《考证》文字不一致的原因提供了一条新思路。

文渊阁本《考证》对清抄本《考证》作了诸多调整与变动。《考证》的编纂是一个客观的、动态调整的历史过程,而非静止的、单一的面貌,我们必须以变化的眼光看待这个过程,才能更客观地认识《考证》各个版本的差异及文渊阁本《考证》对清抄本《考证》的调整和改动。《考证》的编纂同《总目》及《全书》的编纂密不可分,要避免孤立地就《考证》论《考证》,而要充分借助《总目》与文渊阁《全书》的编纂对文渊阁本《考证》的影响进行探讨。而文渊阁本《考证》对清抄本《考证》调整和改动的依据正是《总目》和文渊阁《全书》。此观点是本文的创新点之一。

二、各版本《考证》的办理机构、办理人员是否相同?

各版本《考证》的办理机构、办理人员均不同,要分别予以讨论。清抄本《考证》与文渊阁本《考证》专门的办理机构是考证处。《考证》的办理不同于一般四库书籍,未经分校、复校的原因并非学界所言由于底本校签已经进呈御览过,而是因为清抄本《考证》与文渊阁本《考证》办理是由专门的机构考证处完成的,其隶属于武英殿四库馆,有独特的办理程序与办理人员,而一般四库书籍由翰林院四库馆负责,两者办理程序迥然不同。文澜阁本《考证》无专门的办理机构,其校办是与其他文澜阁《全书》置于一起的。殿本《考证》亦无专门的办理机构,其校勘场所主要在武英殿西北浴德堂。此为本文的创新点之一。

三、文渊阁《全书》卷末校记是否为编纂者有意避免与《考证》所收黄签重复?

文渊阁《全书》卷末校记与《考证》一书所载校记两者内容绝无重复,其原因并非编纂者有意避免重复,系文渊阁《全书》本卷末校记与《考证》一书校记编纂过程有了交叉所致。两者校记均源自底本校签,两者之间本来分别编制,彼此独立,并无直接渊源关系。但两者编纂先后不同。有些书籍校记,《考证》一书编纂在先,文渊阁《全书》卷末校记在后。为编纂《考证》,馆臣先取下了底本部分校签,这使得文渊阁《全书》卷后校记只能从底本剩余校签中选择,导致了文渊阁《全书》卷末校记与《考证》一书所收校记内容上绝不重复。表面看似是为了有意避免重复,实则由于《考证》复杂的编纂过程导致。这为解答文渊阁《全书》卷末校记与《四库全书考证》之关系提供了新视角。

四、文渊阁《全书》为何未完全按照《考证》校记进行改动?

《考证》是《四库全书》校勘成果的汇集,按理《四库全书》各阁本应与《考证》所记载的校改一致。但实际情况并非如此。文渊阁《全书》未全据《考证》校改,其原因是否为誊录人员抄写失误造成的? 我们认为其原因复杂,绝非仅仅由誊录人员抄写失误造成。《考证》中大量校记系针对《荟要》,并非针对文渊阁《全书》,这是文渊阁《全书》未全据《考证》校改的最重要的原因。此类情况绝非个例,数量占《荟要》所收书籍的一半,不容忽视。《考证》成书过程复杂,其编纂导致四库底本上校签的变化。《荟要》、文渊阁《全书》均据底本缮录,而《考证》校记亦源自底本校签。有些书其《荟要》本办理时间早于文渊阁《全书》本,《荟要》本所据底本校签完整,在《考证》揭下底本部分校签后,文渊阁《全书》所据底本校签已不全,导致文渊阁《全书》未全据

《考证》校改而《荟要》本已改。此观点尚未有学者提出，这是课题的重点和创新。

五、《四库全书考证》所载明别集校记纂校有何特点？

本文首次对各版本《考证》收录的 45 种明别集及其在各阁本《全书》中的纂校情况进行系统整理，发现文渊阁《全书》、文津阁《全书》与文澜阁《全书》对纂校人员署名方式不同，文澜阁《全书》原抄不署誊录者姓名；对永乐大典辑佚本，文渊阁《全书》、文津阁《全书》仅署誊录者姓名，文澜阁《全书》不署誊录者姓名；同一馆臣在同一书籍中或不同书籍中所署官衔可能发生变化，可据之推断馆臣任职时间及官职变动时间；文渊阁《全书》纂校者署名经过了从覆校官至总校官的变动；从纂校人员数量看，文津阁《全书》与文渊阁《全书》纂校人员数量相当。

六、对《考证》的价值和不足要客观评价和定位。

本书发现《考证》作为乾嘉时期校勘学巨著，既有着极为重要的价值，又有着不可忽视的不足，学界对其褒奖有余，而不足之处研究甚少。

《考证》有一些不足，如本书首次发现从《考证》校记来源看，《考证》部分校记条目非馆臣亲自校勘得出，乃径直抄录该书的某一辑注本，此为馆臣为编《考证》而《考证》、偷工减料者。又如《考证》择取底本校记数量极少，难以完全代表馆臣全部的校勘成就，尤其收录了部分无校勘结论的按语，不具备典型性。再如《考证》有时弄错书名、作者及校记或校勘依据，有时有明显誊抄错误。要客观认识、充分利用其价值，也要正视其不足。

限于客观条件和个人学力，该书完成后仍留有遗憾，如文溯阁《考证》现藏于甘肃省图书馆，本人一直未能睹能全貌并对其进行细致研究，只能待今后条件具备后补充完备。书中诸多不足，恳请方家批评指正。

参 考 文 献

一、古籍

（唐）李白：《李太白文集》，宋刻本

（唐）李白撰，（宋）杨齐贤集注，（元）萧士赟补注：《分类补注李太白诗》，元建安余氏勤有堂刻本

（唐）李白撰，（宋）杨齐贤集注，（元）萧士赟补注：《分类补注李太白诗》，明嘉靖二十三年（1544）郭云鹏宝善堂刻本

（唐）李白撰，（宋）杨齐贤集注，（元）萧士赟补注：《分类补注李太白诗》，明霏玉斋校刻本

（唐）李白撰，（宋）杨齐贤集注，（元）萧士赟补注：《分类补注李太白诗》，明嘉靖二十五年（1546）玉几山人校刻本

（宋）朱翌：《灊山集》，清知不足斋丛书本

（明）刘基：《覆瓿集》，明初刻本（北大存残本，卷七至十九，李盛铎题记）

（明）刘基：《覆瓿集》，明初刻宣德五年（1430）刘貊增修本①

（明）刘基：《犁眉公集》，明初刻本（国图藏缪荃孙跋本）

（明）刘基：《诚意伯刘先生文集》，明成化六年（1470）戴用、张僖刻本

---

① 现存三部皆系残卷，分别为国图存卷一至十，傅增湘跋；台图存七卷，卷六至十二；日本国立公文书馆存卷七至卷二十四。

（明）刘基：《诚意伯刘先生文集》，明正德十四年（1519）林富处州刻本

（明）刘基：《诚意伯刘先生文集》，明正德十四年（1519）林富处州刻嘉靖七年（1528）方远宜增修本

（明）刘基：《太师诚意伯刘文成公集》，明嘉靖三十五年（1556）樊献科刻本

（明）刘基：《太师诚意伯刘文成公集》，明嘉靖三十五年（1556）樊献科刻万历重修本

（明）刘基：《太师诚意伯刘文成公集》，明隆庆六年（1572）谢廷杰、陈烈括苍刻本

（明）刘基撰，钟惺辑评：《刘文成公全集》，明天启崇祯间燕如凤校刻本

（明）刘基：《诚意伯刘先生文集》，明刻本

（明）刘基：《诚意伯文成公郁离子》，明刻本

（明）刘基：《太师诚意伯刘文成公集》，清康熙间刘元奇刻雍正间万里补刻本

（明）刘基：《太师诚意伯刘文成公集》，清雍正八年（1730）东嘉刘氏刻本

（明）刘基：《太师诚意伯刘文成公集》，清雍正间刻本

（明）刘基：《太师诚意伯刘文成公集》，清乾隆十一年（1746）刻本

（明）刘基：《太师诚意伯刘文成公集》，清光绪元年（1875）刻本

（明）刘基：《太师诚意伯刘文成公集》，清光绪二十六年（1900）浙江书局刻本

（明）刘基：《明刘文成公诗抄》，清魏氏清夜斋抄本

（明）高启：《高太史大全集》，明景泰元年（1450）刘宗文等刻本

（明）高启：《高太史大全集》，明景泰元年（1450）刘宗文等刻成化五年（1469）刘以则重修本

（明）高启：《高太史大全集》，明刻本

（明）高启：《高季迪先生大全集》，清康熙间许氏竹素园刻本

（明）高启撰，（清）金檀辑注：《青邱高季迪先生诗集》，清雍正六年（1728）至七年金氏文瑞楼刻本

（明）高启：《高太史凫藻集》，明正统九年（1444）郑颙、邵昕刻本

（明）张以宁：《翠屏集》，明悠然斋抄本

（明）张以宁：《翠屏集》，明宣德三年（1428）刻本

（明）张以宁：《翠屏集》，明成化十六年（1480）张淮刻本（四库底本）

（明）张以宁：《翠屏集》，清抄本

（明）张以宁：《翠屏集》，钞明成化刻本

（明）凌云翰：《柘轩诗集》，清抄本（四库底本）

（明）凌云翰：《柘轩集》，清抄本

（明）凌云翰：《柘轩集》，清光绪《武林往哲遗著》本

（明）何景明：《何仲默集》，明嘉靖三年（1524）费楘刻本

（明）何景明：《何氏集》，明嘉靖三年（1524）野竹斋刻本

（明）何景明：《何氏集》，明嘉靖十年（1531）义阳书院刻本

（明）何景明：《大复集》，明嘉靖三十四年（1555）袁璨刻本

（明）何景明：《何大复集》，明嘉靖隆庆间《盛明百家诗》本

（明）何景明：《大复集》，日本中村瑗据袁灿刻本抄校本

（明）何景明：《大复集》，日本早稻田大学藏据袁灿刻本抄校本

（明）何景明：《何大复先生集》，明万历五年（1577）陈堂、胡秉性刻本

（明）何景明：《何仲默先生诗集》，明万历间吴勉学刻本

（明）何景明：《何大复先生集》，明刻本

（明）何景明：《何大复先生集》，明刻本（四库底本）

（明）何景明：《何大复先生集》，清康熙金长真刻本

（明）何景明：《何大复先生集》，清乾隆十五年（1750）何辉少刻本

（明）何景明：《何大复诗集》，清光绪二十一年（1895）长沙湘雨楼刻《弘正四杰诗集》本

（明）李攀龙：《沧溟先生集》，明隆庆六年（1572）王世贞刻本

（明）李攀龙：《沧溟先生集》，明万历二年（1574）徐中行刻本

（明）李攀龙：《沧溟先生集》，明万历三年（1575）胡来贡刻本

（明）李攀龙：《沧溟先生集》，明万历二十六年（1598）杨日宾校刻本

（明）李攀龙：《沧溟先生集》，明万历三十四年（1606）陈升刻本

（明）李攀龙：《沧溟先生集》，明万历间徐履道刻本

（明）李攀龙：《沧溟先生集》，明万历书林余氏自新斋刻本

（明）李攀龙：《沧溟先生集》，明张弘道、陈廷策校刻本

（明）李攀龙：《沧溟先生集》，清顺治十七年（1660）吴用光刻本

（明）李攀龙：《沧溟先生集》，清道光二十七年（1847）李献方刻本

（明）陶安：《陶学士先生文集》，明弘治十二年（1499）序铅山张氏刻本

（明）陶安：《陶学士先生文集》，明弘治十三年（1500）项经刻本

（明）陶安：《陶学士先生文集》，明弘治十三年（1500）项经刻递修本（四库底本）

（明）陶安：《陶学士先生文集》，明弘治十三年（1500）太平郡斋刻本

（明）陶安：《陶文宪公全集》，清道光八年（1828）当涂张宝荣刻本

（明）陶安：《陶学士集》，清同治五年（1866）永宁官廨刻本

（明）钱宰：《临安集》，明祁氏淡生堂蓝格抄本

（明）钱宰：《临安集》，旧抄朱校本（台图藏叶恭绰跋本）

（明）钱宰：《临安集》，清乾隆翰林院红格抄本（国图藏四库底本）

（明）钱宰：《临安集》，清抄本（北大藏本）

（明）钱宰：《临安集》，清抄本（南图藏丁丙跋本）

（明）蓝智：《蓝涧集》，明嘉靖五年（1526）刻本

（明）蓝智：《蓝涧集》，清乾隆四库馆抄本（南图藏四库底本）

（明）谢肃：《密庵诗稿》五卷《文稿》五卷，明洪武三十一年（1398）刻本

（明）谢肃：《密庵先生诗稿》五卷《文稿》五卷，明天启五年（1625）谢伟刻本

（明）谢肃：《密庵集》，旧抄本（南图藏丁丙跋本）

（明）谢肃：《密庵先生稿》，旧抄本（北大藏本）

（明）邹元标：《邹子愿学集》，明万历四十七年（1619）龙遇奇刻本

（明）邹元标：《愿学集》，清乾隆十二年（1747）吉水邹氏刻本

（明）贝琼：《清江贝先生集》三卷《续集》一卷，明万历三年（1575）李诗刻本

（明）贝琼：《清江贝先生诗集》十卷《文集》三十卷，清康熙五十八年（1719）金氏燕翼堂刻本

（明）贝琼：《清江贝先生文集》，清抄本

（明）袁华：《耕学斋诗集》，明叶盛抄本

（明）袁华：《耕学斋诗集》，清抄本

（明）郑文康：《平桥诗稿》，抄本

（明）郑文康：《平桥稿》，清抄本

（明）郑文康：《平桥稿》，清康熙三十三年(1694)刻本

（明）王冕：《竹斋诗集》，旧抄本（台图藏黄丕烈跋）

（明）王冕：《竹斋诗集》，清抄本

（明）王冕：《竹斋诗集》，清嘉庆四年(1799)王佩兰刻本

（明）王冕：《竹斋集》，清光绪邵武徐氏丛书本

（明）胡奎：《斗南先生诗集》，清抄本

（明）释宗泐：《补刊全室集》九卷，明永乐刻本（南图藏四库底本）

（明）方孝孺：《逊志斋集》，明成化十六年(1480)郭绅刻本

（明）方孝孺：《逊志斋集》，明正德顾璘刻本

（明）方孝孺：《逊志斋集》，明嘉靖四十年(1561)王可大刻本

（明）李贤：《古穰文集》，明成化十年(1474)李璋刻本

（明）李贤：《古穰文集》，明万历四十六年(1618)重刻本

（明）陆深：《陆文裕公续集》，明嘉靖三十年(1551)刻本

（明）陆深：《俨山文集》，明嘉靖间云间陆氏家刊本

（明）陆深：《俨山文集》，明嘉靖间云间陆氏刊崇祯十三年(1640)修补本

（明）倪岳：《青溪漫稿》，明正德间熊世芳刻本

（明）倪岳：《青溪漫稿》二十四卷（缺卷十二），清抄本

（明）倪岳：《青溪漫稿》，清光绪刻《武林往哲遗著》本

（明）王阳明：《王文成公全书》，明隆庆六年(1572)谢廷杰应天府刻本

（明）王阳明：《阳明先生文录》，明嘉靖十五年(1536)闻人诠

刻本

（明）王阳明：《阳明先生文录》，明嘉靖二十六年（1547）范庆刻本

（明）王阳明：《王阳明先生全集》，清康熙十二年（1673）俞嶙刻本

（明）王阳明：《王阳明先生文钞》，清康熙二十八年（1689）致和堂本

（明）王世贞：《弇州山人四部稿》，明万历五年（1577）音韵注本

（明）王世贞：《弇州山人四部稿》，明万历五年（1577）世经堂刻本

（明）王世贞：《弇州山人四部稿选》，明万历刻本

（明）王世贞：《弇州山人续稿》，明刻本

（明）王世贞：《弇州山人续稿》，明万历刻本

（明）王世贞：《弇州山人续稿选》，明刻本

（明）程敏政：《篁墩程先生文集》，明正德二年（1507）刻本

（明）程敏政：《篁墩程先生文集》，明正德二年（1507）何歆刻本后世修补本

（明）程敏政：《篁墩程先生文集》，明嘉靖十二年（1533）书林宗文堂刻本

（明）吴宽：《匏翁家藏集》，明正德三年（1508）吴奭刻本

（明）石珤：《熊峰先生集》，明刻本

（明）石珤：《熊峰先生诗集》七卷《文集》三卷，清康熙九年（1670）孙光煦刻本（四库底本）

（明）李梦阳：《空同集》，明嘉靖九年（1530）黄省曾刻本

（明）李梦阳：《空同集》，明嘉靖十一年（1532）曹嘉刻本

（明）李梦阳：《空同集》，明嘉靖十一年（1532）曹嘉刻本嘉靖三

十一年朱睦㮮增修本

（明）李梦阳：《空同集》，明万历二十九年（1601）李思孝刻本

（明）李梦阳：《空同集》，明万历三十年（1602）至三十一年邓云霄刻本

（明）高叔嗣：《苏门集》，明万历四十一年（1613）马之骏刻本

（明）高叔嗣：《苏门集》，明刻本

（明）陆粲：《陆子余集》，明嘉靖四十三年（1564）陆延枝刻本（四库底本）

（明）王立道：《校刻具茨先生文集》，明万历六年（1578）无锡王化弘嘉乐堂刻本

（明）王立道：《校刻具茨先生诗集》五卷《文集》八卷，明万历六年（1578）无锡王化弘嘉乐堂刊后代增补本（四库底本）

（明）殷奎：《殷强斋先生文集》，明正统十三年（1448）王叔政刻本（四库底本）

（明）沈炼：《青霞沈公遗集》，清乾隆间马彭年刻嘉庆增修本

（明）罗洪先：《念庵罗先生集》，明嘉靖四十三年（1564）甄津刻本

（明）罗洪先：《念庵罗先生文要》，明万历三十年（1602）吴达可刻本

（明）罗洪先：《石莲洞罗先生文集》，明万历四十五年（1617）宜兴陈于廷江西刻本

（明）唐顺之：《重刊校正唐荆川先生文集》，明嘉靖三十二年（1553）叶氏宝山堂刻本

（明）唐顺之：《重刊校正唐荆川先生文集》，明嘉靖三十四年（1555）安如石刻本

（明）唐顺之：《重刊荆川先生文集》，明万历元年（1573）纯白斋

刻本

　　（明）唐顺之：《唐荆川先生文集》，清金谷园刻本

　　（明）唐顺之：《唐荆川先生文集》，清常州先哲遗书本

　　（明）郭谏臣：《鲲溟先生诗集》，清康熙五十二年（1713）吴郡郭鸾刻本（四库底本）

　　（明）孙继皋：《孙宗伯集》，明万历陈一教、刘毅等刻本

　　（明）杨寅秋：《临皋先生文集》，清抄本（四库底本）

　　（明）聂豹：《双江聂先生文集》，明嘉靖四十三年（1564）吴凤瑞刻隆庆六年（1572）刻本

　　（明）李流芳：《檀园集》，明崇祯间刻本

　　（明）孙承恩：《孙文简公灢溪草堂稿》五十八卷（存四十八卷），明孙克弘等刻本

　　（明）唐时升：《三易集》，明崇祯谢三宾刻清康熙三十三年（1694）陆廷灿补修嘉定四先生集本

　　（明）崔铣：《洹词》，明嘉靖二十八年（1549）赵府味经堂刻本

　　（明）崔铣：《崔氏洹词》，明嘉靖三十三年（1554）周镐等刻本

　　（明）章懋：《枫山章先生文集》四卷《实纪》一卷，明嘉靖二十一年（1542）虞守愚刻本（四库底本）

　　（明）周瑛：《翠渠摘稿》，明嘉靖七年（1528）林近龙刻，清雍正十三年（1735）周成续刻本（四库底本）

　　（明）凌云瀚：《柘轩集》四卷《词》一卷，清抄本（四库底本）

　　（清）潘锡恩辑：《乾坤正气集》，清道光二十八年（1848）同治六年（1867）泾县潘氏刻本

　　（清）王太岳等纂辑：《四库全书考证》，清抄本

　　《四库馆进呈书籍底簿》，清乾隆间四库全书馆原钞本

　　《四库全书初次进呈存目》，清乾隆间敕撰，台湾商务印书馆影印

本，2012 年

《钦定四库全书简明目录》，清末刻本

《文汇阁四库全书目录》，抄本（台北"国家图书馆"藏）

《四库全书庋藏表》，抄本（哈佛大学燕京图书馆藏）

《各省进呈书目》，《涵芬楼秘笈》第十集，商务印书馆石印本，1916—1926 年

（清）姚觐元编：《清代禁毁书目（补遗）》，商务印书馆，1957 年

孙殿起编：《清代禁书知见录》，商务印书馆，1957 年

吴慰祖校订：《四库采进书目》，商务印书馆，1960 年

《四库全书总目》，中华书局，1965 年

《四库全书简明目录》，上海古籍出版社，1985 年

《景印文渊阁四库全书》，台湾商务印书馆影印本，1982—1986 年

《景印摛藻堂四库全书荟要》，台湾世界书局影印本，1985—1988 年

（清）王太岳等纂辑：《钦定四库全书考证》，书目文献出版社影印，1991 年

（清）莫友芝撰，傅增湘订补，傅熹年整理：《藏园订补邵亭知见传本书目》，中华书局，1993 年

章培恒等点校：《全明诗》，上海古籍出版社，1993 年

《四库全书存目丛书》，齐鲁书社影印本，1994—1997 年

《续修四库全书》，上海古籍出版社，1994—2002 年

杨讷、李晓明编：《文渊阁四库全书补遗（集部）》，北京图书馆出版社，1997 年

中国第一历史档案馆编：《纂修四库全书档案》，上海古籍出版社，1997 年

《金毓黻手定本文溯阁四库全书提要》，中华全国图书馆文献缩

微复制中心，1999 年

　　《四库全书存目丛书补编》，齐鲁书社影印本，2000—2002 年

　　（清）黄虞稷撰，瞿凤起、潘景郑整理：《千顷堂书目》，上海古籍出版社，2001 年

　　（清）翁方纲撰，吴格整理：《翁方纲纂四库提要稿》，上海科学技术出版社，2005 年

　　《文津阁四库全书提要汇编》，商务印书馆，2006 年

　　张升编：《〈四库全书〉提要稿辑存》，北京图书馆出版社，2006 年

　　（清）翁方纲等撰，吴格、乐怡标校整理：《四库提要分纂稿》，上海书店出版社，2006 年

　　《文津阁四库全书》，商务印书馆，2007 年影印本

　　（清）傅以礼撰，李慧、主父志波标点：《华延年室题跋》，见《中国历代书目题跋丛书（第三辑）》，上海古籍出版社，2009 年

　　江庆柏等整理：《四库全书荟要总目提要》，人民文学出版社，2009 年

　　《四库提要著录丛书》，北京出版社，2010—2015 年

　　《纪晓岚删定〈四库全书总目〉稿本》，国家图书馆出版社，2011 年

　　（清）沈初等修纂，杜泽逊、何灿点校：《浙江采集遗书总录》，上海古籍出版社，2011 年

　　《原国立北平图书馆甲库善本丛书》，国家图书馆出版社，2013 年

　　《明别集丛刊》，黄山书社，2013—2016 年

　　《文澜阁四库全书》，杭州出版社，2015 年影印本

　　《域外汉籍珍本文库》，西南师范大学出版社、人民出版社，2015 年

　　（清）世纲、英麟编：《文津阁四库全书目录》，见《四库全书目录资料三种》，中华书局，2016 年

　　《四库全书卷前提要四种》，大象出版社，2016 年

《清代诗文集珍本丛刊》,国家图书馆出版社,2017 年

《明代诗文集珍本丛刊》,国家图书馆出版社,2019 年

《四库全书底本丛书》,文物出版社,2019 年

《明人别集稿抄本丛刊》,国家图书馆出版社,2021 年

《四库全书总目稿钞本丛刊》,上海科学技术文献出版社,2021 年

二、专著

胡玉缙撰,王欣夫辑:《四库全书总目提要补正》,中华书局,1964 年

吴哲夫:《四库全书荟要纂修考》,台湾"故宫博物院",1976 年

吴哲夫:《四库全书纂修之研究》,台湾"故宫博物院",1990 年

余嘉锡:《四库提要辨证》,中华书局,1980 年

中国古籍善本书目编辑委员会编:《中国古籍善本书目》(集部),上海古籍出版社,1998 年

黄爱平:《四库全书纂修研究》,中国人民大学出版社,1989 年

郭伯恭:《四库全书纂修考》,上海书店,1992 年

浙江图书馆编:《浙江图书馆古籍善本书目》,浙江教育出版社,2002 年

胡玉缙:《续四库提要三种》,上海书店出版社,2002 年

司马朝军:《〈四库全书总目〉研究》,社会科学文献出版社,2004 年

李裕民:《四库提要订误》(增订本),中华书局,2005 年

崔建英辑,贾卫民、李晓亚整理:《明别集版本志》,中华书局,2006 年

杜泽逊:《四库存目标注》,上海古籍出版社,2007 年

中国古籍总目编纂委员会编:《中国古籍总目(集部)》,中华书

局、上海古籍出版社，2012 年

魏小虎编：《四库全书总目汇订》，上海古籍出版社，2012 年

张升：《四库全书馆研究》，北京师范大学出版社，2012 年

北京大学图书馆编：《北京大学图书馆藏"大仓文库"书志》，中华书局，2014 年

（日）河田罴撰，杜泽逊等点校：《静嘉堂秘籍志》，上海古籍出版社，2016 年

江庆柏：《四库全书荟要研究》，凤凰出版社，2018 年

三、论文集

淡江大学中国文学系主编：《两岸四库学：第一届中国文献学学术研讨会论文集》，台湾学生书局，1998 年

何龄修等编：《四库禁毁书研究》，北京出版社，1999 年

甘肃省图书馆编：《四库全书研究文集》，敦煌文艺出版社，2006 年

何向荣编：《刘基与刘基文化研究》（2006 中国温州国际刘基文化学术研讨会），人民出版社，2008 年

孙彦、王姿怡、李晓明选编：《民国期刊资料分类汇编·四库全书研究》，国家图书馆出版社，2010 年

《2014 全国中国语言文学博士后学术论坛——"国学研究与文化产业"高层论坛论文集》，河北大学，2014 年 10 月 21 日

《中国四库学高层论坛会议论文集》，湖南大学，2016 年 6 月 5 日

甘肃省图书馆编：《〈四库全书〉研究文集（2006—2015）》，甘肃人民出版社，2016 年

《第二届中国四库学高层论坛论文集》，首都师范大学、湖南大学，2017 年 6 月 16 日

《第三届中国四库学高层论坛论文集》,湖南大学、中国社科院,2018 年 5 月 12 日

《四库学论坛论文集》,首都师范大学,2018 年 10 月 13 日

邓洪波主编:《中国四库学》(第一辑),中华书局,2018 年

陈晓华主编:《四库学》(第一辑),社科文献出版社,2018 年

《2019 中国四库学研究高层论坛论文集》,南京师范大学、南京图书馆,2019 年 6 月 1 日

《第四届中国四库学高层论坛论文集》,湖南大学,2019 年 11 月 2 日

《第五届中国四库学高层论坛论文集》,湖南大学,2020 年 11 月 12 日

《明人别集研究暨〈明人别集丛编〉编纂高层论坛论文集》,华东师范大学、复旦大学,2021 年 8 月 5 日

《新时代背景下的清学研究暨第六届中国四库学高层论坛论文集》,湖南大学,中国历史研究院,2021 年 10 月 14 日

四、论文

刘小琴:《八十二种四库底本删改浅析》,北京大学 1982 年硕士论文

乐怡:《翁方纲纂〈四库全书提要稿〉研究》,复旦大学 2002 年硕士论文

陈旭东:《清修〈四库全书〉福建采进本与禁毁书研究》,福建师范大学 2004 年硕士论文

徐大军:《〈四库全书总目〉集部存目提要辨证》,南京师范大学 2006 年硕士论文

高远:《清修〈四库全书〉河南采进本与禁毁书研究》,兰州大学

2007 年硕士论文

高晓燕：《清修〈四库全书〉与山东古代著述》，兰州大学 2007 年硕士论文

袁芸：《〈文溯阁四库全书提要〉别集类辨证》，南京师范大学 2007 年硕士论文

段又瑄：《四库分纂稿、阁书提要和〈总目〉提要之内容比较分析——以集部为例》，国立台湾大学 2008 年硕士论文

柳燕：《〈四库全书总目〉集部研究》，华中师范大学 2008 年博士论文

王娟：《〈四库全书总目〉与文渊阁〈四库全库〉书前提要比勘研究——以第一历史档案馆编〈纂修四库全书档案〉为基础》，山东大学 2011 年硕士论文

姜雨婷：《傅斯年图书馆藏〈四库馆进呈书籍底簿〉研究》，南京师范大学 2012 年硕士论文

陈恒舒：《〈四库全书〉清人别集纂修研究》，北京大学 2013 年博士论文

何灿：《〈四库全书〉纂修中的校勘成就》，山东大学 2014 年博士论文

张春国：《四库明人别集研究》，南京师范大学 2015 年博士论文

沈津：《校理〈四库全书总目提要〉残稿的一点新发现》，《中华文史论丛》1982 年第 1 辑

刘兆祐：《民国以来的四库学》，《汉学研究通讯》1983 年第 7 期

吕坚：《〈四库全书〉七阁成书时间考》，《文献》1984 年第 3 期

沈津：《翁方纲与〈四库全书总目提要〉》，《中国图书文史论集》，1991 年

黄爱平：《〈四库全书总目〉与阁书提要异同初探》，《图书馆学

刊》,1991 年第 1 期

　　罗琳:《四库全书的分纂提要、原本提要、总目提要之间的差异》,《古籍整理与研究》第 6 期,中华书局,1991 年,第 229 页

　　刘远游:《〈四库全书〉卷首提要的原文与撤换》,《复旦学报(社会科学版)》1991 年第 2 期

　　黄燕生:《校理〈四库全书总目〉残稿的再发现》,《中华文史论丛》第 48 辑,1991 年

　　周群:《刘基文集版本考述》,《南京大学学报》1993 年第 2 期

　　杨晋龙:《"四库学"研究的反思》,《中国文史研究集刊》1994 年 4 期

　　曹之:《〈四库全书〉编纂考略》,《图书情报论坛》1994 年第 4 期

　　褚家伟、雍桂良:《浅谈〈四库存目〉中明代文集的价值》,《图书馆》1996 年第 1 期

　　沈治宏:《四库全书集部存目研究》,《北京大学学报》1997 年第 5 期

　　杜泽逊:《〈四库存目〉书探讨》,《北京大学学报》1997 年第 5 期

　　杜泽逊:《读新见郑际唐一篇四库提要分撰稿》,《中国典籍与文化》1998 年 3 期

　　吕立汉:《〈四库全书·诚意伯文集〉缺文成因考》,《北京图书馆馆刊》1999 年第 3 期

　　杜泽逊:《读新见姚鼐一篇四库提要拟稿》,《中国典籍与文化》1999 年 3 期

　　乔治忠、杨艳秋:《〈四库全书〉本〈明史〉发覆》,《清史研究》1999 年第 4 期

　　吕立汉:《刘基文集叙录甲编》(上)(中)(下),分别见《丽水师范专科学校学报》1999 年第 1、3、4 期

杜泽逊：《谈新见程晋芳一篇四库提要分撰稿》,《图书馆建设》1999 年第 5 期

季秋华：《从〈惜抱轩书录〉看纂前提要与纂后提要之差异》,《图书馆工作与研究》1999 年第 5 期

吕立汉：《刘基文集版本源流考述》,《文学遗产》2000 年第 2 期

周积明：《"四库学"：历史与思考》,《清史研究》2000 年第 3 期

张传峰：《〈四库全书〉阁本提要论略》,《阜阳师范学院学报》2000 年第 5 期

李祚唐：《余集〈四库全书〉提要稿研究价值浅论》,《学术月刊》2001 年第 1 期

李祚唐：《余集〈四库全书〉提要稿疏证》,《天府新论》2001 年第 2 期

王菡《〈文宗阁四库全书装函清册〉说略》,《文献》2002 年第 3 期

崔富章：《文澜阁〈四库全书总目〉残卷之文献价值》,《文献》2005 年第 1 期

司马朝军：《殿本〈四库全书总目〉与库本提要之比较》,《图书馆理论与实践》2005 年第 2 期

陈晓华：《〈四库全书〉三种提要之比较》,《首都师范大学学报（社会科学版）》2005 年第 3 期

苏虹：《关于邵氏〈四库全书提要分纂稿〉》,《图书馆学刊》2005 年第 5 期

徐雁平：《〈惜抱轩书录〉与〈四库全书总目〉之比较》,《文献》2006 年第 1 期

张升：《新发现的〈四库全书〉提要稿》,《文献》2006 年第 3 期

李晓明：《四库底本新发现》,《文献》2006 年第 3 期

乐怡：《翁方纲纂〈提要稿〉与〈四库提要〉之比较研究》,《图书馆

杂志》2006 年第 4 期

　　王蔼：《国家图书馆所藏〈四库全书总目〉稿本述略》，《文学遗产》2006 年第 2 期

　　熊伟华、张其凡：《〈四库全书总目〉之提要与书前提要的差异》，《学术研究》2006 年第 7 期

　　黄煜：《〈四库全书总目〉与阁书提要差异情形及其原因之考察》，《古典文献研究》第八辑，凤凰出版社，2006 年

　　吴格：《〈四库提要〉分纂稿之整理与研究》，《书目季刊》2007 年第 1 期

　　龚鹏程：《〈四库全书总目提要·经部小学类〉校文津阁本记》，《书目季刊》2007 年第 1 期

　　曾纪纲：《翁方纲四库提要稿与〈四库全书总目〉集部提要较论》，《北京师范大学全国博士生学术论坛（中国语言文学）论文集·文学卷（上）》，2007 年

　　高明：《〈网山集〉文澜阁四库本、文渊阁四库本异文掇拾》，《图书馆工作与研究》2007 年第 6 期

　　王永吉：《〈史记〉殿本研究》，南京师范大学博士论文，2007 年

　　唐桂艳：《山东省图书馆藏〈四库全书〉进呈本考略》，《文献》2008 年第 3 期

　　孔凡礼：《〈随隐漫录〉〈四库全书〉文渊阁本与文津阁本异文及其研究价值》，《南京师范大学学报》2008 年第 2 期

　　姜勇：《〈四库全书〉脱简一则》，《中国典籍与文化》2008 年第 3 期

　　张升：《〈四库全书〉的底本与稿本》，《图书情报工作》2008 年第 11 期

　　吴在庆、高玮：《文津阁〈四库全书〉本〈樊川集〉版本优劣谈——以〈四部丛刊·樊川文集〉等版本为参照》，《福建师范大学学报（哲社

版)》2010 年第 1 期

江庆柏:《〈四库全书荟要〉辽金元三史提要校议》,《南京师范大学文学院学报》2009 年第 2 期

杨洪升:《〈四库全书〉底本续考》,《聊城大学学报(社会科学版)》2008 年第 5 期

杨洪升:《〈四库全书〉底本考》,《图书馆杂志》2009 年第 6 期

杨洪升:《文澜阁写本〈四库全书〉残本七种》,《文献》2010 年第 3 期

杨洪升:《〈四库全书〉经部易书七种底本考》,《图书馆杂志》2011 年第 1 期

杨洪升:《〈四库全书〉经部宋人易书十种底本考》,《图书馆杂志》2012 年第 9 期

张升:《〈四库全书考证〉的成书及主要内容》,《史学史研究》2011 年第 1 期

孙麒:《〈四库全书〉本〈艺文类聚〉考论——以文渊阁本与文津阁本为例》,《图书情报工作》2011 年第 7 期

李祚唐:《〈文渊阁四库全书〉某些卷首首行误出"荟要"考》,《四川师范大学学报》(社会科学版)2012 年第 1 期

周晓聪《〈四库全书考证〉的编纂及价值》,《史学论衡》,中国科学出版社,2012 年

何宗美:《〈四库全书总目〉明人别集提要考辨——以〈宋景濂未刻集提要〉为例》,《文艺研究》2012 年第 2 期

夏长朴:《〈四库全书初次进呈存目〉初探——编纂时间与文献价值》,《汉学研究》30 卷第 2 期,2012 年 6 月

罗琳:《集部"四库底本"与文渊阁本〈四库全书〉的差异研究——〈四库提要著录丛书〉编纂刽记之三》,《汉学研究通讯》2012

年第 8 期

　　张学谦：《南京图书馆藏四库底本十种及其学术价值》，《图书馆杂志》2013 年第 10 期

　　杜泽逊：《论〈四库〉本〈文献通考〉之校雠》，《古籍整理研究学刊》2013 年第 4 期

　　郭林：《〈史记本纪〉校点发正》，《渭南师范学院学报》2013 年第 5 期

　　何灿：《试论〈四库全书考证〉的学术价值》，《图书馆工作与研究》，2013 年第 6 期

　　李寒光：《北京大学藏〈礼记按语〉为〈荟要〉本校语之稿本考》，《版本目录学研究》（第五辑），北京大学出版社，2014 年

　　江庆柏：《〈四库全书初次进呈存目〉研究》，《中国典籍与文化论丛》2014 年

　　陈红秋：《浅谈四库底本〈云溪集〉》，《图书馆工作与研究》2014 年第 2 期

　　刘浦江：《〈四库全书初次进呈存目〉再探——兼谈〈四库全书总目〉的早期编纂史》，《中华文史论丛》2014 年第 3 辑

　　刘浦江：《天津图书馆藏〈四库全书总目〉残稿研究》，《文史》2014 年第 4 辑

　　张春国、江庆柏：《〈四库全书〉本〈诚意伯文集〉底本考——以文渊阁本、文津阁本、荟要本为例》，《图书馆杂志》2014 年第 11 期

　　魏宏远：《王世贞〈弇州山人续稿〉成书、版本考》，《上海大学学报（社会科学版）》2014 年第 2 期

　　聂树平、高远：《〈四库全书考证·宋史〉与中华本〈宋史〉异文勘议》，《重庆文化研究》2014 年第 3 期

　　张春国：《文渊阁〈四库全书〉本〈诚意伯文集〉缺文成因考》，《中

国典籍与文化》2015 年第 2 期

　　张春国：《〈四库全书〉阁本所据底本考》,《图书馆工作与研究》2015 年第 5 期

　　高远：《〈四库全书考证·宋史〉的文献价值》,《宋史研究论丛》第十六辑,河北大学出版社,2015 年

　　夏长朴：《重论天津图书馆藏〈纪晓岚删定四库全书总目稿本〉的编纂时间》,《湖南大学学报》2016 年第 6 期

　　苗润博：《台北"国家图书馆"藏〈四库全书总目〉残稿考略》,《文献》2016 年第 1 期

　　李花蕾：《〈四库全书考证〉经部校勘记》,《湖南科技学院学报》2016 年第 1 期

　　赵永磊：《〈四库全书初次进呈存目〉编纂性质考略》,《中国典籍与文化》2016 年第 1 期

　　琚小飞、王昱淇：《嘉庆朝〈文宗阁四库全书装函清册〉考》,《历史档案》2017 年第 3 期

　　琚小飞：《〈四库全书考证〉的版本及校勘价值述略》,《史学史研究》2017 年第 2 期

　　夏长朴：《上海图书馆藏〈四库全书总目〉残稿编纂时间蠡探》,《四库学》(第一辑),2017 年

　　琚小飞：《清代内府抄本〈四库全书考证〉考论》,《文献》2017 年第 5 期

　　琚小飞：《〈四库全书考证〉的编纂、抄写及刊印》,《中国典籍与文化》2018 年第 1 期

　　周红怡、郝润华：《〈空同集〉明刊本与文渊阁〈四库全书〉本之差异》,《陕西师范大学学报(哲学社会科学版)》2018 年第 1 期

　　李圣华：《明初别集〈四库〉写本考源辨证四题——从明别集〈四

库〉本之底本存世情况谈起》,《文献》2018 年第 1 期

　　琚小飞:《〈四库全书考证〉与四库所据底本考索》,《历史文献研究》(总第 40 辑),华东师范大学出版社,2018 年

　　张春国:《文澜阁〈四库全书〉本〈四库全书考证〉考论——兼及文渊阁〈四库全书〉本〈四库全书考证〉之比较》,《中国四库学》(第四辑),中华书局,2019 年

　　郭明芳:《〈四库全书初次进呈存目〉成书再考》,《中国四库学》(第三辑),中华书局,2019 年

　　唐宸、黄汉:《台湾藏〈文汇阁四库全书目录〉抄本考》,《文献》2019 年第 4 期

　　陈恒舒:《上海图书馆藏〈四库全书总目〉残稿发覆——以清代别集为例》,《文献》2019 年第 4 期

　　张玄:《上海图书馆藏〈四库全书总目残稿〉小说家类考》,《文献》2019 年第 4 期

　　张春国:《文渊阁本与清抄本〈四库全书考证〉关系考释》,《历史文献研究》(总第 44 辑),广陵书社,2020 年

　　张春国:《文渊阁〈四库全书〉未全据〈四库全书考证〉校改原因考辨——兼谈〈四库全书荟要〉与〈四库全书考证〉之关系》,《中国典籍与文化》2020 年第 4 期

　　韩超:《浙本〈四库全书总目〉底本及其成书过程的再讨论——南京图书馆藏〈总目〉残稿初探》,《图书馆杂志》2020 年第 12 期

　　琚小飞:《〈四库全书〉早期编纂史事新探——基于〈四库全书馆校档残本〉的研究》,《文献》2022 年第 3 期

　　李振聚:《新发现的四库全书馆誊录档册考述》,《文献》2022 年第 3 期

后　记

　　2012年,适值我读博期间,因考证《诚意伯文集》底本时接触到了《四库全书考证》,始与其结缘。每每释读其中校记,欣喜、惊叹、满足、幸福感便油然而生,醉心其间,发愿一定要好好研究四库馆臣馈赠给我们后人的这部校勘宝典。2015年博士毕业后,我在2016年以"《四库全书考证》研究"为题申报了国家社科基金青年项目,不意侥幸获批,感念之余,奋发图强,专注于斯。课题结项,蒙盲审专家错爱,鉴定为良好。虽已竭尽全力,仍存诸多不足,诚请方家不吝赐正,以希今后能不断修订以臻完善。期待这部小书能成为"四库学"之"考证学"领域研究的一个新起点,更期盼学界真正迎来"考证学"的研究热潮。

　　一路走来,我要深深感谢我的博士后合作导师邓洪波先生、博士生导师江庆柏先生,他们是严师,传授我真经,鞭策我前进;他们是益友,指点我迷津,引导我前行;他们更是慈父,无私地帮助我攻克人生中一个又一个难关,师恩浩荡,终生难报!

　　感谢台湾大学夏长朴先生给予的悉心指导和殷殷期盼,他纯粹的学者风范和朴实的治学态度都极大地影响了我。先生虽已离去,音容笑貌,点点滴滴,恍然如昨,每念及此,不觉泪目。

　　感谢北京师范大学张升先生对我极大支持和鼓励,他不仅仔细审读和批改了其中的部分章节,更是对若干细节提出了宝贵的意见,同时他还专门把自己在《永乐大典》方面的最新研究成果寄给我，让我获益良多。

感谢湖南大学肖永明先生、湖南师范大学吴仰湘先生、中国人民大学黄爱平先生、中国科学院罗琳先生，诸位专家对本书的部分内容提出了中肯而宝贵的修改意见和建议，感谢国家社科基金成果鉴定专家对该书的肯定和修改意见，感谢浙江工商大学宫云维先生、杨齐福先生、南京师范大学杨新勋先生、河北师范大学杨栋先生、首都师范大学陈晓华先生、华东师范大学汤志波先生、人民文学出版社葛云波先生、浙江古籍出版社罗毅峰先生对该书出版给予的关注与鼓励，感谢浙江工商大学郑晓东处长、人文与传播学院何庆机院长、鲍伟书记、张瑜副院长、李蓉副院长对该书出版提供的支持与帮助，尤其感谢上海古籍出版社责任编辑郭冲老师极其认真的审读和校改，感谢鲁秀梅老师提出的极其细致和宝贵的修改意见，感谢为该书出版付出心血的所有工作人员！

本书同时获得国家社会科学基金项目、浙江工商大学"数字＋"学科建设管理项目（SZJ2022C012）、浙江省省属高校基本科研业务费专项资金资助项目的资助，此处一并致谢。

是为记。

张春国

2023 年 10 月记于杭州钱塘江畔瑾瑜轩